THE
INNOVATOR'S
DNA

创新者的基因

[美] 杰夫·戴尔 [美] 赫尔·葛瑞格森
(Jeff Dyer) (Hal Gregersen)
[美] 克莱顿·克里斯坦森
(Clayton Christensen)
著

曾佳宁 译

打造个人和组织的
创新能力

MASTERING THE FIVE SKILLS OF
DISRUPTIVE INNOVATORS

中信出版集团 | 北京

图书在版编目（CIP）数据

创新者的基因：珍藏版/（美）杰夫·戴尔，（美）赫尔·葛瑞格森，（美）克莱顿·克里斯坦森著；曾佳宁译. -- 2版. -- 北京：中信出版社，2020.7
书名原文：The Innovator's DNA
ISBN 978-7-5217-1820-1

Ⅰ.①创… Ⅱ.①杰…②赫…③克…④曾… Ⅲ.①企业管理—研究 Ⅳ.①F272

中国版本图书馆CIP数据核字（2020）第070536号

The Innovator's DNA: Mastering the Five Skills of Disruptive Innovators
Copyright © 2011 Jeff Dyer, Hal Gregersen and Clayton Christensen
Simplified Chinese translation edition © 2020 by CITIC PRESS CORPORATION
Published by arrangement with Harvard Business Review Press
All rights reserved.

本书仅限中国大陆地区发行销售

创新者的基因（珍藏版）

著　　者：[美]杰夫·戴尔　[美]赫尔·葛瑞格森　[美]克莱顿·克里斯坦森
译　　者：曾佳宁
出版发行：中信出版集团股份有限公司
　　　　　（北京市朝阳区惠新东街甲4号富盛大厦2座　邮编 100029）
承　印　者：中国电影出版社印刷厂

开　　本：880mm×1230mm　1/32　印　张：9　字　数：200千字
版　　次：2020年7月第2版　　印　　次：2020年7月第1次印刷
京权图字：01-2012-2808
书　　号：ISBN 978-7-5217-1820-1
定　　价：69.00元

版权所有·侵权必究
如有印刷、装订问题，本公司负责调换。
服务热线：400-600-8099
投稿邮箱：author@citicpub.com

目 录

推荐序　闻到创新者的味道　..........V
引　言　..........IX

第一部分
破坏型创新者的基因

第一章　创新和创新者　..........003
　　　　乔布斯的创新性思维　..........004
　　　　创新者为什么与常人不同　..........008
　　　　鼓起创新的勇气　..........011
　　　　发现技能与执行技能　..........013
　　　　你也能学会"非同凡想"..........022

第二章　发现技能一：联系能力　..........027
　　　　联系是一种认知技能　..........030

美第奇效应：激发创新性想法 ……………032

创新者如何寻找联系 ……………035

捕捉新联系 ……………037

遁入放松空间 ……………044

五个练习窍门 ……………046

第三章　发现技能二：提问能力 ……………051

提问：宝洁工作法 ……………054

创新者的提问模式 ……………056

用提问激发创意 ……………070

四个提问技巧 ……………071

第四章　发现技能三：观察能力 ……………077

寻找"任务"和完成方式 ……………080

积极观察用户 ……………085

好好感受意外 ……………089

走入新环境：星巴克的创新来源 ……………094

四个观察技巧 ……………097

第五章　发现技能四：交际能力 ……………101

做一个想法交际者 ……………103

结交不同领域的专家 ……………108

参加交流大会 ……………110

建立私人交际圈 ……………112

六个交际技巧 ……………116

第六章　发现技能五：实验能力 119

　　三种实验方式 122
　　尝试新体验：默多克的"牛粪钟" 125
　　迈克尔·戴尔：分析产品、程序和想法 129
　　贝宝创始人：创造原型和试点 131
　　七项实验技能 136

第二部分
破坏型组织和团队的基因

第七章　全球最具创新力的公司 143

　　创新型组织 3P 框架 150

第八章　人才：组建技能互补团队 159

　　BIG 玩具公司：组合使用发现技能和执行技能 165
　　IDEO 人才理念：打造多学科团队 172

第九章　程序：将创新程序制度化 177

　　创新型组织如何寻找人才 178
　　激发员工的发现技能 181
　　IDEO 创新程序：提问—观察—交际—联系—实验 193

第十章　宗旨：创新型企业的行为法则　………199

　　宗旨一：创新是所有人的职责　…………200
　　宗旨二：投资破坏性创新项目　…………207
　　宗旨三：组建小型项目团队　…………211
　　宗旨四：巧妙冒险，追求创新　…………214

结　论　有非同凡人之所为　…………219
附录 A　受访创新者样本…………225
附录 B　创新者基因的研究方法…………229
附录 C　培养发现技能…………231
致　谢…………243
注　释…………255

推荐序
闻到创新者的味道

从 21 岁开始创业到现在,从传统行业到互联网行业,从广东到北京,创业的生涯超过了我已过去的人生的一半时间。二十几年的时间,我没有打过工,没有做过一天员工,所以我可能就属于天生的创业者。

因为自己是一个创业者,在工作和生活中,与我打交道最多的也是创业者,不管是已经功成名就的创业者,还是初次创业的创业者,我都认识很多。我很喜欢和创业者在一起的感觉,跟他们聊一些话题,总让我很受感染,觉得自己的生活充满了力量。

什么样的创业者才是真正的创新者呢?当这个问题浮现在我脑海的时候,我想到了我的好多朋友,他们在我心中都是真正的创新者。说得夸张一点,可能只要 5 分钟,我就能"闻到"一个创业者身上是否有创新者的"味道"。从他们身上,我看到了创新者共有的一些特质。

一、独立思考和批判性思维

通常跟一个创业者加了微信后,我可能会先看看他的微信朋友圈。在我看来,一个真正的创新者是少转发、少点赞的人。如果他们的微信朋友圈中,十条里面有七八条都是在转发别人的文章,或者经常在别人的朋友圈下面点赞,可能就说明他们很容易被大众的意见影响,太容易产生认同感。一个真正的创新者,具备批判性思维,不会轻易表达对所谓权威、媒体、主流思想的认同,更愿意独立思考。如何能看出一个人愿意独立思考呢?就是要看他能否提出一个好问题。关于这一点,克里斯坦森在书里也提到了,好问题比好答案更重要。所以我认为能够独立思考和拥有批判性思维,可能是一个创新者要具备的基本素质。

二、关心自己以外的世界

创新者的目光不仅仅停留在当下和自己身上,更会关注自身以外的世界中存在的问题及未来可能出现的问题,这些问题又都是亟待解决的,因此他们有着强烈的渴望,想用创新的思维、创新的商业模式、创新的技术,解决这些问题。

2010年做"易到用车"的时候,我倒是没有想到要赶移动互联网的那波浪潮,只是关注了身边的问题,比如出差打不到车、机场等车排队要很久。于是我就想,是不是可以有更好的技术手段去解决这个问题,因此我模糊地触摸到基于智能手机+3G网络提供一个在云端的虚拟车队的可能性。

所以我创业的初衷很简单，就是关注身边的问题，就是想解决某个问题的愿望。虽说问题有大有小，有难有易，但是如果创业者心中只想着解决现存的问题，可能是远远不够的，因为一旦问题被解决，创新本身似乎就变得没有意义了。

更高明的创新者不仅会关注现存的问题，而且对社会的未来、人类的未来、世界的未来，都有着自己鲜明的主张。这种主张就像灯塔一样，指引着他们开发出一款产品，开启一段创新的商业旅程，并且他们会把这种主张当作企业的使命。很典型的如乔布斯之于苹果，马斯克之于特斯拉，贝佐斯之于亚马逊。其实，细数所有成功的创新公司，其背后都有着强烈的改变世界的主张。

三、从思考者到行动者的转变

一个创新者不仅仅是一个思考者，更是一个会把思考及时付诸行动的人。我一直在想，有想法的创业者很多，为什么他们迟迟没有迈出创业的第一步呢？仅仅是因为他们的 ego（自我价值感）不够强吗？

创业就像滑雪，不管是新手还是老手，在滑的过程中，都有很大的概率会摔跤。你是会因为害怕摔跤就不去尝试，还是会努力克服恐惧心理呢？如果你足够喜欢一项运动，对练好这项运动的渴望足够强烈，每到冬天你还是会滑雪，你会接受自己极大概率会摔跤的现实——"摔了不要紧，站起来就好了"。然后在长时间的训练中，你会找到满足感、价值感。

创业也是如此。当心中有恐惧时，大多数人会停下来，只有少数人会勇往直前。因此，我认为，从一个创业的观察者、爱好者、思考者转为真正的创业者，最好的状态应该是勇于尝试，敢于折腾，并且不怕失败。

基于创新的不确定性，创业失败的概率是巨大的，这很考验一个人面对挫折和失败时的态度。一个有好心态的人既是一个有面对真相的乐观精神的人，又是一个积极的悲观者。这意味着他/她首先不会盲目乐观，他/她也不是一个不作为的消极的悲观者。如果一个人能够把这两点结合起来，我觉得他会是一个能够带领团队持续前进的杰出的领导者。

皮克斯的失败文化是值得我们学习的：接受失败，宽容失败，然后在失败的过程中学到新东西。正如皮克斯的创始人艾德·卡姆尔所说："创业是高风险的，很多时候我们没有办法承担这样的风险，但是我们必须经历这一艰难的阶段，才能有更伟大的创造。"

上面这三点是我对创新者的理解。那么，该如何成为一个创新者呢？克莱顿·克里斯坦森认为，一个人的创新基因不是天生的，而是可以在后天培养的。比如他提到的塑造创新性思维的五项技能：联系、提问、观察、交际、实验。在创新之前，你可能首先需要先将自己训练成为一个好的发问者、一个好的观察者。

创业不等于创新，好的创新者凤毛麟角，所以我每天都在睁大眼睛去发现那些真正优秀的创新者，他们是这个社会的宝藏。发现这些优秀的创新者时，我会用心支持他们，包容他们，想跟他们携手一起面对创新的挑战，一起拥抱创新带来的机遇和价值。

周航

顺为资本投资合伙人，易道用车创始人

引 言

创新。对全球经济发展来说,创新是其生命之源;对全球几乎任何一位 CEO(首席执行官)来说,创新是其首要的战略考虑。事实上,最近国际商业机器公司(IBM)针对 1 500 名 CEO 做了一项调查,调查结果显示,创造力在未来的"领导能力"[1]中位居榜首。创新性想法能够革新产业、创造财富,其威力之大,有史可鉴。苹果公司的 iPod 播放器打败了索尼的随身听;星巴克凭借咖啡豆和氛围击溃了传统的咖啡店;全球性互联网电话公司 Skype 运用"免费"策略,赢了美国电话电报公司(AT&T)和英国电信;易趣(eBay)打败了分类广告;西南航空公司屈居美国航空和达美航空之下。在每个事例中,都可以看到创新型企业家运用富有创造力的想法,为领先行业的公司打造了有力的竞争优势,创造了巨额财富。当然,回顾过去,我们可以提出一个价值百万的问题:"他们是如何办到的?"然而,放眼未来,也许我们可以提出一个价值千万的问题:"我如何才能办到?"

《创新者的基因》不仅能解答这些根本问题,还会为你带来更多启示。本书的写作缘起于数年前,当时我们向"破坏性创新"

大师兼本书合作者克莱顿·克里斯坦森（Clayton Christensen）提出了一个问题："破坏性创新的模型从何而来？"在克里斯坦森所著的畅销书《创新者的窘境》和《创新者的解答》中，他阐述了对破坏性科技、商业模型和公司之特点的重要洞见。经过八年的协作研究，我们又写成了《创新者的基因》一书。在本书中，我们试图更全面地了解破坏型创新者，即破坏型创新者有何特点，他们创造的创新型公司又有何特点。我们做这一项目的主要目的是揭示创新的商业想法的起源，而在这些创新性想法中，有很多都具有破坏性。为此，我们访问了近百位革命性产品和服务的发明者，以及运用创新性商业想法改变行业面貌的公司创始人和CEO。其中包括易趣公司的皮埃尔·奥米迪亚（Pierre Omidyar）、亚马逊公司（Amazon）的杰夫·贝佐斯（Jeff Bezos）、RIM公司（Research in Motion）的迈克尔·拉扎里迪斯（Michael Lazaridis）和客户关系管理软件服务提供商Salesforce的马克·贝尼奥夫（Marc Benioff）。附录A列出了所有我们采访过并在本书中引用其言论的创新者。本书引用的创新者言论几乎全部来自我们的访谈，其中也有几个例外：我们引用了苹果公司的史蒂夫·乔布斯（Steve Jobs）、维珍公司（Virgin）的理查德·布兰森（Richard Branson）和星巴克的霍华德·舒尔茨（Howard Schultz）的言论，这些言论来自他们的自传，或他们此前接受的有关创新的采访。

我们也研究了在已经成立的公司内激发创新的CEO们，比如宝洁公司（Proctor & Gamble）的阿兰·乔治·雷富礼（Alan George Lafley）、易趣的梅格·惠特曼（Meg Whitman）和贝恩公司（Bain & Company）的欧瑞特·嘉迪希（Orit Gadiesh）。这些CEO

执掌的公司有的功成名就、家喻户晓,有的则籍籍无名,比如Media Mouth、"牛粪钟"(Cow-Pie Clocks),还有泰拉诺娃生物系统公司(Terra Nova BioSystems),但这些公司的价值主张[1]都是惊人而独特的,而且都与在职领导者有关。例如,与竞争对手相比,这些公司的产品或服务都能提供新的或不同的特性、定价、便利性或可定制性。我们的目标与其说是调查这些公司的策略,不如说是深入探究这些创新者的思维方式。我们希望尽可能地了解这些创新者,并了解他们是何时、如何产生创新性想法,继而开发出新产品或新业务的。访谈时,我们会询问他们,在整个商业生涯中,其最有价值、最新奇的商业想法是什么,这些想法又是从何而来的。受访者道出的故事均引人深思,蕴含洞见,同时惊人地相似。

回顾访谈记录,我们发现了一致的行动模式,即在发现突破性想法时,创新型企业家和主管们有相似的行为。根据谈话内容,我们总结出五项基本的发现技能,正是这五项技能,构成了"创新者的基因"。套用一句苹果公司的口号,我们发现,创新者具备"非同凡想"的奇思妙想,他们都能把看似无关的想法联系起来,从而产生原创想法。(我们将这种认知技能称为"联系性思维"或者"联系"。)但是要想做到"非同凡想",创新者们就必须有"非同凡人之所为"。他们都善于提问,总能持续不断地提出挑战现状的问题。此外,有人勤于观察世界,其深度常人难及;有人交友甚广,人际关系网遍布全球;有人重视实验,视其为创

---

[1] 价值主张(value proposition)指公司承诺其产品或服务能够提供给顾客的价值。——译者注

新活动的核心。提问、观察、交际、实验,这些行动一旦具备持续性,就会激发联系性思维,继而形成新业务、新产品、新服务和新程序。大多数人认为,创新力完全是一种认知技能,脱胎于大脑。但是我们的研究得出了一个关键性发现:形成创新性想法的能力不仅源于大脑的功能,也是行为的功能。这对所有人来说都是一个好消息,因为它意味着只要能改变自身的行为,就能提升创新影响力。

发掘出知名创新型企业家和主管的行动模式之后,我们将研究目标转向了全球范围内知名度略低但同样富有才干的创新者。根据之前的访谈,我们设计了一项调查,该调查涉及创新领导者的各项发现技能,包括联系、提问、观察、交际和实验。到目前为止,已经有超过 75 个国家的 500 多名创新者和 5 000 多名主管向我们提交了关于这些发现技能的 360 度全方位数据(如需获得更多有关个人和公司测试的信息,请访问我们的网站 http://www.InnovatorsDNA.com)。我们发现,无论知名与否,这些领导者都有着同样的行动模式。和一般的主管比起来,创新者更乐于提问、观察、交际和实验。这些研究结论之后被发表在《战略创业期刊》(*Strategic Entrepreneurship Journal*)上,该杂志是专注研究企业家的顶级学术期刊(如需了解研究细节,请参阅附录 B)[2]。我们还将结论收录在《创新者的基因》一文中,该文获得了 2009 年《哈佛商业评论》(*Harvard Business Review*)"麦肯锡奖"(McKinsey Award)第二名。

之后,我们开始研究创新组织和团队的基因蕴含的教益。我们最初的研究方式是研究《商业周刊》(*Business Week*)的创新公司年度排名。该排名是由主管们投票产生的,上榜的公司都因创新而闻名。扫一眼2005—2009年《商业周刊》的排名,我们看到苹果公司名列榜首,而谷歌位居第二。若凭直觉断定,这个排名应当是合理的;但是我们认为《商业周刊》的排名方法是由主管们来投票认定公司是否在创新方面有所投入,这一排名在很大程度上是基于各公司过去的表现,拼的是人气。实际上,以今日的标准来看,通用汽车、索尼、丰田和宝马还能算是最有创新力的公司吗?它们之所以上榜,是否只是因为其过去的辉煌呢?

为了回答这些问题,我们根据各公司现有的创新力(以及对它们未来创新的预期)排出了我们自己的"创新公司榜单"。我们是怎么操作的呢?我们认为,最好的排名方法是参考投资者的想法。投资者是用金钱投票的,他们的投资选择体现了他们认为哪家公司最有可能在未来有所创新,包括新产品、新服务或新市场。我们和HOLT公司〔HOLT是瑞士信贷波士顿银行(Credit Suisse Boston)的分支机构,之前为《创新者的解答》一书做过类似的分析〕合作,采用的方法是计算一家公司有多少百分比的市值源自现有的业务(产品、服务、市场)。若一家公司的市值高于现有业务产生的现金流,那么这家公司就具有增长和创新溢价(在我们的研究中简称其为"创新溢价")。创新溢价指的是一家公司的市值中,并非源自现有市场中现有产品或服务的那部分价值。市场之所以会给这些公司溢价,是因为投资者预计它们会开发出新产品或开拓新市场,并且能够借这些新产品和新市场收获高额利润(本书第七章将详细讲解如何计算溢价)。这一溢价是所有主管和公司梦寐以求的。

哪类人是创新者

过去30年的研究中,也许最为惊人的结论之一就是:企业家和一般的商业主管(在个人特质或心理统计学上)并无天壤之别。[a] 听到这个结论的人一般都会心存质疑,因为大多数人本能地认为,企业家和主管有所不同。但是请注意,我们的研究是针对创新者的,尤其要注意,是创新型企业家,而不是企业家,因为创新型企业家开创的公司给市场提供的价值是独一无二的。研究者通常将开干洗店、抵押贷款公司,甚至是大众汽车和麦当劳的人,和易趣的创始人皮埃尔·奥米迪亚及亚马逊的创始人杰夫·贝佐斯归为一类,均称其为"企业家"。但是在研究创新型企业家和一般主管有无差异时,这样分类是有问题的。事实上,大多数企业家开创公司时秉持的策略都不是独一无二的,也自然没有破坏性。在所有企业家中,仅有10%~15%的人可以称得上是我们讨论的"创新型企业家"。

我们的研究包括四类创新型企业家:(1)创业型企业家,即我们之前讨论的那一类企业家;(2)企业型企业家,这一类型的企业家会在企业内部创立创新业务;(3)产品型企业家,这一类型的企业家会发明新产品;(4)程序型企业家,这一类型的企业家会开创具有突破性的程序。我们所说的程序发明者,指的是像阿兰·乔治·雷富礼这样的人,他为宝洁公司创设了一系列创新程序,激发了无数新产品的创新。无论何种情况,开发新业务、新产品或新程序的想法都必须是创新者本人的想法。不同类型的创新者有许多共同之处,但是也有许多差异,接下来的章节会为你详细分析这一点。

a 许多针对企业家的研究都得出了这样的结论,如:

"详尽调查后得出的结论往往是:企业家和大型组织的管理者在心理上只有细微差别,或毫无差别。"(L.W. Busenitz and J.B.Barney, "Differences Between Entrepreneurs and Managers in Large Organizations," *Journal of Business venturing* 12, 1997.)

"成功的企业家和非企业家之间似乎没有可见的个性特征模式差别。"(W.Guth, "Director's Corner: Research in Entrepreneurship," *The Entrepreneurship Forum*, winter 1991.)

"许多研究者尝试寻找企业家和小生意业主或管理者的差别,但无一不无功而返。"(R. H. Brockhaus and P. S. Horwitz, "The Psychology of the Entrepreneur" in *The Art and Science of Entrepreneurship*, 1986.)

在本书第七章,我们按创新溢价高低排出了最具创新力的公司榜单。意料之中的是,在排名前25位的公司中,有些也上了《商业周刊》的榜单,比如苹果公司、谷歌、亚马逊和宝洁公司。这些公司在过去五年内平均创新溢价高达35%。但是我们也发现,如Salesforce(软件)、直觉外科手术公司(Intuitive Surgical,医疗设备)、印度斯坦利华公司(Hindustan Lever,家用产品)、阿尔斯通公司(Alstom,电气设备)和孟山都公司(Monsanto,化工)也有相似程度的创新溢价。在详细研究这些公司之后,我们发现它们也不乏创新精神。在我们研究了上述自主排出的榜单,并研究了《商业周刊》的创新公司榜单之后,发现了以下几个模式。

我们留意到,与一般的公司相比,这些公司的领导人和创始人更有可能具有创新精神。这些创新领导人的五项发现技能的得分都异乎寻常的高,而正是这五项发现技能组成了创新者的基因

（他们的平均发现技能得分在88%，这意味着他们在我们的发现技能测试中的得分高于88%的参与者）。创新型公司几乎无一例外地由创新型领导人掌舵。这句话值得重复一次：创新型公司几乎无一例外地由创新型领导人掌舵。重点是，一家公司若是想要创新，就必须确保高管团队具有创新技能。我们发现，创新型的创始人常常会将自己的行为融入公司。例如，杰夫·贝佐斯很擅长实验，因此他在亚马逊公司建立了许多系统化程序，用以推动他人开展实验。无独有偶，直觉公司（Intuit）的斯科特·库克（Scott Cook）善于观察，因此他鼓励公司内部员工多观察。我们还发现，创新型组织的基因反映的就是创新型个人的基因，这一发现可谓意料之中。换言之，创新型个人系统性地勤于提问、观察、交际和实验，这些行为能够激发新的想法。同样，创新型组织会系统性地开发程序，鼓励员工提问、观察、交际和实验。本书将用专门章节讲述如何在你的组织和团队中植入创新者的基因，以及如何积极地鼓励和支持他人的创新行为。

本书中的想法对你有何价值

过去十年，许多研究者出版了针对创新和创造力的著作。其中，有的专注于破坏性创新，如克莱顿·克里斯坦森所著的《创新者的窘境》和《创新者的解答》；有的研究组织和组织领导者如何鼓励和支持创新，如戈文达拉扬（Govindarajan）和特林布尔（Trimble）所著的《战略创新者的十大法则》（*Ten Rules for Strategic Innovators*）、阿兰·乔治·雷富礼和拉姆·查兰（Ram Charan）所著的《游戏规则颠覆者》（*Game Changer*），以及丽塔·麦格拉思（Rita McGrath）和伊恩·麦克米兰（Ian MacMillan）所著的《创业家思维》(*The Entrepreneurial Mindset*)；有的更为专门地研究公司内和跨公司的产品研发和创新程序，如安德鲁·哈格顿（Andrew Hargadon）所著的《突破是如何发生的》(*How Breakthroughs Happen*)和埃里克·冯·希普尔（Eric von Hippel）所著的《创新源》(*The Sources of Innovation*)；有的研究公司内部创新程序中个人的角色，如IDEO（环球创新设计公司）的汤姆·凯利（Tom Kelly）所著的《决定未来的十种人》(*The Ten Faces of Innovation*)和《创新的艺术》(*The Art of Innovation*)，以及丹尼尔·平克（Daniel Pink）所著的《全新思维》(*A Whole New Mind*)；此外，还有一些图书研究个人创造力，更确切地说，是关于创造力的理论和研究，如特瑞莎·阿玛比尔（Teresa Amabile）所著的《环境对创意的影响》(*Creativity in Context*)和米哈里·契克森米哈（Mihaly Csikszentmihalyi）所著的《创造力》(*Creativity*)。本书与以上著作不同，因为我们直接针对的是商业情境中的个人创造力，同时，我们的研究基于大量商业创新者的样本，包括一些鼎鼎大名的创新者，如杰夫·贝佐斯（亚马逊）、皮埃尔·奥米迪亚（易趣）、迈克尔·拉扎里迪斯（RIM公司，生产黑莓手机）、戴尔公司的迈克尔·戴尔（Michael Dell）、马克·贝尼奥夫（Salesforce）、全球性互联网电话公司Skype的尼克拉斯·詹斯特罗姆（Niklas Zennström）、斯科特·库克（直觉公司）、贝宝（PayPal）的彼得·泰尔（Peter Thiel）、捷蓝航空（JetBlue）和阿苏尔航空（Azul）的大卫·尼尔曼（David Neeleman）等。本书的宗旨是，解释这些知名人物是如何得出"重要想法"的，并且提炼出一系列步骤供读者效法。我们将详细描述五项技能,任何人都可以通过掌握这五项技能,来提高自己的创造性思维能力。

免责声明(勉强算是)

我们认为,你在阅读《创新者的基因》时,必须将以下三点牢记于心。

第一,运用发现技能并不能保证盈利。综观全书,我们讲述了一些人的故事,这些人显然在创新上很成功。我们关注的是成功的故事,因为成功比失败更吸引人。但是,在我们的500个创新者样本中,只有2/3的人创办的公司或开发的产品称得上是成功的,有许多人并没有成功。创新者培养出了正确的技能——提问、观察、交际和实验,这些技能催生了创新型的公司和产品,但是这些公司和产品并不一定就能盈利。关键在于,要想形成创新的商业想法,我们描述的发现技能是必需的,也是十分关键的,但是仅凭这些技能无法保证你取得成功。

第二,失败(盈利失败)往往是由于你没有注意运用所有的发现技能。根据我们的样本研究,相较盈利不足的创新者,盈利方面较为出色的创新者发现技能的得分更高(即在发现技能上得分更高)。如果说你的某项创新失败了,那也许是因为你没有提出所有的正确问题,没有做出所有的正确观察,没有和数量足够多、范围足够广的人沟通,或是没有进行所有的正确实验。当然,也有可能你做了一切该做的事情,但是一项更新锐的技术脱颖而出,或是其他更聪明的创新者想出了更好的点子。又或者,你并不善于执行想法。或者,有一家已经站稳脚跟的公司模仿了你的发明,而你没有足够的资源与之竞争。许许多多的因素都会导致你的关于新产品或新业务的想法无法吸引市场。但是,你越是能够提出正确的问题,做出正确的观察,通过与正确的人交际引出想法和反馈,并且进行实验,你失败的概率就越小。

第三,我们关注各类创新者和创新型公司,是为了阐明重要的想法或者原则,而不是将它们奉为创新的圭臬。我们研究的创新者中,有的人是"连环创新者",因为他们长期以来有很多创新,并且未来的创新势头也很强劲。其他创新者是占了天时地利,他们要么做了关键性的观察,要么与掌握有用信息的关键人物进行了交流,或是天意使然,使其某次实验大获成功。这类人一度有过重要的发现,但是他们并不一定有能力或动力(也许是因为已盈利而失去动力)继续产生创新性想法。同样,我们发现创新型公司有时会很快失去创新能力,而一般的公司也可以很快就提高自身的创新能力。在本书第八章中,我们举了苹果公司的例子,1984年乔布斯离开苹果公司之后,苹果公司的创新力(根据创新溢价评估)骤然减弱,但是几年以后,乔布斯重新执掌苹果公司,苹果公司的创新力又猛然增强。在雷富礼加盟宝洁公司之前,宝洁公司已经表现出稳健的创新能力,但是在雷富礼的领导之下,宝洁的创新溢价又上涨了30%。我们想强调的是,个人和公司都不是一成不变的,他们有时也许会辜负我们对他们的厚望。

你可以问问自己:我是否擅长提出创新的商业想法?我是否懂得为我的组织招揽创新型人才?我是否懂得如何通过培训,加强他人的创造力和创新力？面对最后一个问题，有些主管采取的做法是鼓励员工跳出常规思路，但是如何跳出常规思路正是员工（和主管）一直在思考的难题。我们甚至发现，当被问到"如何跳出常规思路"时，有些主管这样回答："创新。"但是其实"创新"和"跳出常规思路"本是同义，因此这样的回答可谓于事无补。

如果你感觉自己在面对这些问题时束手无策，难以找出可行的解决方案，那么就请继续阅读本书，牢牢掌握五项技能。在下一次面临创新挑战时，这五项技能会为你打开局面。每个领导者都有自己解决不了的难题，都会遇到难以把握的机遇。也许是开发不出新程序，也许是开发不出新产品或新服务，也许是难以为现有业务开发新的商业模型。无论是哪种情况，只要你运用创新者的基因获得了这五项技能，就可以保住工作、保全组织，也许还能保全组织内的所有人。事实上，我们还发现，如果你想进入你所在组织的最高管理层，无论是业务部经理、董事长还是CEO，你都需要具备极强的发现技能。同时，如果你希望自己领导的组织具有切实的创新力，你也必须能够熟练地使用这些技能。

我们希望本书能够给你鼓励，让你重拾年少时的那份好奇。保持好奇可以使人永葆斗志，保证公司长盛不衰。[3]试想一下，如果不再开发新程序、新产品或新服务，十年以后，你的公司能有多少竞争力？答案不言自明：你的公司将走入绝境。对公司，甚至是国家的竞争力而言，创新者永远是核心。

本书结构

本书就像是你在异地时口袋里的地图，为你的创新之旅指明方向。第一部分（第一章到第六章）将解释创新者基因的重要性，以及如何将各个方面的资源整合为适合不同个体的创新方式。我们会详细解释创新者思考的习惯和技巧，落实"非同凡想"这句口号。第一部分将详细解释如何掌握特定的技能，这些技能包括联系、提问、观察、交际和实验，它们都是形成新想法的关键。

第一部分详细描述了创新者的五项发现技能，第二部分（第七章到第十章）将通过展示如何在组织和团队中操作这些技能详述这五块创新基石。第七章列出了我们排的全球公司创新力排行榜，这份榜单的排名依据是各公司的创新溢价，即根据投资者对各公司未来创新的预期算出的市值溢价。我们同时给出了一个框架，用来了解创新者的基因是如何在世界顶级创新团队和组织中运作的。我们称这个框架为 3P 框架，因为它囊括了人才（People）、程序（Process）和宗旨（Philosophy）。这三点是顶级创新组织或团队的三块基石，其核心是发现能力。第八章专注于研究人才，这章将描述创新型组织如何通过积极雇用、鼓励和奖励善于发现的人才，同时有效地安排善于执行的人才与创新者搭档，从而产出最大化效果。第九章将展示团队和公司的创新程序，这些程序反映了破坏型创新者的五项发现技能。换言之，创新型的公司会使用这些程序，从而鼓励甚至是要求员工进行联系、提问、观察、交际和实验。第十章专注于研究指导创新型团队和组织创新行为的根本宗旨。这些宗旨不仅指导着破坏性创新，还深深地融入了公司，给予了员工创新的勇气。最后，如果你想了解如何培养自己、团队甚至是后辈（你认识的年轻人），你可以阅读附录 C。使用我们的指导程序，你的创新能力将更上一层楼。

我们很高兴你决定开始，或是继续你的创新之旅。曾经有许多人表示,在领会了本书中的想法之后,他们极大地提升了自身的创新技能。他们不断地通过现身说法证实,这趟创新之旅确实是不虚此行。我们相信,只要你读完本书,掌握了破坏性创新的技能,你会有同样的感受。

第一部分

破坏型
创新者的基因

第一章
创新和创新者

> "我想在宇宙间留一点儿响声。"
>
> ——史蒂夫·乔布斯
> 苹果公司创始人兼 CEO

我是否知道创新,或是具有破坏性的商业想法是如何产生的?我是否知道如何招聘到善于创新的人才,或是通过培训使他人跳出常规思路思考问题?大多数高管都会觉得这些问题是难题,而他们也知道创新力就是商业成功的"秘密武器"。不幸的是,大多数人都不甚了解,为什么有的人比其他人更有创新力。也许正是基于这个原因,我们在面对具有远见卓识的企业家和创新主管时难免心生敬畏。这些企业家中,有苹果公司的史蒂夫·乔布斯、亚马逊公司的杰夫·贝佐斯和易趣公司的皮埃尔·奥米迪亚。而创新主管则包括宝洁公司的阿兰·乔治·雷富礼、贝恩公司的欧瑞特·嘉迪希和易趣公司的梅格·惠特曼。他们是如何产生具有突破性的新想法的?如果可以揭示这些大师头脑的运作机制,我们是否就能从中学到创新方法呢？

乔布斯的创新性思维

以乔布斯为例。最近，《哈佛商业评论》发布了一份研究报告，将乔布斯评选为全球业绩最佳的 CEO。[1] 你也许还记得苹果公司著名的广告宣传语"非同凡想"，它本身就是其最佳注解。广告中列出了不同领域的创新者，例如阿尔伯特·爱因斯坦、毕加索、理查德·布兰森和约翰·列侬。实际上，乔布斯本人也完全有资格在这段广告中露脸，因为人人都知道乔布斯具有创新精神，他知道如何做到"非同凡想"。但我们的问题是，他是如何做到这一点的？其他创新者又是如何做到"非同凡想"的？

常见的答案是：创新性思维能力是与生俱来的。大多数人都相信，像乔布斯这样的人生来就有创造力的基因，而其他人没有这种基因。我们一般都认为，创新者天生右脑发达，上天赋予了他们发挥创造性思维的能力。而一般人天生左脑发达，逻辑性较强，习惯线性思维，发挥创造性思维的能力较弱，或者说缺乏创造性思维能力。

如果你相信以上说法，那么我们想告诉你，这种说法其实基本上是错误的。至少在商业创新领域，几乎任何人（包括你）都有一定的创新和发挥创造性思维的能力。因此我们将以乔布斯为例，与你一起探索"非同凡想"的能力。乔布斯过去是如何想出这些创新点子的？他的创新之旅又能给我们何种启示呢？

创新性想法一：个人计算机应当没有噪声，小巧便携

苹果二代系列是苹果公司的开拓之作。其关键创新之一是乔布斯的一个决定：这款计算机必须是没有噪声的。他之所以会有这个想法，一部分原因是他花了许多时间研究禅道和冥想。[2] 乔布斯觉得计算机内置风扇噪声大，容易使人分心，因此决定不为苹果二代装内置风扇。这在当时可谓一个非常激进的想法。所有人都认为计算机必须装风扇，因为所有计算机都需要风扇以防止机器过热。除非能找到产热量低的新型电源，否则不装风扇是不可能的。

因此，乔布斯开始找人设计新型电源。通过自己的人际关系网，他找到了罗德·霍尔特（Rod Holt）。霍尔特当时年过四十，是个烟不离手的社会主义者，在雅达利公司（Atari）工作。[3] 在乔布斯的督促下，霍尔特放弃了已有 50 年历史的线性电路技术，发明了一种开关电源系统，革新了电子产品的电源供应方式。乔布斯追求无噪声，霍尔特有设计能力，二者的结合产出了一代创新型的电源系统，该系统不需要内置风扇。这就使苹果二代成了当时噪声最小、最小巧的个人计算机（因为不需要预留风扇的空间，所以计算机体积更小）。

如果乔布斯从来没有问过"为什么计算机一定要装风扇"，也没有问过"我们怎么做才能使计算机即使不装风扇也不过热"，那么苹果公司就不会有今日的成就。

创新性想法二：Mac 电脑用户界面、操作系统、鼠标

1979 年，乔布斯造访了施乐帕克研究中心（Xerox PARC），埋下了设计 Mac 电脑（Macintosh）的种子。当时，主营复印设备的施乐公司成立了帕克研究中心，用于设计未来的办公系统。乔布斯邀请施乐公司投资苹果公司，以此换来了去帕克研究中心参观的机会。施乐公司不知道如何将帕克研究中心令人振奋的成果资本化，但是乔布斯知道。

乔布斯仔细地观察了帕克研究中心的计算机屏幕。屏幕上全是各种图标、下拉菜单和重叠的窗口，鼠标一点就可控制。乔布斯后来回忆说："我们所看到的是未完成的、有缺陷的产品，但是产品想法的精髓已经成形……短短十分钟的观察之后，我已经明白，这就是将来所有计算机的运作模式。"[4] 接下来的五年内，乔布斯在苹果公司领导设计团队设计 Mac 电脑，也就是第一台使用图形用户界面（graphic user interface，GUI）和鼠标的个人计算机。在此次帕克研究中心探访之旅期间，乔布斯还有别的发现：他第一次体验了面向对象编程（object-oriented programming）。这一编程方式是后来 OSX 操作系统的关键。OSX 操作系统是乔布斯的另一家公司 NeXT 开发的，后来苹果公司通过收购 NeXT 公司获得了 OSX 操作系统。如果乔布斯当时没有去施乐帕克研究中心观察，这一切还会发生吗？

创新性想法三：Mac 电脑的桌面排版

Mac 电脑有配套的 LaserWriter 打印机，是第一台将桌面排版介绍给大众的计算机。乔布斯称，如果当年在俄勒冈州的里德学院（Reed College）学习时，他没有选修英文书法课，Mac 电脑就不会有如此"优美的版面"。

他说：

里德学院当时开设的英文书法课在全美也许都称得上首屈一指。校园里的每张海报、每个抽屉的标签都是用优美的手写体书写而成的。我退学后不需要上一般的课程,因此决定去上英文书法课,掌握这门技艺。当时,我学了 serif 字体和 san serif 字体,学了如何调整不同字母组合的字母间距,还学到了成就好版面的技巧。这一切是如此美妙,具有历史感,还有艺术上的精妙之处,这些只用科学是无法创造出来的,因此我被迷住了。在当时看来,这些知识对我的生活毫无用处。但是十年之后我们设计第一台 Mac 电脑时,当时所学的全都涌上了我的心头。我们将其全盘融入 Mac 电脑,把 Mac 电脑打造成了第一台拥有优美版面的计算机。如果我当时在学校没有无意中选修那门课程,那么第一台 Mac 电脑就不会有多种多样的字体,字母间距也不会那么赏心悦目。Windows 后来在这方面照搬了 Mac 电脑的做法,如果我当年没有选修那门课,大概现在所有的个人计算机都不会有多种字体和适宜的字母间距。[5]

如果乔布斯当年退学后,没有选修英文书法课,那么现在的情况如何?

我们能从乔布斯"非同凡想"的能力中获得哪些启示呢?第一,我们可以看出,乔布斯的创新性想法并不是浑然天成的,亦不是什么灵感仙女赐予的礼物。我们研究一下这些想法的起源,就会发现以下因素起到了催化剂的作用:(1)一个挑战现状的问题;(2)对某项技术、某个公司或顾客的观察;(3)一次尝试新鲜事物的经验或实验;(4)与某人进行了一次交谈,为他带来了重要的知识或机会。事实上,通过仔细研究乔布斯的种种行为,具体研究这些行为如何开拓新的知识领域,从而引发创新性想法,我们就能够对他的创新性想法追根溯源。

这个故事有何寓意？我们希望你能明白，创造力并不完全源自天赋异禀，也不仅仅是一种认知技能。恰恰相反，我们发现，创造性的想法源自行为技能，而这些技能你也能习得。有了这些技能，你就能催生自己和他人的创新性想法了。

创新者为什么与常人不同

创新者究竟为何与普通人不同？大多数人都觉得这个问题的答案不言而喻：因为天赋异禀。有些人天生右脑发达，因此其直觉更强，善于发散思维。人们觉得这是一种天赋，有则有，无则无。但是这个说法能否得到研究的支持呢？我们的研究证实了他人的研究成果，即创新技能并不仅仅是天赋异禀，这些技能是可以后天培养的。莫顿·列兹尼科夫（Merton Reznikoff）、乔治·多米诺（George Domino）、卡洛琳·布里吉斯（Carolyn Bridges）和莫顿·哈尼蒙（Merton Honeymon）做过这方面的综合性研究，证实了这一点。他们研究了 117 对 15~22 岁同卵和异卵双胞胎的创造能力。经过 10 个创造力测试，研究人员发现，这些双胞胎在测试中的表现只有 30% 是由遗传因素决定的。[6] 与之形成对比的是，在一般性智力因素测试（IQ 测试）中，80%~85% 的表现都是由遗传因素决定的。[7] 因此，一般性智力（IQ）（至少按照科学家测算的方式来看）基本上是先天的禀赋，但是创造力不是。至少对创造力而言，后天的教育比先天的禀赋更重要。另外 6 个针对同卵双胞胎的创造力测试也证实了列兹尼科夫等人的研究结论：人的创造性行为只有 25%~40% 由遗传因素决定。[8] 这就意味着，其余 2/3 的创新技能是后天习得的，首先是理解创新技能，其次是操练该技能，最后是相信自己有创新的能力。

这也解释了为什么在日本、韩国和一些阿拉伯国家长大的人较少以创新性想法挑战现状，也较少产生创新性成果（或是获得诺贝尔奖），因为他们所在的社会推崇集体主义，而非个人主义；崇尚资历，而非能力。固然，我们的研究中有许多创新者似乎真的是天赋异禀，但重点是他们总是强调自己是从榜样人物身上学到的创新技能，因为这些榜样人物的经历告诉他们，创新不仅是激动人心的，也是"安全无虞"的。

如果创新者不仅是天生的，而且是可以造就的，那么他们又是如何产生了不起的新想法的呢？我们研究了近500名创新者，并比照研究了近5 000名主管，最终得出了五项发现技能，正是这些技能使创新者不同于一般的主管（详细研究方法见附录B）。首先，创新者仰仗于一项认知技能，我们称之为"联系性思维"或简称为"联系"。联系指的是大脑尝试整合并理解新信息。这个过程能帮助创新者将看似不相关的问题、难题或想法联系起来，从而发现新的方向。往往在多个学科和领域交错的时候，就会产生创新的突破。作家弗朗斯·约翰松（Frans Johnansson）将这种现象称为"美第奇效应"（Medici Effect），指的是美第奇家族将众多领域的创造者集结在佛罗伦萨，从而产生了一次创造力大爆发。当时，雕塑家、科学家、诗人、哲学家、画家和建筑家共处一地，各领域交错之后，就产生了新的想法，继而促成了文艺复兴的盛景，成就了史上极具创新力的时代。简言之，创新的思考者能将旁人认为不相关的领域、难题和想法联系起来。

另外四项发现技能能够激发联系性思考，因此它们可以帮助创新者积累大量的基础创意，并从中产生创新性想法。具体而言，创新者较常使用的行为技能有以下四项。

提问。创新者是绝佳的提问者，热衷于求索。他们提出的问题总是在挑战现状。比如乔布斯问："为什么计算机一定要装风扇？"他们往往喜欢问："如果我试着这样做，结果会怎样？"像乔布斯这样的创新者之所以会提问，是因为他们想了解事物的现状究竟如何，为什么现状是这样的，以及怎样改进现状，或是破坏现状。如此一来，他们的问题就会激发新的见解、新的联想、新的可能性和新的方向。我们发现，创新者的提问与回答的比例一直保持在较高水平。也就是说，在交谈中，创新者不仅提问比回答多，而且所提问题的价值也很高，至少和好的答案的价值一样高。

观察。创新者也是勤奋的观察者。他们会仔细地观察周围的世界，包括顾客、产品、服务、技术和公司。通过观察，他们能获得对新的行事方式的见解和想法。乔布斯在施乐帕克研究中心的观察之旅中孕育了他的见解，从而催生了 Mac 电脑的创新操作系统和鼠标，以及苹果公司现在的 OSX 操作系统。

交际。创新者交友广泛，其人际关系网里的人具有截然不同的背景和观点。创新者会运用这一人际关系网，花费大量时间、精力寻找和测试想法。他们并不仅仅为了社交目的或是寻求资源而交际，而是为了积极地通过和观点迥异的人交谈寻找新的想法。例如，乔布斯曾经和一个名叫阿伦·凯（Alan Kay）的苹果公司员工交谈，凯对他说："你去看看那些疯子在加州圣拉斐尔干的事儿吧。"他所说的疯子是艾德·卡姆尔（Ed Catmull）和艾尔维·雷（Alvy Ray），当时这两个人成立了一家小型计算机图像处理公司，名叫工业光魔公司（Industrial Light & Magic，该公司为乔治·卢卡斯的电影制作过特效）。乔布斯很欣赏该公司的图像处理技术，因此他以 1 000 万美元收购了工业光魔公司，并把它更名为皮克斯

（Pixar），最终成功上市，市值高达10亿美元。如果乔布斯当年没有和凯聊天，他最终就不会收购皮克斯，这个世界上也就不会有那些精彩的动画电影，比如《玩具总动员》、《机器人瓦力》和《飞屋环游记》。

实验。创新者总是在尝试新的体验，试行新的想法。实验者总是在通过思考和实验无止境地探究世界，把固有观念抛到一边，不断检验新的假设。他们会参观新地方，尝试新事物，搜索新信息，并且通过实验学习新知识。乔布斯终其一生都在尝试新体验——冥想。他住在印度的修行所，从里德学院退学后去上英文书法课。所有这些多姿多彩的体验都为苹果公司激发了创新的想法。

这些发现技能中，联系是认知技能，提问、观察、交际和实验是行为技能。这些技能汇聚在一起，就形成了创新者的基因，或者说，开启了创新性想法的密码。

鼓起创新的勇气

为什么创新者比一般的主管更勤于提问、观察、交际和实验？我们研究了这些行为背后的驱动力，发现有两点共同之处：第一，他们积极地想要改变现状；第二，他们常常会巧妙地冒险，以改变现状。看看创新者描述自己动机的话语，我们会发现其中有共同之处。乔布斯想要"在宇宙间留一点儿响声"。谷歌的创始人拉里·佩奇（Larry Page）说过，他是来"改变世界"的。这些创新者完全没有陷入一个常见的认知陷阱——现状偏见。有现状偏见的人倾向于固守现状而不是改变现状，大多数人都会简单地接受现状。我们甚至会喜欢例行公事，而不愿意做出改变。我们都认同一句话："东西没坏就不要修。"却没人质疑东西是否真的"没坏"。创新者则恰恰相反,在他们看来,很多东西都"坏了",他们想要"修补"。

创新者是如何打破现状的?方式之一是不盲从他人的时间安排。只要看一眼创新主管的日程安排,你就会发现,他们的日程安排和墨守成规的主管截然不同。创新型企业家(自己本身也是CEO)在发现活动(提问、观察、交际和实验)上投入的时间比没有创新记录的CEO多50%。也就是说,他们每周要多花一天的时间用于发现活动。因为他们知道,要想实现改变世界的梦想,就必须花大量时间探究如何改变世界。有了创新的勇气,他们就会积极寻找改变世界的机会。

如果能把"改变"奉为使命,就能更轻松巧妙地冒险,甚至犯错,更重要的是从中快速吸取教训。在我们的研究中,大多数创新型企业家都不会为犯错而感到难堪,而是把犯错看作预料之中的经营成本。杰夫·贝佐斯告诉我们:"如果不犯些大错,亚马逊的管理者就不能放手一搏,那么我们的股东就不可能获利。"简言之,创新者之所以能够将想法转化为影响力,靠的是"创新的勇气"——积极地与现状背道而驰,同时坚定地、主动而巧妙地冒险。

创新者的基因,即开启形成创新性想法的密码,如图1-1所示。形成创新性想法的关键技能是联系性思维的认知技能。有的人建立的联系比他人多,这在一定程度上是因为他们的大脑天生如此,但更重要的原因是,他们更频繁地运用了一些行为技能,包括提问、观察、交际和实验。这些技能是联系性思维的催化剂。当然,还有一个问题——为什么有的人会比他人更频繁地运用这些行为技能?答案是,他们有创新的勇气。他们更愿意将改变视为自己的使命,并且会冒险实现改变。重点是,你若想要提高形

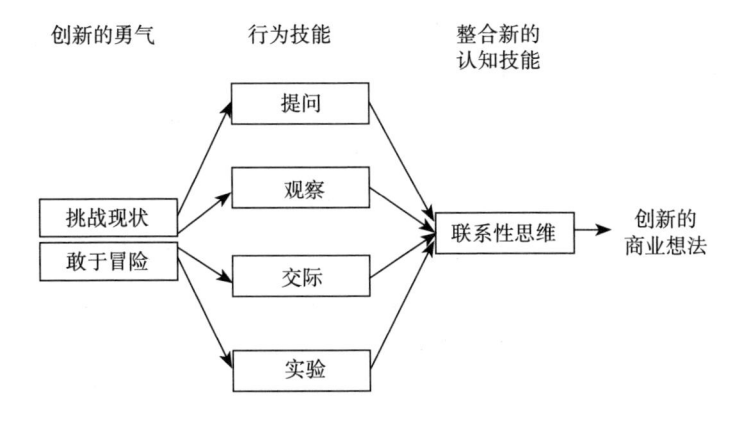

```
创新的勇气        行为技能      整合新的
                              认知技能
                   提问
         ↗                ↘
挑战现状  →        观察      →  联系性思维  →  创新的
敢于冒险  ↗        交际      ↗              商业想法
         ↘                ↗
                   实验
```

图 1-1　形成创新性想法的创新者基因模型

成创新性想法的能力，就必须训练自己的联系性思维能力，并且更频繁地提问、观察、交际和实验。要做到这一点，前提是鼓起创新的勇气。

由于创新者终其一生都在运用发现技能，他们逐渐养成了发现的习惯，而"发现"也成了他们的行为特色。他们对自己发现未来趋势的能力越来越自信，也深信形成创造性的想法就是他们的工作，不能假手于人。正如雷富礼曾宣称的那样："创新是每个领导者的中心工作，这些领导者包括业务部经理、职能领导和 CEO。"[9]

发现技能与执行技能

我们已经提到创新能力并不完全源自遗传因素，然而我们却用基因比喻创新者的思维机制，这似乎又在强调基因的作用。其实这并不矛盾，请你耐心地花些时间看我们分析。（欢迎来到创新世界。在这里，只要能将两个看似无关的想法整合起来，就可以形成联系，从而产出新颖的见解。）最近，基因疗法有了新进展，可以通过修正或者巩固人体内的基因达到预防疾病等目的。[10] 同样，按照我们的比喻，你体内的创新者基因也可以得到加强。

假设你有一个同卵双胞胎兄弟或姐妹，你们有相同的大脑构造及天赋。现在，给你们每人一周时间想出一个创新的商业想法。如果这一周内，你足不出户地思索，而你的双胞胎兄弟或姐妹则做到：（1）和十个人谈了他或她的生意，包括工程师、音乐家、家庭主夫和设计师；（2）考察了三家新成立的公司，观察它们的运营情况；（3）抽取了五种"新打入市场"的产品作为样本拆解分析；（4）给五个人展示了他或她组装的产品模型；（5）在这些交际、观察和实验活动中，每天至少问十次："试试这样能不能成功"和"什么因素会导致它失败"。你认为，谁会产生创新（和实用）的想法？我猜测，你一定会认为是你的双胞胎兄弟或姐妹，而这并不是因为他或她天生的（遗传的）创造力比你强。当然，遗传因素还是会对创造力有一定的影响的，但并不是决定性的因素。遵循你的双胞胎兄弟或姐妹的做法，人们可以学会用更强的创新力解决难题。

如图1-2所示，很少有观察、实验和交际能力都很强的创新型企业家，实际上，他们也不需要全面发展。在我们的研究中，所有的知名创新型企业家在"联系"和"提问"这两项上的能力都达到了70%以上的水平。似乎这两项发现技能是每个创新者必备的。但是我们研究的创新者的其他技能水平并没有压倒众人。当然，如果四项技能中有一项处于卓越水平，且另外至少有两项达到强劲水平，会对他们大有裨益。如果你希望成为更好的创新者，你就必须弄清楚，自己还需提高哪些技能，哪些技能是你特别擅长、可以帮助你形成创新性想法的。

破坏型创新者的发现技能因人而异

创新型企业家养成和使用的技能各不相同。图 1–2 为我们展示了四位创新型企业家在五项发现技能上的百分比排名。这四位创新型企业家包括易趣的皮埃尔·奥米迪亚、戴尔公司的迈克尔·戴尔、RIM 公司的迈克尔·拉扎里迪斯和直觉公司的斯科特·库克。我们的数据库中收集了超过 5 000 名主管和创新者的技能得分,而百分比排名则表明此人某项得分高于某个百分比的人群。评分的依据是受试者从事某项技能活动的频率和强度。

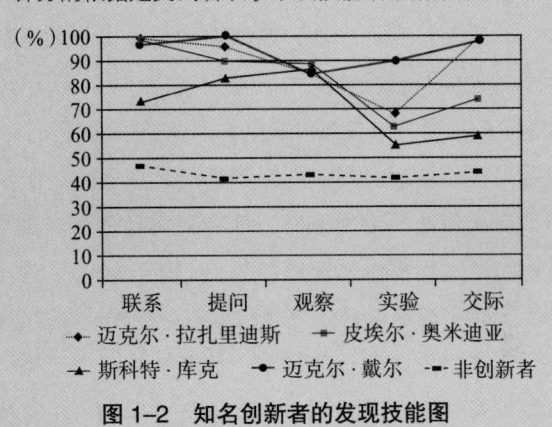

图 1-2 知名创新者的发现技能图

如你所见,每个创新型企业家的技能模式都不一样。例如,奥米迪亚的想法大多来自提问(高于90%的人)和观察(高于87%的人),戴尔的想法大多来自实验(高于90%的人)和交际(高于98%的人),库克的想法大多源自观察(高于88%的

> 人）和提问（高于 83% 的人），拉扎里迪斯的想法则主要来自提问（高于 96% 的人）和交际（高于 98% 的人）。关键在于，这些创新型企业家中并没有人是"五项全能"。他们都是将发现技能组合起来，形成了因人而异的模式，借此形成新的见解。正如人体基因各不相同，创新者的基因也是由不同的认知技能和行为技能组成的，是独一无二的搭配。

发现技能：为什么大多数高管都与"非同凡想"无缘

我们花了 8 年，访问了数十位大多来自大公司的高管，请他们描述了自己职业生涯中收获的最为新颖和宝贵的战略见解。结果多少有些出人意料。我们发现，在高层主管们提到的见解中，只有寥寥几个是他们自己提出来的。他们智力超群，天赋过人，善于实现目标，却很少直接参与形成创新商业想法的过程。

创新者渴望颠覆现有的商业模型、产品或程序，但是大多数主管是在已有的商业模型之下努力地有效实现下一步目标的。也就是说，他们的工作囿于常规思路。他们擅长将远见或目标化为具体任务，然后实现既定目标。他们会组织工作，制订逻辑清楚、细节翔实、有数据支撑的行动计划，然后兢兢业业地执行。简言之，大多数主管具有卓越的执行力，包括以下四项执行技能：分析、计划、细节化实施、纪律化管理（稍后在本章和第八章中，我们会详细讲解这四项技能，但现在你只需要记住它们也是实现目标和产生创新性想法的关键就可以了）。

> ### 我不是史蒂夫·乔布斯……又有什么关系
>
> 没错,你不是史蒂夫·乔布斯,不是杰夫·贝佐斯,也不是任何一个有名的商业创新者,但是这并不意味着你不能向这些创新者学习。即使你的大多数创新都只是刚起步,你也依旧可以提高自己的创新能力。我们见证过成功的例子,也见证过由此而来的巨大改变。在这些例子中,有一位制药主管每天练习提问技巧(见第三章),希望能够找出他所在部门的关键战略问题。三个月后,他的老板告诉他,他已经成了团队中最重要的战略思考者。又过了不到六个月,他就荣升公司战略规划主管了。他告诉我们:"我只不过是提高了提问的能力而已。"还有很多我们班上的MBA(工商管理硕士)学生,通过使用观察、交际和实验技巧,形成了支撑其创业的商业想法。其中一人在一次邻居的烧烤聚会上通过与他人的交谈,想到可以用细菌来吞食污染物,从而成立了一家公司。另外一人通过观察,发现巴西英语说得好的人都是通过看美国电影电视节目来提高英语水平的,于是成立了一家公司,经营看电影学英语的软件。许多商业想法看起来微不足道,比如有效筛选应聘者的新程序,或是建立客户忠诚度的更好的方式,但是无论如何,这些都是有价值的新想法。如果你能产生足够多的新想法,你的事业将如虎添翼。重点是,你要想赋予你的生意更多创新的想法,并不一定需要史蒂夫·乔布斯附身。

许多创新者都意识到自己的这四项执行技能不够强大,因此试着和拥有这些技能的人组成团队。例如,易趣的创始人奥米迪亚很快就意识到公司需要执行技能,因此邀请斯坦福大学MBA毕业的杰夫·斯科尔（Jeff Skoll）和哈佛大学 MBA 毕业的梅格·惠特曼加盟公司。奥米迪亚告诉我们："杰夫·斯科尔的技能和我的技能完美互补。我侧重于负责创造性的工作，开发产品，解决和产品有关的难题。杰夫负责分析和实践。他会听我说我的想法，然后说'好的，我们来想想怎么实现这个想法'。"斯科尔和惠特曼将易趣网站专业化，加入了"定价拍卖"环节，推动了易趣的国际化扩张。他们还开发了"汽车"等新的经营类别，同时新增了重要的功能，如贝宝支付平台。

为什么大多数高管都有卓越的执行技能，而其发现技能却仅仅略胜常人呢？很重要的一点是，在商业生命周期的不同阶段，成就企业成功的技能也是不同的（见图 1-3）。例如，在一家创新

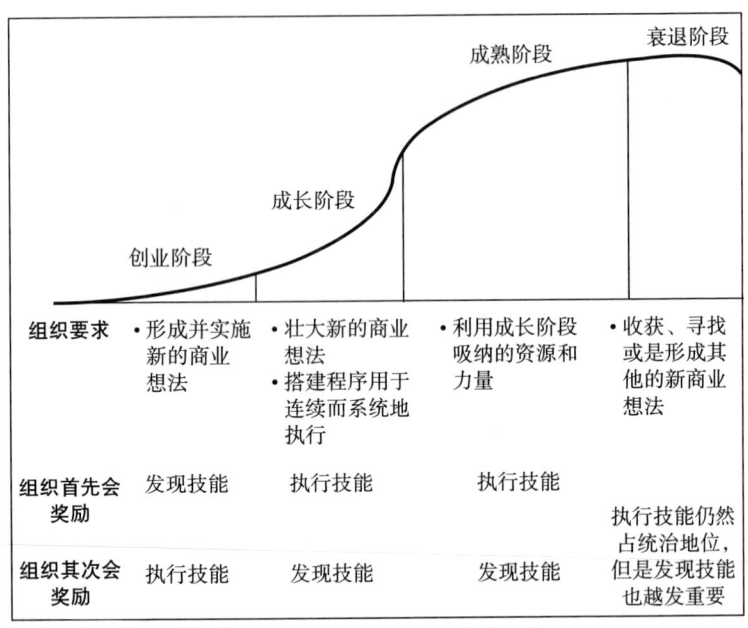

	创业阶段	成长阶段	成熟阶段	衰退阶段
组织要求	• 形成并实施新的商业想法	• 壮大新的商业想法 • 搭建程序用于连续而系统地执行	• 利用成长阶段吸纳的资源和力量	• 收获、寻找或是形成其他的新商业想法
组织首先会奖励	发现技能	执行技能	执行技能	执行技能仍然占统治地位，但是发现技能也越发重要
组织其次会奖励	执行技能	发现技能	发现技能	

图 1-3　执行技能和商业生命周期

企业的起步阶段，创始人的动力更多地来自发现，创始人也明显更具创业精神。因为在商业生命周期的早期，公司的关键任务是形成值得付诸实践的新商业想法，所以关键技能是发现技能。因此，在这个阶段，发现技能很受重视，执行技能次之。然而，一旦创新型企业家产生了具有潜力的新商业想法，继而将这个想法转化为真切的商业机遇，公司就会开始成长，这时企业家必须花费精力搭建程序，将想法培育成宏伟的事业。

发现技能与执行技能矩阵：创新者是怎样炼成的

为了验证创新型主管的技能组成是否有别于一般的主管，我们抽取了知名创新型企业家为样本（根据《商业周刊》的百家顶尖创新公司排行榜，抽取这些公司的创始人兼 CEO），使用我们的创新者基因测试衡量他们的五项发现技能（联系、提问、观察、交际和实验），以及四项执行技能（分析、计划、细节化实施、纪律化管理）。我们计算了企业家们的五项发现技能百分比排名的平均值，得出了一个全面百分比排名，也计算了四项执行技能的平均值，得出了相应的全面百分比排名。我们将五项发现技能的全面百分比排名称为"发现商数"（discovery quotient，DQ）。智力商数（intellectual quotient，IQ）测试的目的是衡量一般智力，情绪商数（emotional quotient，EQ）测试的目的是衡量情绪智力（识别、评价并控制自己和他人情绪的能力），而发现商数测试的目的是衡量一个人开拓新领域、研发新产品和新程序想法的能力。

如图1-4所示,发现技能高于88%的知名创新型企业家,其执行技能仅高于56%的人。简言之,他们执行能力平平。接下来,我们又抽取了不是创始人的CEO(从未创过业的主管)做了相同的分析。分析发现,大多数大公司的不是创始人的CEO的得分情况和创新型企业家恰恰相反:他们的执行技能高于近80%的人,而其发现技能仅为平均水平(高于62%的人)。简言之,他们是凭借执行技能当上CEO的。在业务部门经理和职能部门经理身上,这种对执行力的关注表现得更为突出,他们的发现技能比一般的CEO更弱。这些数据显示,创新型组织的领导者是发现商数非常高的人。同时,即使是在一个普通组织的内部,发现技能也是高管相对于下属的优势。因此,如果你想升职,最好学一学如何创新。

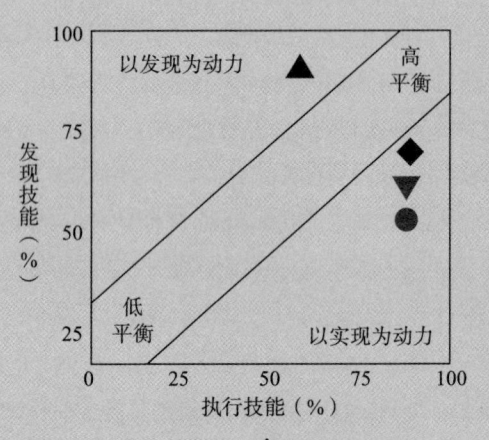

▲ 创新型企业的创始人兼CEO　　◆ 普通企业的非创始人CEO
▼ 业务部门经理　　　　　　　　● 职能部门经理

图1-4　发现—执行技能矩阵

在企业的成长阶段，创新型企业家也许会离开公司。可能因为该企业家对发展壮大的想法没有兴趣（至少在他看来，要执行一个想法就要做很多无聊的常规工作），也可能因为他不具备有效管理大型组织的能力。创新型企业家经常被描绘成可怜的经理，因为他们没有实现自己的新商业想法的能力，又往往对这些想法过分自信。此外，他们更有可能凭心血来潮和一己之见做决定，而不是用数据做分析。[11] 因此，要解决这些问题，惯用的方法就是将这些企业家换成职业经理人——已被证实有实现目标能力的个人。在商业生命周期的这个时刻，职业经理人由于壮大生意的能力更强，常常会顶替正担任 CEO 的创始人。然而，这样一来，关键的发现技能就被撤出了高管团队。

在创始人企业家退出管理之后，商业周期进入接下来的成长阶段和成熟阶段。在这两个阶段，经理人之所以能登上管理金字塔的顶端，通常是凭借自身良好的执行力。他们也许会针对现有客户做出一些渐进式的（持续不断的）创新，但是他们关注的是执行，而不是开发新业务。（在这个阶段，只有寥寥几家公司会计划性地注意选拔或提拔发现技能强的人才。）如此一来，公司高层缺乏发现技能的现象就越来越明显了，但这一点却不一定会被注意到。（但亚马逊的创始人贝佐斯却与众不同，他总是会要求新员工，包括高管，定期向他汇报他们最近发明了什么。贝佐斯希望雇用有发明精神的人才，也就是和他一样的人。）

最终，对大多数组织来说，最初使公司得以成立的创新精神走向了衰落。根据众所周知的 S 曲线图，当业务曲线到达开始下降的拐点时，公司的成长便会停滞不前。通常，这些由成熟走向衰落的组织都是由执行技能出众的高管掌舵的。与此同时，虽然投资者要求公司开辟新的成长型业务,但管理层的骨干都是执行技能强、发现技能弱的人,因此无法找到这种业务。高层管理团队严重缺乏发现技能,使其越来越难以找到新的业务机会助推公司成长。此时,公司上下再一次意识到,公司需要发现技能。

与此形成鲜明对比的是,如果公司创始人的管理贯穿公司的整个成长阶段,和同类型公司相比,该公司的增长无疑将更为强劲,盈利将更丰厚[12]。创业型创始人更有可能招揽到擅长发现或至少懂得发现的高管协助管理。假如乔布斯没有回归苹果公司,苹果公司能够在传统的计算机业务之外开发出新的音乐业务(iTunes 和 iPod)及手机业务(iPhone)吗?我们对此持怀疑态度。

关键在于,大公司组建高层管理团队时,是根据执行技能而不是发现技能选拔人才的,这些执行方面的人才在高层管理团队占主导地位。因此,一般而言,大公司无法形成破坏性创新。这就导致大多数大公司的高管不知如何运用创新性思维,无法做到"非同凡想"。创新性思维在公司内部是学不到的,商学院也不会传授这种思维,因为商学院的目标是培养执行者,而非发现者。

你也能学会"非同凡想"

在本章中,我们一直强调创新能力并不只是一种遗传倾向,而是一项积极的事业。苹果公司的"非同凡想"十分鼓舞人心,但也令人意犹未尽。创新者必须持续地做出非常人之所为,才能非同凡响。我们承认,天赋确实成就了创新者,有些创新者在联系性思维能力上有着异乎常人的天赋。但是,即便有两个人先天创新能力一模一样,如果其中一人更频繁地使用发现技能,他就会比另一人更善于用创新性思维解决问题。通过理解和使用这五项发现技能，我们相信你一定可以掌握进一步激发你自己和他人的创新火花的方法。请继续阅读，我们将向你描述如何掌握这五项技能，从而提高你的创新性思维能力。

发现技能和执行技能小测验：
你的技能组合模式

以下自我评测能大致展示你的发现—执行技能组合。（1=十分反对；2=反对；3=既不同意也不反对；4=同意；5=十分同意。）请根据你的实际行为打分，不要根据你的思维倾向打分。

1. 我的想法或看问题的角度总是和他人背道而驰。

2. 在工作中，我总是小心翼翼，避免犯哪怕一丁点儿错。

3. 我总是会提出一些挑战现状的问题。

4. 在工作中，我极为有条理。

5. 当直接观察人们和产品或服务的互动时，我经常会有新的想法。

6. 在完成工作任务时，我必须保证每件事都"做对"了。

7. 我常常通过借鉴别的行业、领域或学科的解决办法或想法找出问题的解决办法。

8. 在没有考虑周全之前，我绝对不会贸然展开新项目或新事业。

9. 我经常实验创造性做事的新方法。

10. 无论有何阻碍，我总是会有始有终地完成任务。

11. 我经常和各界人士交流（如来自不同业务板块、组织、行业、地区的人），以期找到并完善新想法。

12. 我很善于将一项目标或计划分成许多小任务来完成。

13. 我会参加一些会议（包括我的专业领域会议和其他领域会议），以结识更多的人，了解他们所面临的问题。

14. 我会密切关注工作细节，以保证不忽视任何环节。

15. 通过阅读图书、文章、杂志、博客等，我积极努力地跟随时代的步伐。

16. 我要求自己和他人对结果负责。

17. 我经常问"假如某事如何，会如何"这样的假设问题，以激发我对新的可能性和领域的探索。

18. 我长久以来都会信守所有承诺，做事有始有终。

19. 我经常观察客户、供应商和其他机构的行为，以获得新的想法。

20. 我一直以来都会制订详细的计划以完成工作。

给你的测试打分

把奇数题目的得分加起来，若总分大于等于45分，则表示你的发现技能得分很高；若总分在40~45分，则表示你的发现技能得分高；若总分在35~40分，则表示你的发现技能中等偏高；若总分在29~34分，则表示你的发现技能中等偏低；若总分小于等于28分，则表示你的发现技能较低。

把偶数题目的得分加起来，若总分大于等于45分，则表示你的执行技能得分很高，若总分在40~45分，则表示你的执行技能得分高；若总分在35~40分，则表示你的执行技能中等偏高；

若总分在 29~34 分，则表示你的执行技能中等偏低；若总分小于等于 28 分，则表示你的执行技能较低。

这个简短的测试是基于一份更系统化的 70 题测试（自我测试与 360 度测试）改编而成的。我们编制 70 题测试的目的是评测个人发现技能和执行技能的水平。你可以在我们的网站上做这个 70 题测试，网址是 http://www.InnovatorsDNA.com。完成测试后，我们会发给你一份《发展指南》，从头到尾分析你的测试结果，帮助你设计一份技能发展计划。评测结果包括你的发现商数和每项发现技能和执行技能的百分比排名，表明你和我们数据库中超过 5 000 名的高管和创新者相比处于何等水平。

第二章
发现技能一：联系能力

> "创造力就是把事物联系起来。"
>
> ——史蒂夫·乔布斯
> 苹果公司创始人兼CEO

创新者的思维与众不同（也就是他们有"非同凡想"的想法）。但是正如史蒂夫·乔布斯所言，他们之所以能有"非同凡想"的想法，只是因为他们能够把尚未被联系起来的事物联系起来。爱因斯坦曾经将创造性思维称为"组合游戏"，并认为这是"建设性思维的本质特点"。联系能力是一种可以让你跨越知识领域、产业乃至地域，并将它们联系在一起进行思考的能力。我们研究的创新者往往认为这项技能是他们身上理所当然就有的能力。他们通过提问、观察、交际和实验积极地探求广博的新信息和新想法，这些方式都是进行创造性联系的重要催化剂。

为了解释联系如何引出创新的商业想法，我们可以看看马克·贝尼奥夫是如何想出点子，最终打造出如今市值130亿美元的软件公司 Salesforce 的。早在 15 岁的时候，贝尼奥夫就与技术和软件结缘，创立了一家小型软件公司，名为自由软件（Liberty Software）。他使用了一台 Commodore 64 计算机编写游戏软件，如《变戏法》（How to Juggle）。在大学学习计算机科学和创业期间，贝尼奥夫曾在苹果公司进行暑期实习。其间，苹果公司开发并推出了第一台 Mac 电脑。在苹果公司这个"非同凡想"的环境里，贝尼奥夫得以亲身体验并学习"非同凡想"的精髓。

毕业后，贝尼奥夫加盟了刚刚起步的甲骨文公司（Oracle）。25 岁时，他成了甲骨文公司整个直销部的领头人，并且预见到互联网将涌现几次机遇的浪潮。他后来告诉我们："要想在软件领域取得成功，就必须持续保持前瞻性，因此你必须将自己的思维调整成前瞻性思维。在过去的 25 年，我见证了许多不同的技术转折，在 20 世纪 90 年代，我坐在甲骨文公司的办公室，目睹了亚马逊和易趣的兴起……我感觉，一个重要的转折就在眼前。"

贝尼奥夫看准了时机，决定对改变中的技术局面和自己的事业进行一番深入思考。于是，他给自己放了一个假。第一站，他来到了印度。在那里，他遇到了多个领域的人，其中就有精神领袖、人道主义者玛塔·阿姆里达南达玛依（Mata Amritanandamayi）。与玛塔的相遇，让他更加坚定了在商界取得成功的信念。这次环球旅行的下一站是夏威夷。在夏威夷，他和许多企业家和朋友讨论了许多关于新业务的想法。在太平洋和海豚一起游泳的时候，贝尼奥夫突然灵光一闪，想到了 Salesforce 的点子。他后来回忆道："当时我问自己，'为什么所有企业的软件不能集体借鉴亚马逊和易趣的模式呢？我们现在有了互联网，为什么还在用老办法载入和安装软件呢？'一提出这些问题，我就取得了根本性的突破，做 Salesforce

的想法开始萌芽，而这个想法源于把企业软件与亚马逊公司联系起来思考。"

"企业软件遇见亚马逊"，贝尼奥夫将它们结合在一起思考，形成了联系，向软件行业的传统发起挑战。以往，软件都是被刻在光盘上的，公司要安装软件，就必须经历漫长而昂贵的定做与程序安装过程。而贝尼奥夫的想法是，将提供软件作为一种服务，通过互联网提供给客户。这样一来，客户一周7天、一天24小时都可以随时获得软件，同时也可以避免IT系统因持续大规模安装和升级而产生成本，导致服务中断。贝尼奥夫在甲骨文公司积累了丰富的销售和营销经验，他认为中小型企业负担不起昂贵的企业定做软件，如果能够为它们提供管理销售团队和顾客关系的软件服务，必定是一桩大有潜力的生意。就这样，Salesforce问世了。

贝尼奥夫之所以会有这样的远见，是因为他在软件行业富有经验，同时他频繁地提问、观察、探索、与人交流，这两者的结合使他最终能够将从未被联系起来的事物联系在一起。他吸收了亚马逊商业模型的元素，创建了一个与亚马逊不同的基于软件系统的模型。在这一模型下，客户只有在使用软件系统的时候才需要付费，而不是像大多数软件供应商的模型那样，要求客户在使用软件系统之前就支付全部费用。这一模型开创了"云计算"的先河，确实颇具革命性。现在看来，"云计算"似乎是顺理成章的技术潮流，但是在当时，只有独具慧眼的人才能看出这一潮流。

就像在变戏法一样，贝尼奥夫全神贯注地投入在"组合游戏"（把玩新鲜联系）中。他和Salesforce的团队一起，继续在创新之旅中前行。他解释道，在创立Salesforce之前，困惑他的关键问题是："为什么企业的软件不能都借鉴亚马逊的模式呢？"而在创立 Salesforce 之后，他内心逐渐产生一个新问题："为什么企业软件（包括 Salesforce）不能都借鉴脸谱网（Facebook）的模式呢？"贝尼奥夫和团队开始热切地寻求这一问题的答案，从而研发出了 Chatter。Chatter 是一款新型的社交软件，被誉为"企业的脸谱网"，它整合了脸谱网和推特（Twitter）的精华，被用于企业间协作（这就好像是"脸谱网和推特遇见了企业软件"，正如 Salesforce 成立之初的"企业软件遇见亚马逊"）。

Chatter 采用了分享信息的新途径，如"新鲜事"和群组功能。这样一来，用户不费吹灰之力就可以看到其他人和其他团队的关注点、项目进程和交易情况。通过让每个人都可以轻松地了解别人手头的工作，Chatter 改变了企业在产品开发、招揽客户和内容创建方面的协作方式。使用 Chatter 之后，由于企业员工之间的沟通主要通过更新状态和留意"新鲜事"来完成，因而企业邮件数量大幅减少（在 Salesforce 内部就减少了 43%）。贝尼奥夫告诉我们："员工现在只需要关注一些账户，就可以通过 Chatter 收到自动发出的即时更新信息。这就是 Chatter 真正的力量，它可以推广那些推动我们公司向前的重要人物和重要想法，从而使每个人都可以联系到其需要联系的人，获得其需要的知识和见解，从而有所建树。"

联系是一种认知技能

伟大的创新型企业家华特·迪士尼（Walt Disney）说过，在自己创立的公司里，他的角色就是创新催化剂。这个比喻的意思是，虽然那些精彩的动画电影并不是出自他一人之手，迪士尼乐园雄伟的"马特峰"也不是他亲自建成的，但是确实是他将想法汇聚到一起，从而激发公司员工的创新见解的。一天，一个小男孩好奇地询问迪士尼的工作是什么。迪士尼后来绘声绘色地回忆了他们的谈话："有一次一个小男孩问我：'你画米老鼠吗？'我被问住了，我只能承认我现在已经不画画儿了。他又问我：'那些笑话和点子都是你想的吗？'我说：'不，不是我想的。'后来，他看着我说：'迪士尼先生，那你的工作到底是什么？'我说：'我觉得我就像一只小蜜蜂，在工作室里飞来飞去地收集花粉，然后用之激发所有人的创意。'我想，这就是我的工作。"[1]其实，迪士尼激发的不只是别人的想法。当他置身于他人经验的交错地带时，他实际上也在激发自己的想法。时间一长，他在联系中形成的见解逐渐改变了娱乐业的面貌。这些见解包括一系列的行业首创，如将动画拍成常规时长的电影，以及为游乐园赋予主题，等等。

苹果、亚马逊和维珍等知名公司的创新型领导者所做的工作与迪士尼如出一辙。他们就像在做异花授粉一样，将想法播种到自己和他人的头脑中，使迥然不同的想法、物体、服务、技术和学科联系起来，从而形成全新的、非凡的创新。史蒂夫·乔布斯说过："创造就是联系事物。"他又接着说："如果你问创造型人才，他们是如何做到的，他们会有点儿惭愧。因为他们并没有真正去做什么，而只是看到了一些事物……他们能够将自身经历联系起来，整合成新鲜事物。"创新者就是这样做到"非同凡想"的，这也就是我们所谓的联系性思维能力，[2]即位于创新者基因的核心的认知技能。在本章中，我们将更深入地分析联系性思维的运作机制，提供一些培养这一认知能力的技巧。

美第奇效应：激发创新性想法

在他人和自身的各种经验融会贯通之地，创新性想法往往层出不穷。历史上，伟大的想法总是出现在文化和经验交错的十字路口。这就像是分布在巴黎凯旋门周围的十二条主道在此交会时交通事故频发一样，我们的经验路口的岔路越多，越有可能出现天意般不期而遇的惊喜。简言之，创新者会有意调整方向，走向这个融会贯通的地点。在这里，大家交换着广博的经验，新见解层出不穷。我们在第一章中提到，弗朗斯·约翰松提出了"美第奇效应"[3]这一术语，指的是在某一地理空间或者市场空间内产生的许多新奇的想法被结合在一起，从而创造出惊人的新事物。从古至今，每个时代都不乏美第奇效应。

例如，历史学家常常称8世纪到13世纪是伊斯兰世界的伊斯兰"复兴"或"黄金时代"。在意大利文艺复兴发生的几个世纪之前，巴格达吸引着伊斯兰世界最伟大的学者。开罗、大马士革、突尼斯和科尔多瓦也是智者云集，颇具影响力。伊斯兰的探险家航行到了已知世界的边界，并不断拓宽着这一边界。麦加不仅是宗教中心，也汇集了多国的商人。这些商人来自五湖四海，西起地中海的最西端，东到印度。这次的伊斯兰复兴产生了许多重要的创新，其中许多创新被沿用至今，包括唇膏的基本制作原理和原料、防晒霜、温度计、乙醇、腋下除臭剂、牙齿漂白术、鱼雷、防火布料和慈善信托。[4]

美第奇效应不仅发生于伊斯兰复兴和意大利文艺复兴期间，还发生在现代的全球各地。比如，20世纪60年代的硅谷还跟代表高科技的"硅"毫无关系。但是到了70年代，情况发生了彻底的变化，硅谷在 70 年代、80 年代和 90 年代迎来了属于它的复兴时期，技术创新层出不穷。放眼全球，各国各地都在积极地尝试将不同领域的人才聚集起来，激发创新。例如，中国为其未来的创新发展投注了大量资源，其投入之大，令全世界都认为中国以现在的趋势发展下去将在 2020 年成为世界上最具创新力的国家。我们研究了中国的创意产业和社会创新领域（也研究了其他领域），发现中国遍布着艺术和社会创新创业中心，这些中心不仅提出了想法，而且正在把这些想法付诸实践。

美第奇效应还发生在许多被称为"创意大会"的会议中，例如在瑞士达沃斯召开的世界经济论坛年度会议（World Economic Forum Annual Meeting）、阿斯彭思想节（Aspen Ideas Festival）和TED 大会［Technology（技术），Entertainment（娱乐）和 Design（设计）］。在这些层出不穷的大会上，各行各业的人聚集在一起，有意识地尝试交换彼此的想法和观点。我们可以进一步探究 TED 大会的力量。在这样的大会上，人们可以和非凡的人物近距离接触，交换想法。这些非凡的人物或名满天下，或不为人知。如果你没有去过 TED 大会，可以访问它的网站，看一看这个大会是如何年复一年地制造美第奇效应的。现在，大会还跨越了地域，举办了 TEDx 特拉维夫（TEDxTelAviv）、TEDx 拉姆安拉（TEDxRamallah）和TEDx 你的城镇（TEDxYourTown）等活动。我们最喜欢的演讲包括肯·罗宾森爵士（Sir Ken Robinson）对教育体制基础的质疑、卡基·金（Kaki King）对超越常规的吉他演奏方式的实验、大卫·盖洛（David Gallo）对深海的神奇现象的观察（如鱿鱼的惊人本领）——TED 之妙，在于其组织者有意会集各行各业的人才参与并发表演讲。在行业跨度如此之大的基础上，创新者才有可能将尚未被联系起来的事物联系在一起。

我们研究的创新者不仅会频繁地参加如TED之类的大会,还会有意识地加深和拓展自己的人生经验,从而真真切切地在自己的头脑中形成一个"TED大会",形成个人的"美第奇效应"。对他们来说,像TED这样的大会只是锦上添花,因为他们早就通过在生活中积极地提问、观察、交际和实验编织好了一匹思维的锦缎。有了深刻而广博的经验作为基础,他们的联系性思维如虎添翼,远超那些非创新者。让我们来了解一下百事公司(PepsiCo)总裁兼CEO英德拉·努伊(Indra Nooyi)的人生经历,看看她头脑中的"TED大会"从何而来。

努伊出生在印度马德拉斯(现名钦奈)的一个中产阶级家庭中。在家中,她常常与母亲和姐姐一起静坐,"思考宏伟的想法"。她热衷于女子板球运动,还在一支女子摇滚乐队担任主吉他手(因此她现在还会在百事公司员工聚会时登台表演)。在获得化学、物理学和数学多学科本科学位之后,她又在加尔各答获得了MBA学位,随即进入纺织业[道达尔(Tootal)公司]及消费品行业[强生公司(Johnson & Johnson)]工作。后来,她又在耶鲁大学获得了公共和私人管理学硕士学位。毕业后,她转投咨询业[波士顿咨询集团(Boston Consulting Group)],又在电力行业[ABB公司(Asea Brown Boveri)]效力过一段时间,最终加盟百事公司,成为百事公司第一位女性CEO。

努伊的职业生涯和个人经历十分丰富,她深信,作为一个人,尤其是一个CEO,必须"愿意进行破坏性的思考"。2010年美国超级碗橄榄球年度冠军赛之际,她就进行了一番破坏性的思考。当时百事公司省下原本用于两段60秒电视广告的2 000万美元,采取了不同的宣传策略——"百事焕新"项目。这一项目源自努伊常问的一个问题:"我们要怎样通过更好的表现把工作做得更好?""百事焕新"项目邀请公众分享他们"焕新"居住社区的想法,以建设更美好的家园。其网站平均每个月能收到 1 000 个关于艺术文化、卫生、教育等方面的想法,之后进行在线投票,选出脱颖而出的想法,奖励金额从 5 000 美元到 25 万美元不等。2010 年一年内,百事公司根据 4 500 万张投票,投入了 130 万美元用于"百事焕新"项目。截至 2010 年年底,"百事焕新"项目的脸谱网关注人数已超过 100 万。现在,百事公司正在全球各地推广这一项目。

创新者如何寻找联系

要想更好地理解联系能力是如何运作的,以及为什么有些人拥有过人的联系能力,就必须先了解大脑的运作机制。字典储存信息的方式是按照字母顺序,把 Theater(剧院)放在字母 T 下,但是大脑储存信息的模式与此不同:在人脑中,Theater 这个词与 T 有联系,同时这个词还会和所有大脑认为的与这个词相关的知识关联在一起。这些联系有的看上去有章可循,如"百老汇""开演""中场休息";有的联系则不甚明显,如"亲吻""演出生涯""紧张"(也许是因为高中演出时演砸了)。大脑拥有的知识越广博,它接收新知识时能够建立的联系就越多,而这些新知识所激发的联系最终可能形成新奇的想法。直觉公司创始人兼 CEO 斯科特·库克说过,在处理难题时,这些出人意料的联系是"对数据信息有力且必需的补充"。这种类推(或联系)是关键的创造性工具,帮助库克形成了战略性的见解。大脑积极吸收新知识的同时,也在奋力合成这些新信息，因此更有可能触发想法之间的关联（因而形成神经关联的宏大网络）。同样，如果能积极练习提问、观察、交际和实验技能，就可以练出善于联系的"肌肉"。

在我们的研究中，每个知名的创新者（发现商数高于70%的人）都很擅长建立事物之间的联系，其中发明新程序的创新者的联系技能得分略低于其他创新者（但是仍然远高于非创新者），见图2-1。

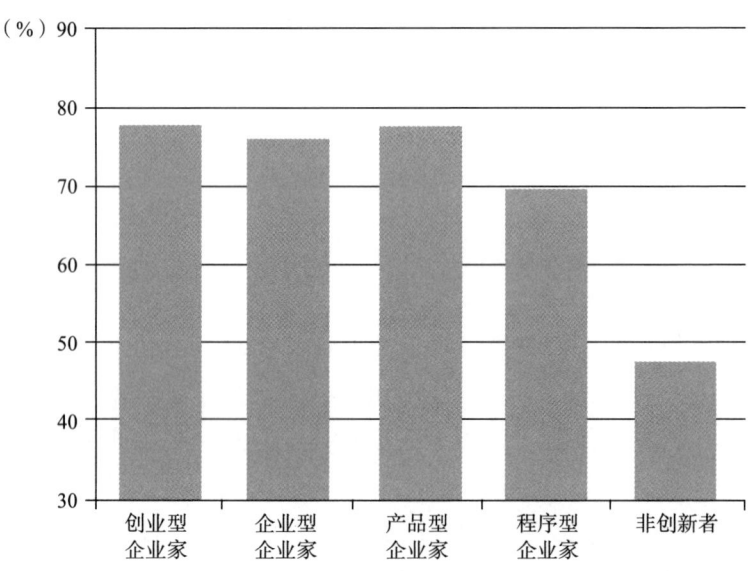

图2-1　不同类型的创新型企业家和非创新者的联系技能比较图

样本：
1. 通过广泛借鉴想法或知识，创造性地解决具有挑战性的难题。
2. 经常通过借鉴其他行业、领域或学科的解决方法或想法解决难题。

为什么所有创新者的联系能力都远高于非创新者？经过分析，我们发现，拥有卓越联系能力的人，最明显的特质就是常常使用其他的发现技能——提问、观察、交际和实验。例如，贝尼奥夫之所以会有创建 Chatter 的想法，是始于提问："为什么企业软件不能都借鉴脸谱网和推特的模式呢？"RIM 公司的创始人拉扎里迪斯之所以会想到生产黑莓手机，是因为他听取了他人对未来无线数据传输趋势的看法。星巴克的创始人舒尔茨之所以会想到创建星巴克，是因为他在意大利观察了 Espresso 咖啡吧。在积极跨越多个界限（地理、行业、公司、职业、学科等之间的界限），使用其他创新技能时，破坏型创新者往往能够淋漓尽致地表现联系能力。

问对问题，做出令人信服的观察，和各行各业的人交谈，在广阔世界做实验，这些行为往往会产出具有建设性的相关联系性见解。相反，如果忽视了其他创新者的基因技能，往往会使新联系或新见解的随机性增强（这往往意味着无关性增强），导致创新在市场中缺乏影响力。第一章中，我们举了同卵双胞胎的例子。这里可以举一个类似的例子：假设有两个创新者，各自独立尝试寻找有价值的新联系。第一位创新者积极且频繁地使用所有的发现技能，第二位则没有这样做。他们中哪一位更有可能获得相关的、具有深刻影响力的想法？明显是第一位。因为他在寻求更好的解决方案时，充分地与面对真切挑战的现实中的人打成了一片。因此，在为找到联系而欣喜地惊叹时，他的新想法比第二位的更具建设性。第二位创新者的联系更多的是"随机"产生的，很有可能是坐在办公桌旁想出来的，其过程虽然安逸，但很可能脱离实际。

捕捉新联系

在研究破坏型创新者时，我们发现，他们寻求新联系的过程背后，有几样要素组成了他们寻求的动力。他们之所以能够将广博的经验联系起来，最终形成破坏性的新商业想法，是因为他们能够创建奇异的组合，将宏观与微观结合，并且有积木式思维。

创建奇异的组合

尼尔·西蒙（Neil Simon）大获成功的百老汇戏剧之后被改编成电视剧《天生冤家》（The Odd Couple）。该剧剧情围绕着两位截然不同的主人公展开。这两个人，一个是神经兮兮的报社撰稿人，一个是自由散漫的体育评论员，同住一个屋檐下。他们不同的生活方式造成了许多磕磕绊绊，从而产生了出人意料的（同时也是创新的）效果。与此类似，创新者经常试着将看起来不匹配的想法联系到一起，形成的组合却会惊人地成功。他们总是在问："要是把这个和那个组合起来会怎样？"或者，"把这个、这个、这个和那个组合起来会怎样？"于是他们就将两个、三个或者四个这样的"冤家"配到了一起。正是因为勇于创建不常见的想法组合，他们才有了"非同凡想"的想法。

早在少年时代，拉扎里迪斯就学会了通过跨学科联系得到新想法：

> 读中学的时候，我们学校有一个高等数学项目，还有一个工作室项目。这两个项目之间有很大的差异，而我同时参与了这两个项目。于是，我无意中成了这两个学科之间的信使。我发现，我们在工作室项目中用到的数学比高等数学项目教授给我们的数学知识更加高深，我们在实际操作中用到了三角函数、虚数、代数，甚至微积分。因此，老师让我沟

通这两个项目，也就是说，我要展示如何将数学运用到电子设备中，还要展示如何在数学中运用电子设备。

拉扎里迪斯记得，当时有个老师对他说："不要太沉迷于计算机技术。如果能够把无线技术和计算机结合起来，那才是别出心裁的发明。"这番话让拉扎里迪斯意识到了计算机和无线技术之间的联系。数年之后，黑莓手机诞生了。

谷歌的创始人之一拉里·佩奇也是将看似不相关领域的学术文献的引用和网络技术联系起来，从而形成一个奇异的组合，最终创建了谷歌。作为斯坦福大学的博士生，佩奇知道，学术期刊和出版社是根据每年累积的被引用次数给学者排名的。他意识到，谷歌也可以使用相同的方法给网站排名。正如按照被引用次数给学者排名一样，网站上吸引人的链接越多，其被引用的次数就越多。基于这一联系，佩奇和谢尔盖·布林（Sergey Brin）开发了搜索引擎谷歌，它所产出的搜索结果十分令人满意。

有时候，世界上最具创新力的领导者会从想法和知识中捕捉一闪而过的联系，然后将截然不同的概念混合搭配。如此一来，他们的头脑中就会时不时地产生一些古怪的想法，这些想法也许就能催生具有创新性的商业想法。易趣的创始人皮埃尔·奥米迪亚给我们举了一个近期的例子，说明他是如何获得疯狂的想法的。当时，他正在和顾问们讨论如何在农产品变质之前快速地将其从农场运送到夏威夷的客户手中（顾问们提到，大约 1/3 的农产品会在被送到客户手中之前变质）。奥米迪亚首先问的是："有没有考虑过用邮局送货？邮局不是几乎每天都会送信到每家每户吗？我们何不直接邮寄蔬菜呢？"他解释道："这也许是个十分愚蠢的想法,也许有许多理由证明它行不通,但是这体现了我是如何把两件之前没人将其联系起来的事情联系起来的。我很熟悉邮局的运作模式,因为易趣的商业模型靠的就是货运公司。邮局几乎每天都会送信到每家每户!难道还有别的机构能够做到这一点吗?所以,如果能够活用这种优势,结果也许会很有意思。"

不是每个人都能想到把"新鲜农产品"和"邮局"联系起来的。正是这样的思维,让创新的商业想法不断涌现。

将宏观与微观结合

创新型企业家通常都有一心二用的本领。他们可以深入细节,了解某种特定顾客体验的细微差别,同时又高屋建瓴地在大局中观察细节。将这两种视角结合起来,就能产生惊人的联系。尼克拉斯·詹斯特罗姆(Skype 的创始人之一)用他自身的经验解释了这种宏观结合微观的过程:"你必须学会'横向思维'。也就是说,你要能够看到同时出现的各个事物,并且将它们组合起来。要知道,看似不相关的事物之间也有可能产生关联。你要有一种能力,即能够捕捉同时出现的不同事物,然后将它们联系起来。比如,我可以在眼观大局的同时很好地把握细节,这样我就可以游走在较高层面和极为微小的细节之间。在游走时,我往往能发现新的联系。"

史蒂夫·乔布斯驾驭了这种宏观结合微观的能力,因而能够创造出卓越的产品,并且能够改变行业格局。在设计第一款 Mac 电脑的时候,乔布斯的团队一度无法找到合适的塑料外壳。最终,乔布斯打破了僵局。他走进一家百货公司,细致地研究了各种塑料制品,最终发现了厨具品牌美膳雅(Cuisinart)。他从美膳雅设计的产品塑料外壳上汲取了灵感,提炼出了第一台 Mac 电脑优良外壳的所有特性。有时，乔布斯会去公司停车场研究各种汽车的设计细节，希望能够收获灵感，以应对现在和未来在产品设计上面临的挑战。一次，他在停车场探索的时候，发现了一辆奔驰车的装饰细节，并因此解决了产品金属外壳设计方面的难题。

乔布斯同样擅长使用宏观视角，在广阔的各个行业之间寻找出人意料的交叉点。比如，他收购了皮克斯公司，并且亲自领导该公司长达十余年。由此，他形成了对整个媒体行业的新视角，与之前计算机行业赋予他的视角完全不同。在重返苹果公司后，这两种视角形成了强大的交错思维，启发他产生更多想法。多年以来，乔布斯一直亲自与迪士尼主管协商皮克斯电影的流通权和收入分配问题，积累了很多见解和经验。回到苹果公司之后，乔布斯开创了基于互联网传播音乐的可行性方案，这一方案是其他计算机公司或 MP3 公司的高管难以想到的。乔布斯的经验造就了他开阔的跨行业视角，这一视角帮助他形成了一些革命性的想法，比如设计 iTunes、iPod、iPhone 和平板电脑 iPad。

积木式思维

如果说创新者有一个共同点，那就是他们都喜欢收集想法，就像孩子喜欢收集积木一样。诺贝尔奖获得者莱纳斯·鲍林（Linus Pauling）曾经建议："要想形成好的想法，最好的方式就是收集许多想法。"托马斯·爱迪生（Thomas Edison）一生留下 3 500 个记录自己的想法的笔记本，还会给自己定下常规的"收集想法"任务以保证自己思维的活跃性。百万富翁理查德·布兰森同样热衷于记录想法，无论身在何处，与谁交谈，他总是会记录自己的想法。然而，想法多并不意味着一定能产生极具开创性的想法呢。为什么呢？因为正如《横向思维》(Lateral Thinking)的作者爱德华·德博诺（Edward de Bono）所言："即使向着同一个方向极目眺望，也不会看到新方向。"换言之，如果能够从众多不同的来源获得许多想法，就能够创造出最好的创新世界。频繁提问、观察、交际和实验的创新者之所以联系能力更强，是因为他们积累了对新知识进行理解、储存和重新分类的经验。这一点很重要，因为我们研究过的创新者所发明的事物，其实大多数并不是全新的事物，他们只是将收集到的想法用新的方式重新组合，就形成了能够投入市场的新产品。通过提问、观察、交际和实验，创新者逐渐在头脑中存入更多、更丰富的想法作为基石。拥有的"基石想法"越多，他们将新学到的知识组织起来的能力就越强，也就越容易形成新的想法。

想象一个玩乐高积木的孩子。这个孩子用来搭建的积木种类越多，他能够获得的新创意就越多。要拼出最富创意的形状，就要将许多不同种类的已有形状用新奇的方式搭建起来。因此，这个孩子拿到不同的乐高套装之后（比如海绵宝宝套装和星球大战套装），就能够组合出更多、更有趣的新形状。同理，如果能跨越学科，将更多的知识、经验或想法存入你的整个想法储备之中，你就能够通过使用独特的方式组合基本知识基石，从而产生更加多姿多彩的想法，见图2-2。

有些人才术业有专攻，一旦将陌生的新概念和想法与他们的专业知识结合起来，他们就会更具创造性。这也是创新设计公司IDEO想要雇用知识面广又有专业所长的人才的原因。IDEO称这种人才为"T型人才"，因为他们在某个知识领域有专业造诣，又积极地吸收了其他不同知识领域的知识。拥有这种知识结构的人才通常会通过两种方法构造创新联系：（1）从其他领域引入一个从概念来看，创新者的基石想法越多，用于组合想法的方式就越多，也就越能创造出极为新鲜的事物。要想将不同元素创新地组合起来（创建奇异的组合），其大脑储备中就要有较多不同的基石。[a]

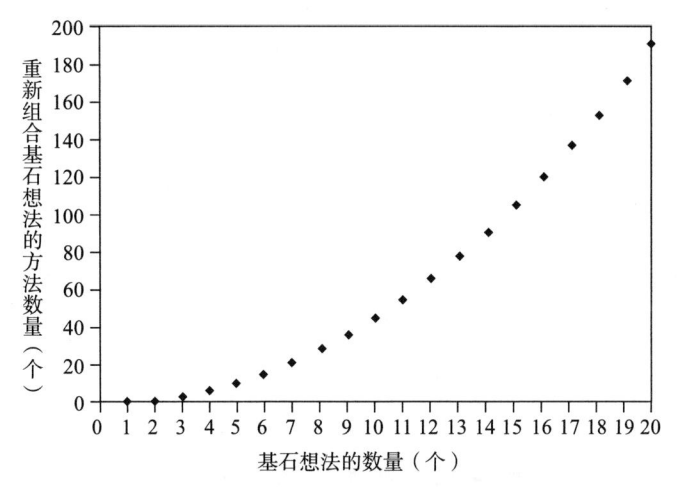

图 2-2　为什么拓宽想法储备能够使你更具创新力

a. 从数学角度来看，随着我们头脑中各种基石想法的数量直线上升，重新组合基石想法的方法数量会上升得更快，或是呈几何级数上升。

想法，并将其植入自己精通的专业领域；（2）从自己精通的专业领域拿出一个想法，并将其植入自己略懂的众多领域之一。

例如，有一次，贝恩公司的一名有制造专业知识的顾问偶然拜访了医院管理人员。当时美国政府已经开始实施固定成本报销政策以降低医疗成本，而之前的报销额度是实际开支加上10%的利润加成，所以在实施新政策前医院没有研究过降低成本的方法。面对仅报销固定成本的新政策，医院急需找到新方法降低成本。讨论中，贝恩的顾问调动自己精通的制造业专业知识，问起医院是如何管理病人"吞吐量"的，也就是说，将对"产品"（病人）

的"操作"减到最少,从而加速"工厂"(医院)吞吐。而医院历来设计的程序都是为了延长病人在医院的时间,从而保证优质的医疗服务(这也可以提高医疗开支和医院收益)。因此,对医院来说,这些源自制造业的想法可谓闻所未闻。受到这些源自完全不同行业的新想法启发,医院开始彻底重新设计治疗程序,力求尽快治好病人,并将其送出医院(工厂)。不到五年,贝恩已经与超过50家美国医院合作,运用这些想法降低了这些医院的成本。

遁入放松空间

多年积极的提问、观察、交际和实验为创新者储备了大量的想法,这些想法往往能激发最为惊人的联系。有时候,正是在提问、观察、交际和实验的当下,创新者对事物形成了联系或有了想法(见第三章到第六章)。然而,在放松且不受干扰的状态下,尽管创新者并没有"尝试"解决问题(研究者将这个"尝试"的过程称为"集中注意力"),也同样能够形成新的想法。换言之,虽然开会时创新者在专心致志地不断思索,针对某个问题寻求解决方法,但是新的想法很少会在会上浮现。相反,威睿软件(VMWare)创始人之一戴安·格琳(Diane Greene)告诉我们,"浴室"其实是一个好去处,可以让我们放松身心,想出新点子。[我们访问的许多创新者都认为浴室是个好地方,包括捷蓝航空和阿苏尔航空公司的创始人大卫·尼尔曼,还有Campus Pipeline(一家网站平台,帮助大学安全整合校园通信和资源)和NxLight(一种IT工具,通过简便而安全地交换文件,简化复杂的跨公司交易管理)的创始人杰夫·琼斯(Jeff Jones)。]散步、开车、度假和夜深人静的时候(百事公司

CEO 努伊就有过这样的经历）也是灵感出现的时候。贝尼奥夫是在"与海豚共泳"的时候灵光一闪，想到 Salesforce 的点子的。除沐浴以外，格琳最好的新想法往往是在独自航海的时候产生的（她从小就有独自航海的爱好）。她说："给自己空间，让想法慢慢酝酿，这样你会更有创造力。要想有想法，思考的时候，你的眼光要长远，追寻想法的时候，你的视野要广阔。"问题是，有时候你花费大量时间，费尽心思想要解决问题，但是其实只有在放松且不被打扰的状态下，你才能有创造性的想法。[5] 因此，如果你觉得自己已经竭尽全力，还是无法解决难题，就去睡觉吧。没错，哈佛大学的研究者早就发现，睡眠是解决问题的一剂良方。如果你觉得自己解不开千头万绪，就留出额外的时间，去睡一觉，让解决办法自己显现出来。一觉之后，你脑中形成新联系和新想法的概率会提高 33%。[6]

优秀的创新者一般都清楚自己形成新想法的放松空间和时间，你知道自己的吗？如果你不知道的话，就给自己发掘几个过渡或放松的空间和时间吧。有些人思考的最佳时间是清晨，有些人是深夜。无论你的情况如何，请保证匀出时间专门用于冥想和思索。

破坏型创新者在使用其他发现技能时，也会迫使自己跨越界限（包括技术界限、职能界限、地理界限、社会界限和学科界限）。如果我们效仿他们，将自身置于广博的想法和经验的交错地带，振奋人心的联系就会自然而然地显现。只要我们能一次又一次地实践提问、观察、交际和实验的发现技能，这些技能就会催生振奋人心的联系。无论是在办公室外，还是在会议室内，如果我们能够营造一个放松的空间，就将更有可能发现关键性的联系。假以时日，无论是在工作以内，还是在工作以外，你都会拥有强大的解决问题的创新能力。

五个练习窍门

如果你想有更强的"非同凡想"的能力,想更擅长在想法之间建立出人意料的联系,请参考以下几个短期和长期的练习方法。[7]这些方法大多花不了多少时间,但是若能持之以恒,就能收到积极的效果,形成新的想法。我们发现,这些方法不仅有助于创造性地解决高层战略问题,也能帮助你应对生产等基础层面的挑战。

窍门一:生拉硬拽地联系

创新者有时候会"生拉硬拽地联系",或是将我们不会自然联系起来的事物组合到一起。打个比方,他们也许会在想象中(或者是生拉硬拽地)将微波炉和洗碗机的特点组合起来。这样就可以形成一个创新的产品设想,比如这款洗碗机也许可以完全不用水,而是用某种加热技术对碗筷进行清洁消毒。在实际中,电器公司EdgeStar生产了一款与厨房操作台大小相匹配的洗碗机,厨宝公司(KitchenAid)的洗碗机则是嵌入操作台的,像洗碗池一样。两款洗碗机都只有微波炉大小,不仅省水,还比通常尺寸的洗碗机效率高。

要想练习生拉硬拽地形成联系,请你首先挑选一个你自己或公司面临的难题。然后尝试进行以下联系,生拉硬拽地形成一个你平时想不到的联系:

> 拿起一本产品目录,翻到第27页。映入眼帘的第一种产品和你面对的问题有关系吗?这种产品为客户提供的解决问题的方式和你面对的问题有关系吗?比如,如果你随意一翻,看到的第一种产品是iPad,而你面临的问题是提高花草茶的销量,

你会想到什么？这个 iPad 也许会激发一些出人意料的联系。比如，可以做一个有趣的 iPad 应用程序，吸引潜在客户注意（或是提供一个途径，让已有的客户再次购买）。

你还可以在维基百科（Wikipedia）的网页菜单上随意选一篇文章，随意点开一个维基百科的词条。这样随意地去点击，你可能就点到了"回旋飞镖"这个词条。而你的公司也许正希望能够设计一款更具吸引力的包装。看到"回旋飞镖"，也许你可以想到设计一种用后回收或自动回收的包装。

现在，回到你自己或公司面临的挑战上来。请尝试这种生拉硬拽建立联系的练习，确定一个不相关的随机事物或想法，然后花时间思考这个事物或这个想法与你的难题有何关系。关键是要随机找到一些事物，然后和你的难题建立联系，并且要竭尽全力自由地（甚至是疯狂地）建立联系，建立大量的联系（请记住，大量的联系可以产生了不起的想法）。做这个练习的时候，你可以使用表 2–1 协助组织想法。

表 2-1　生拉硬拽地建立新联系

未解决的难题	不相关的随机事物或想法	潜在的联系

窍门二：扮演其他公司的成员

李岱艾公司（TBWA）会指定一个"破坏日"，用于收集新想法。[8] 他们会首先选定一个重要的战略问题或挑战，然后员工会拖来一些大箱子，里面装满了苹果公司和维珍公司之类的全世界最具创新力的公司的帽子、T恤及其他用品，员工穿上这些衣物，假扮这家公司的员工，从一个完全不同的视角审视李岱艾公司的问题。你也可以效仿这样的做法。

你可以取一叠卡片［或者是直接随机抽取《财富》杂志或《公司》杂志（*Inc.*）评选出的500强公司］，在上面写上一系列公司的名字（行业可以相关，也可以不相关），在这叠卡片里随机抽取一家公司与你的公司配对，然后进行创造性头脑风暴，想象如果这两家公司合作或合并，会如何创造新价值。通过想象这两家公司强强联手，你会惊喜地收获对新产品、新服务或新程序的想法。

窍门三：打比方

请行动起来，为你公司的产品或服务找个类比或打个比方（最好是别出心裁的比喻），因为每个类比都有潜力激发与众不同的视角。比如，如果看电视就像看杂志，会怎样？（数字录像设备TiVo就是这样改变了人们看电视的方式的。用TiVo看电视，可以随意开始或结束，还可以跳过广告，等等。）如果你的产品或服务可以融合像游戏机Wii和iPhone这种热门产品的优势，又会怎样？这样做会使产品产生怎样的新特性或新优势呢？（见表2–2）

表 2-2　打比方

单品列表（打"如果……，会怎样"的比方）	可能形成的新特性/新优势

窍门四：造一个专属于自己的好奇盒子

请开始收集奇异有趣的物件（比如机灵鬼弹簧玩具、模型飞机、机器人），将它们放到好奇盒子或袋子里（就像 16 世纪和 17 世纪的时候，人们将从全世界搜集来的有趣物件收集在好奇橱里一样）。然后在每次遇到难题或机遇的时候，从盒子里随机取出一件独特的物品（如果你足够大胆，还可以将这些物品展示在办公室的书架上）。旅行的时候（或者在你所在的城市），你可以逛逛二手店和跳蚤市场，淘一些"惊喜"回家（可以是科威特的驼铃，也可以是澳大利亚的迪吉里杜管），这些物品都有可能让你对老问题形成新看法。

环球创新设计公司 IDEO 有一个有趣的做法。该公司设有专门的全职岗位为公司的"技术盒子"收集新鲜事物。公司的设计师在头脑风暴渴望产生新想法的时候，就会依靠盒子里的物件（每个盒子里都有数百个高科技电子设备、益智玩具和其他五花八门的东西）。因为他们知道，古怪的、非同寻常的事物往往能催生新的联系。这个做法听起来有点儿傻，却能激发最随机的联系，切实将我们拖出习惯性的思维模式。

窍门五：SCAMPER

你可以试试艾利克斯·奥斯本（Alex Osborn）和鲍伯·艾伯乐（Bob Eberle）提出的 SCAMPER 思考法。SCAMPER 是几个英文单词首字母的缩写，S 指的是 Substitute（取代），C 是 Combine（结合），A 是 Adapt（借用），M 是 Magnify（放大）、Minimize（缩小）或 Modify（修改），P 是 Put to other uses（一物多用），E 是 Eliminate（删减），R 是 Reverse（倒转）或 Rearrange（重新安排）。你可以使用部分或所有方法，重新思考你试图解决的难题或想抓住的机遇（在思考或重新设计产品、服务和程序的时候，这样做十分有效）。迈克尔·米哈尔科（Michael Michalko）撰写的《米哈尔科商业创意全攻略》（*Thinkertoys*）里面有更多关于 SCAMPER 方法的细节供你参考，见表 2–3。

表 2–3　SCAMPER 思考法

SCAMPER 挑战	发明新款腕表
S（取代）	用天然木材或石料取代金属材质
C（结合）	在表内预留空间放置药物，用表定时提醒吃药，闹钟一停，就可以马上拿出药物服用
A（借用）	在迷路的时候，表可以被当作反光镜使用
M（放大/缩小/修改）	把腕表的表面做大一点儿，大到可以用来放杯子
P（一物多用）	把腕表作为艺术品塑装起来
E（删减）	减去表内的装置，放入一个日晷
R（倒转/重新安排）	倒转指针，让表逆时针走动；将表面倒转向内，把表的背面露在外面，突显设计感和时尚感

第三章
发现技能二：提问能力

> "质疑无可置疑之事。"
>
> ——拉丹·塔塔（Ratan Tata）
> 塔塔集团（Tata Group）总裁

"有疑问吗？"大多数人都曾经上百次甚至是上千次地听到这句话。在展示或会议结束的时候，我们通常会听到这个问题，但是大多数人都会跳过这个问题，因为我们觉得问话的人并不是真的在请我们提问。但有时候你也许真的有疑问，比如你想知道为什么现状是这样的，还有没有改进的方法。你却总是忽略提问。实际上，你应该提问。如果破坏型创新者在场，他们肯定会打破沉默，提出许多发人深思的问题。为什么？因为提问是他们的工作方式。提问能够催生其他发现行为，包括观察、交际和实验。创新者会提出许多问题，以求更好地理解现状及其他可能性。他们会跳过无关痛痒的问题，直接提出一些疯狂的问题，挑战现状，频繁地抵抗巨大的现实阻力。

贝恩公司的总裁欧瑞特·嘉迪希（Onit Gadiesh）就是一个很好的例子，她因好问和擅长创新而闻名。孩提时代的她住在以色列，对许多事物都充满了好奇心，"总是打破砂锅问到底"。她的父母鼓励她在课堂上被老师点到的时候提问，她也照做了。于是，她的八年级老师在她的学校年鉴上写道："欧瑞特，你要一直像现在这样问了又问，甚至可以再多问两个问题。永远不要失去你的好奇心。"读着老师的评语，嘉迪希第一次意识到"提问是真理"。在她之后的人生中，她正是凭借提问这一方式代表贝恩公司站在客户的视角进行创新的，因为她深知"要拿出有力的解决方案解决难题，关键在于向客户提出许多问题"。

20世纪80年代早期，嘉迪希刚刚研究生毕业，是咨询业的新人。她接到一项任务：协助钢铁制造业的一个客户降低成本，保持竞争力。第一次来到这家工厂，年逾七旬的CEO就警告她："女人在我们行业里就是厄运。"但是她丝毫没有畏惧，而是继续和客户交流，提出一个又一个问题，试图了解客户为什么要用现在的方式生产。当时，业内有两种制造钢铁的方式，标准程序是将溶液倒入模具做出钢材，另一种新方式则是通过不断地铸造（当时还是新科技）钢材，把钢材铸成钢坯。

嘉迪希觉得这种连续铸造的程序大有潜力，于是她亲自到日本观察了连续铸造的工艺。从日本回来后，她认定这种新的程序可以给客户创造极高的价值。但是客户公司的主管和销售人员都告诉她，在连续铸造的过程中要不断加入其他材料，而他们为客户制作的产品多达350种，他们很难同时连续铸造如此之多的产品，所以连续铸造的方式不可行。嘉迪希告诉我们："客户公司很固执，坚信没有改进的余地。"

但是嘉迪希运用了自己的发现技能，圆满地解决了钢铁厂的难题。她首先造访了钢铁厂的客户，问他们："你真的需要350种产品吗？你为什么需要这350种产品？"客户最初没有多想，直接回答说"需要"。嘉迪希又多问了几个问题，才发现客户并没有充分了解连续铸造的成本优势。其实连续铸造过程中需要添加其他的材料（也是成本更低的材料），因此可以节省成本。嘉迪希和钢铁厂、客户一起逐个梳理了所有350种产品，对每种产品都提出了以下问题："你为什么需要这种产品？这种产品的核心重要性是什么？"以此来充分了解为什么厂家要生产每种产品。

在询问为什么要生产每种产品的过程中，嘉迪希搜集了丰富的信息。有了这些信息，嘉迪希不再需要了解情况，而是自然而然地开始探究还有没有别的可能性。通过询问一些根本性的问题，她开始进行破坏性的创造："如果我们把现有的产品生产线精减90%，情况会如何？""如果在精减产品生产线之后，我们采取连续铸造工艺，情况会如何？""在铸造的过程中，我们要怎样做，才能尽可能多地添加能节约成本的材料？"没过多久，钢铁厂的主管就意识到，将产品种类从350种减少到30种不仅是可行的，而且是利润最大化的方案，因为这样可以使钢铁厂在某个特定的产品板块占据竞争优势，而这一板块正是这家钢铁厂开展竞争的主要阵地。精减产品种类之后，钢铁厂就可以通过新的连续铸造工艺程序添加铝等材料（这样就可以节省成本）了。与此同时，公司仍然可以满足大部分重要客户的需求。嘉迪希的客户（当时这家钢铁厂市值仅过十亿美元）就这样建成了新的厂房，之后很快超过了美国业内的同行。

嘉迪希之所以拥有这种形成新想法的能力，主要是因为她能够通过提问彻底弄清楚真实的现状，然后再通过不断地、积极地提问，进一步想出其他可能性。她坚信:"如果你一生都坚持提问,尤其是提出具有挑战性的问题,那么你的本质和你的领导方式将因此而改变。"实际上,她告诉我们,在最近一次和几位政府高官、CEO 一起出席的会议上,她好奇地发现这些人都没有就关键的政策提出任何基础性问题。其中一个 CEO 向她道出了实情:"你在场的时候,我就不用问基础性问题了,因为我知道你肯定会问。"嘉迪希提问的本能由来已久,这一本能帮助她带领贝恩公司成功地走过了近 20 年。正是因为这样,嘉迪希的一个重要的钢铁行业客户曾经送了她一顶安全帽,上面刻着这样一句话:"光芒降临,照亮前路。"这不仅是因为她的名字中的"欧瑞特"意味着"光芒",更因为她提出的许多问题散发出光芒,帮助客户完成了变革。

提问:宝洁工作法

问题可以启发创造性的见解。很久之前爱因斯坦就曾经多次重复:"要是我问了正确的问题就好了……要是我问了正确的问题就好了。"[1] 难怪他最后得出了这样的结论:"问题的形成往往比问题的解决更重要",为了解决问题而提出新的问题"需要创造性的想象力"。在《管理的实践》(*The Practice of Management*)一书中,作者彼得·德鲁克(Peter Drucker)评论道:"最重要、最艰难的工作从来不是找到正确的答案,而是问出正确的问题。因为世界上最无用甚至是最危险的情况,就是虽然答对了,但是一开始问错了。"[2] 因此,和爱因斯坦一样,德鲁克发现了积极提问的巨大力量。最近,米哈里·契克森米哈发现,诺贝尔奖获得者在找到正确的问题、重新定义课题之后,能够更好地取得突破。这也证实了以上两人的个人看法。[3]我们的研究也发现,破坏型创新者要完成任务,都要依靠自己提出正确问题的能力。

对创新者来说,提问不是一种时髦的智力练习,而是一种生活方式。我们的研究发现,创新者提的问题不仅比非创新者多,而且也更加积极。(在接受测试的时候,针对"我总是会提出一些挑战现状的问题",选择"极为同意"的创新者比选择"同意"的创新者建立的新公司多出两倍。)我们研究了不同类型的创新型企业家,其中产品型企业家最为依赖提问推进创造,其次是创业型和企业型企业家,最后是程序型企业家,见图3–1。

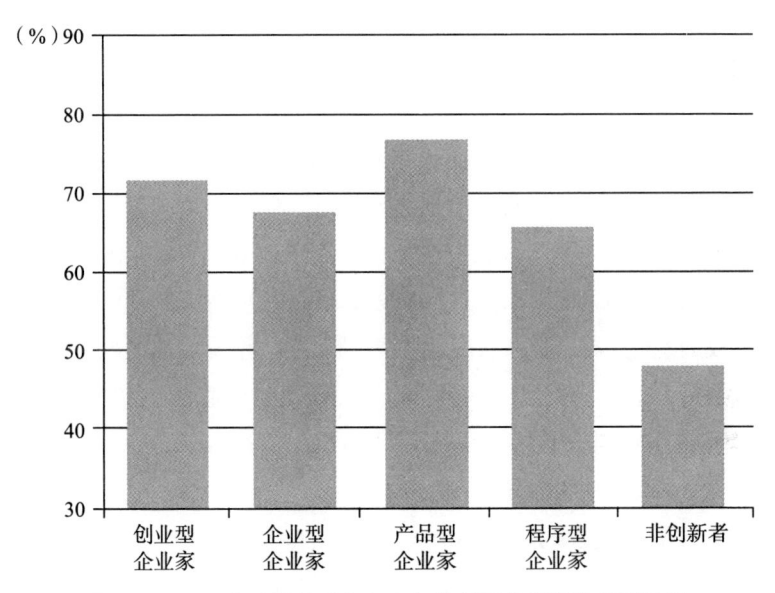

图 3–1 不同类型创新型企业家和非创新者提问技能的比较

样本事项:

1. 提出"如果……,会怎样"的问题,激发对新可能性和新领域的探索。
2. 常常提出挑战现状的问题。

通过提出许多问题，雷富礼改变了宝洁公司的运作模式。雷富礼在与人交谈和开会的时候总是开门见山地问："你的目标消费者是谁？消费者需要什么？你对消费者了解多少？消费者想要的体验究竟是什么？消费者觉得现在的产品少了些什么？"而在做有关品类的工作时，雷富礼常常会问："你对不同地域的消费者了解多少？除了地理位置上的了解，心理上的了解呢？他们现在的最大需求是什么？他们现在最不满意的部分是什么？"

在深入了解现状之后，雷富礼会将探寻的重心转移到"如果……，会怎样"的问题上，用于进行以消费者为中心的创新。比如，如果是和别人讨论科技或产品需求，他就会问："还有别的办法吗？我们可以在哪里找到我们需要的东西？不论是从宝洁内部还是宝洁外部，整个宝洁公司里有没有人能够帮助我们在限定的时间内、在不超出成本的前提下，找到我们需要的东西？"更重要的是，雷富礼总是在寻找超越本能的问题。他不会问："我们要怎样帮助消费者清理地板和厕所？"而是会问："我们要怎样才能让消费者在周六早上能够休息？"他发现，后一种问题远比前一种问题形成的见解更丰富，从而可以发掘出新的可能性，最终开发出新的让消费者想要"买"来做家务的产品和服务。因此，雷富礼每周都会问自己："周一早上我要对什么事情投入好奇心？"

创新者的提问模式

创新者总是在质疑常识。赞果公司（XANGO，一家创新型保健品和营养品公司）的创始人亚伦·嘉利提（Aaron Garrity）说过："带着推陈出新的心态，我一直在提问。"创新者会提出发人深省的问题，这些问题能够打破界限，推翻臆断，拓宽领域。他们总是在打破砂锅问到底，不放过一丝一毫的疑问。在采访破坏型创新者时，我们不仅发现他们提问十分频繁，还发现他们的提问有模式可循。一开始，他们潜入海底，探寻现状，之后又飞上九天，同样积极地寻找其他可能性。他们专注于现状本身，会问许多有关人物、现状本质、时间、地点和方式的问题（就像顶级的记者或侦探那样），深入表象之下，真正"第一次认识这个地方"［就像诗人T. S. 艾略特（T. S. Eliot）在诗里写的那样］。他们还会问一系列有关成因的问题，试图了解为什么问题会演变成现在这个样子。这些问题组合到一起，有助于（从身体上、智力上和情感上）澄清现状，同时也可以提供一块跳板，帮助创新者跃升到更高程度的探寻中去。而为了破坏现实领域，创新者们会与现状针锋相对，提出"为什么要……""为什么不……""如果……，会怎样"这类的问题，寻求超越直觉的、出人意料的解决方案。无论是在描述，还是在破坏，创新者总是在提出有力的问题，这些问题有助于深入惯常做法的表象之下，发现全新的做法。

澄清现状

创新者会将世界看作一个问号，总是在不断思考。他们在大脑中绘制了针对某个领域的地图，然后不断地修正自己对该领域的认知（这一领域可以是产品、服务、程序、地理或商业模型领域）。杰出的创新者既相信自己的地图是精确的，又怀疑自己的地图是否精确，他们会和这两种想法和平共处，始终牢记自己对世界的看法永远和真实领域有出入。他们本能地依靠提出丰富的问题，形成对事物真相的认识，只有做到这一点，他们才会开始深入探寻其他可能性。

技巧一：提出"是什么"的问题

破坏型创新者会提出五花八门的"……是什么"的问题，用于揭示意料之外的细节。例如，皮埃尔·奥米迪亚在创立易趣之前是一名软件工程师，在软件行业的工作磨炼了他提出"……是什么"的技能，让他能够关注到用户界面，并尝试简化软件。（创业之初，他开发了一个手写写字板计算机程序，希望能使计算机技术易于使用。）奥米迪亚从零开始，习惯性地观察旁人（比如客户、顾客或供应商），然后思考："他们究竟想要做什么？"之后，他会提出各种各样的有关人物、现状本质、时间、地点和方式的问题，深入表象之下思考。

与奥米迪亚相似，加拿大安捷泰医疗公司（Angiotech Pharmaceuticals）的产品发明者和创始人威廉·亨特博士（William Hunter）热衷于采取非常规的方式使用常规药物。后来，他首创了药物涂层手术支架，即在支架上涂上一层药物，预防血栓发生（传统的裸支架由于没有被涂上药物，容易产生血栓，导致手术失败率高达 20%）。他头脑中会出现给支架涂上一层药物的想法，是因为他没有像一般的支架生产商那样问"如何才能做出更好的支架"，而是问了更有建设性的问题："人体对这些支架有何反应？为什么手术会失败？"他对第二个问题孜孜不倦地研究，最终造就了 21 世纪初具有开创性的产品。

在热切地探寻"……是什么"的过程中，创新者会深入询问此时此地的情况，力求了解并体察他人的经历。IDEO（以及其他成功的设计公司）会提出广泛的问题，从身体、智力和情感方面了解情况，最终形成一个三维立体的视角，充分认识终端用户的操作情况。直觉公司的斯科特·库克也会提出一些根本性的问题，如"问题究竟出在哪里""用户到底想实现什么目标""最重要的一点是什么"，最后他会问"真正的痛点（pain point）在哪里"。库克这样的创新者知道，只有首先揭示现状的本质，对现状感同身受，才能提出有用的问题。这样一种感同身受的理解能够形成对问题的深入了解，从而提出更好的"为什么要……"和"如果……，会怎样"等问题。

技巧二：提出"为什么要……"这样的问题

了解了事物之后，下一步就是任意问几个问题，了解为什么事情处于现在的状况。BIG集团（Big Idea Group，发现发明家关于新产品的想法，然后将这些产品投产）创始人兼CEO麦克·柯林斯（Mike Collins）就和我们分享了一个例子，讲述发明家是如何通过更好地了解他们身边的现状，捕捉到真正值得开发的产品的。一次，一位发明家给柯林斯及其团队描述了他设计的一款15分钟卡片游戏，希望能够获得BIG集团的支持，得以开发并销售这款游戏。柯林斯听了之后，觉得这位发明家描述的游戏并不能打入家庭游戏市场。但是他没有像苛刻的审查官西蒙·考威尔（Simon Cowell）那样直接把这位发明家打发走，而是问他："你为什么要发明这款游戏？"这位发明家很快回答了一系列有关人物、情况、时间、地点和方式的问题。原来他是三个孩子的父亲（人物），他下班后没有太多时间（时间）在家（地点）陪孩子，他想晚上和孩子们玩儿一会儿（情况），但是如果玩《大富翁》或者《大战役》这样的游戏，又没有足够的时间。他希望能够找到一款

15分钟的小游戏，让他下班之后可以在短短的时间里和孩子们共度欢乐时光。

柯林斯一开始只是问了一个"为什么要……"的问题，却引出了一系列有关人物、情况、时间、地点和方式的问题，最后形成了《12分钟游戏》的构想，该游戏投产之后大受目标客户欢迎。有了这些游戏，许多家庭就可以在忙碌的一天或一周之余共享天伦之乐。开发这款游戏的想法正是通过提问题得来的，这些问题引出的想法都很简单，但是又很重要，因为他们揭示了这位发明家真实的生活情况。

挑战现状

在详尽地描述了现状、透彻地了解了情况以后，创新者开始搜索具有潜在破坏性的新解决方案。他们不再提出描述性的问题，转而开始提出破坏性的问题，如"为什么要……"、"为什么不……"和"如果……，会怎样"。

技巧三：提出"为什么要……"、"为什么不……"和"如果……，会怎样"的问题

创新者总是在提出"为什么要……"和"为什么不……"这样的问题，用以获得重要的见解。Campus Pipeline 和 NxLight 的创始人杰夫·琼斯就深谙此道，他总结道："只要你懂得用不同的方式提问题，并且不满足于已有的答案，就会获得有趣的收获。你只需要再深入一点儿，用不同的方式多问一两个问题就可以了。"这正是破坏型创新者发现新商业想法的方法。

你愿意让自己显得很傻吗

你为什么不喜欢提问题呢？主要有两大阻碍：（1）你不想让自己显得很傻；（2）你不想让别人觉得自己不合作或者唱反调。从小学起，我们就在面对第一个阻碍。我们不想在朋友和老师眼中显得很傻，以为保持安静就不会犯错。这样一来，我们就学会了不问破坏性的问题。不幸的是，这个模式一直阴魂不散，我们成年之后还是无法摆脱。一个创新者告诉我们："我认为，很多人之所以不提问题，是因为他们不想让自己显得很傻。所以每个人都有样学样，就好像他们真的了解情况一样。我经常看到有人这样。人们之所以不提问题，是因为他们不想跳出来，质疑'皇帝赤身裸体'（就像《皇帝的新装》里那个说真话的小孩一样）。"

第二个阻碍是不想让人觉得自己不合作，甚至觉得自己对对方不敬。易趣的创始人奥米迪亚承认，有时候当他质疑别人的想法或观点时，别人会觉得他不尊重人。怎样才能克服这两个阻碍呢？一个创新者给出了如下建议："我提问题之前，总是会先说：'我接下来要问一些听起来有一点傻的问题，以搞清楚事情为什么是现在的样子。'"他说，这可以帮助他投石问路，看看是否可以问一些基本的（看似很傻）问题，或者是否可以质疑现状（同时又不会显得很不合作）。但是任何人都会面临一个共同的挑战，那就是我们是否有勇气，是否勇敢到能说出："等一下，我不懂，为什么我们一定要像现在这样做？"

我们的问题看似是"你愿意让自己显得很傻吗"，实际上，这背后有一个更有力的问题，那就是"你是否有足够的自尊心和

> 自信心，让你能够谦虚地提问"。经过多年研究，我们发现，伟大的提问者都有很强的自尊心和自信心，同时能够谦虚地向他人学习，甚至是向学识不如自己的人学习。他们这样做，就是在践行尼尔·波兹曼（Neil Postman）和查尔斯·魏因加特纳（Charles Weingartner）（两人是探究性生活和学习方式的早期倡导者）给出的睿智建议："一旦你学会了提问题，能够提出切题的、合适的、有价值的问题，你就学会了学习，此后再也没有人能够阻止你学习任何你需要知道的知识。"[a]
>
> a. Neil Postman and Charles Weingartner, *Teaching as a Subversive Activity* (New York:Dell,1969), 23.

宝丽来（Polaroid）的创始人之一埃德温·兰德（Edwin Land）的经历就是一个很好的例子。[4]在一次和家人度假的时候，兰德给3岁的女儿拍了一张照片。小女儿很想知道，为什么她不能马上就看到自己的照片。像大多数那个年纪的孩子一样，她问了好几次这个问题。这个简单的问题让照相乳胶专家兰德开始深入思考有没有可能发明一种即时成像技术。为什么她不能马上就看到照片呢？要实现即时成像，需要什么？仅仅几个小时后，这位科学家就有了几个基本的想法，这些想法之后催生了拍立得照片。这一产品给他的公司带来了翻天覆地的变化，打破了行业陈规。他女儿天真的想法挑战了行业的成见，刷新了兰德的技术知识，最终形成了一款革命性的产品——宝丽来照相机。这一改变行业的照相机在1946—1986年风行一时，最终卖出了1.5亿台，相机专用的昂贵胶卷销量更高。

捷蓝航空和阿苏尔航空的创始人大卫·尼尔曼也说过，他的长处之一就是："能够长时间观察一个已有的程序或做法，然后问自己'为什么他们不换种方法'，有时我觉得答案很明显，就会想'为什么之前没人想到这一点'。"比如，尼尔曼第一次创办的公司是一家包租航空公司，叫莫里斯航空公司（Morris Air）。当时，人们视机票为现金，丢了机票就是丢了现金。这给乘客和航空公司都造成了麻烦，因为乘客要承担丢失机票的风险，而航空公司要确保机票安全送达乘客手中。一天，一位员工向尼尔曼抱怨机票出了问题，尼尔曼不禁想："为什么我们要把机票当作现金呢？有更好的办法吗？"这个问题激发了一个想法："其实可以在乘客购买机票时给乘客一个密码，他们到机场后只需要出示身份证，把密码告诉我们即可登机。为什么不这样做呢？"这个想法使电子机票成为现实。后来西南航空收购了莫里斯航空公司，这个做法也随之风行业内。

而针对最近创立的阿苏尔航空公司，尼尔曼也向他的高管团队提问："我们的机票很便宜，可是为什么没有更多的巴西人搭乘我们的航班呢？"阿苏尔的机票确实比竞争对手便宜，但是尼尔曼的这个问题揭示了真正的挑战——如何送追求廉价机票的乘客到机场。尼尔曼又问道："乘客从家里乘出租车到机场，花费高不高？"下属告诉他这项花费"很高"，可能要占到乘机成本的40%~50%。于是尼尔曼又开始研究乘客是否可以搭乘较为便宜的巴士或火车去机场，但是他发现要么没有这样的巴士或火车路线，要么就是其班次太少。这就使他提出了下一个问题："为什么我们不为乘客提供到达机场的免费巴士？"（这样乘客就可以搭乘阿苏尔的廉价航班了。）如今，每天有 3 000 名乘客预订（大多数是通过在线预订）阿苏尔的机场大巴去机场，阿苏尔也成了巴西发展最快的航空公司。

而在亚洲，丰田公司（Toyota）的前任工程师、丰田生产系统的首席工程师大野耐一（Taiichi Ohno）发明了一个"五个为什么"的提问程序，用于提出"原因是什么"的问题。这一程序是大野耐一的创新型生产系统的核心。根据这个"五个为什么"的提问程序，每当遇到一个问题时，员工都必须问"为什么"五次以上，以求揭示因果链，找出创新性的解决方案。许多世界上极具创新力的公司都借鉴了"五个为什么"这一提问程序，用于督促员工提问，帮助他们更好地了解现状，找出新的可能性。

技巧四：问"如果……，会怎样"的问题

易趣的梅格·惠特曼和许多创新型企业家和创始人直接共事过，包括奥米迪亚（易趣）、尼克拉斯·詹斯特罗姆和杰纳斯·弗里斯（Janus Friis）（Skype 和 Kazaa 的创始人），以及彼得·泰尔和埃隆·马斯克（Elon Musk）（贝宝）。当被问到这些人和普通主管有何不同时，惠特曼答道："根据我的经验，他们都乐于搅乱现状。他们无法忍受现状，于是就花大量的时间思考如何改变世界。在思考和进行头脑风暴的时候，他们喜欢问'如果我们这样做，会怎样？'"

奥米迪亚就是一个绝佳的例子。还是系统分析师的时候，他完全没有依据任何先例，从无到有地设计了终端用户界面。当时为了完成该设计，奥米迪亚深入探究，从零开始，提出了一系列问题，比如，"最干净利落的解决方法是什么？"他认为，"自己就是唱反调的，提出的问题都是'如果当时没有采取这个方法，会怎样？''如果我们当时采取了相反的做法，又会怎样？'"

我们在研究中发现，以执行为导向的主管和破坏型创新者形成了鲜明的对比。相比起来，他们很少问"如果……，会怎样"，而正是这些问题挑战了公司的战略或商业模型。根据我们针对全球主管的360度调查评估收集的数据，大多数经理都不会定期质疑现状（虽然他们往往以为自己这样做了）。和颠覆比起来，他们更喜欢循规蹈矩，并且遵循一句老话："东西没坏，就不用修理。"但是，创新者会积极地寻找"坏了"的东西，然后启动他们的模式，问"如果……，会怎样"，以找出探寻的新角度。在构想未来的时候，创新者会使用一个技巧，即问"如果……，会怎样"，提出这样的问题，有的是为了设下限制，有的则是为了除去限制。

提出"如果……，会怎样"的问题，设下限制。大多数人只有在一种情况下才会限制自己的思路，就是在被迫应对现实中的限制时，比如降低预算或是解决技术限制。但是创新者的做法恰恰相反。谷歌的玛丽莎·梅耶（Marissa Mayer）是负责搜索产品和用户体验的副总裁，她说过："创造力乐于被限制。人们总是觉得创造是一种艺术品——一种不受限制、随意流淌的努力，最终会产生美妙的效果。但是如果你深入了解一下，就会发现最能激发灵感的艺术形式（俳句、奏鸣曲、宗教绘画）都是充满限制的。正是因为创造力能够战胜这些规则，才产生了美感……实际上，在受到限制的时候，创造力是最有生机的。"

通过提出一些问题，人为地设下限制，可以迫使人们在受限制的边缘思考，从而激发出人意料的想法。在我们的研究中，某公司的一位主管希望展开一次有关公司增长机遇的创造性讨论，于是他提出了一个问题："如果法律禁止我们公司向现有的顾客销售现有的产品，明年我们要怎么盈利？"这个设限的问题引发了一次充满远见的探索，使该公司获得了找到并服务新顾客的方法和能力。

这一问题可以衍生出许多问题，从而激发出出人意料的想法。例如，你和你的团队可以提出以下两个问题：

1. 如果现有顾客的可支配收入缩水了50%，我们要如何调整我们的产品或服务？
2. 如果我们再也不能搭乘飞机，我们要如何改变做生意的方式？

提出一些问题，为解决方案设下限制，这样可以迫使我们的思维跳出常规，因为这样的做法可以激发新的联系。苹果公司在开发iPod的时候就是这样做的。（"如果我们做的MP3播放器，小得可以放入上衣口袋，但是能够装500~1 000首歌曲，会怎样？"）苹果公司的用户体验店也十分成功。（"如果我们开一些常规大小的店铺，专门售卖非常少量的苹果公司的产品，会怎样？"）

印度斯坦利华公司［联合利华（Unilever）在印度的分公司］也有类似的做法。当时，公司正在思考如何把产品卖给印度小村庄里数百万的潜在消费者，却受到许多限制：没有零售销售网络，没有广告渠道，公路交通也非常落后。这些限制对公司现有的商业模型构成了挑战，引出了一个根本性的问题："没有传统的销售网络、广告渠道和基础设施，我们如何把产品卖到小村庄里？"最终，公司从直销商业模型［类似雅芳（Avon）这样的公司采用的商业模型］里找到了答案。印度斯坦利华公司与非政府组织、银行和政府紧密合作，在印度全国范围内从自助小组（self-help groups）雇用妇女做直接与消费者接触的推销员，推销公司的香皂和洗发液。公司还为这些妇女提供必要的培训，使她们能够成为成功的微型企业家。截至2009年，这一在高度受限的国情下激发的创新性解决方案使超过4.5万名妇女成了企业家，她们的顾客遍及10万座村庄，人数高达300万。[5]

提出"如果……，会怎样"的问题，除去限制。由于面对资源分配、决策或者技术限制上的问题，我们在思考的时候往往会给自己设置一些不必要的限制。而伟大的创新者懂得如何除去这些限制。要避免给自己不必要的限制，一名具有创新精神的CEO会发现以下这些问题是除去不必要的沉没成本限制的关键："如果你没有雇用这些员工，没有安装这些设备，没有实施这个程序，没有购买这家公司，没有贯彻这个策略，会怎样？你今天还会这样做吗？"在担任通用电气CEO的20年间，杰克·韦尔奇（Jack Welch）常常会提出以上问题。只要提出了这样的问题，就可以快速而有效地摆脱（经济上的和非经济上的）沉没成本的限制。

另一个放松限制的方法是提出这样的问题："如果每个顾客都可以用到X光技术，会怎样？这会不会改变顾客的行为？"RIM的拉扎里迪斯的做法有点儿不同，他喜欢设想五年以后的情况。他会坚持问一些类似的问题，如"未来的中央处理器是什么样的？""LCD技术是什么样的？""键盘是什么样的？""鼠标是什么样的？"只要他找出了这些问题的最佳答案，他就会开始进行已初现雏形的图形设计和工业设计，开发新一代黑莓产品。

史蒂夫·乔布斯在20世纪90年代重返苹果公司之后，为了放松限制提出了以下问题："如果钱不成问题的话，你会做什么？"

这样的问题激发了公司员工创造新产品和服务的热情。它意味着,苹果公司在追求卓越的时候不必理会各种限制,包括消费者现有的喜好,甚至是满足其愿望所需的成本。成为迪士尼公司的董事后,乔布斯继续传播这一想法,告诫员工要有"远大梦想"。因此,在重新设计迪士尼零售店的时候,乔布斯在一个销售区域贴上了这样的标签,"小叮当仙子[①]会怎么做?"(WWTD:What Would Tinker Bell Do?)[6]

高层管理者的提问窘境

在面对挑战现状的问题时,管理者(尤其是CEO)会面临两个关键的窘境。第一个窘境是,一般而言,高管获得奖励的途径是拿出更好的策略或是新的商业模型,但是如果他们公开质疑自己公司的策略或现有的商业模型,就会被惩罚。重要的外部和内部股东期待CEO给他们提供答案,而不是问题。一位CEO告诉我们:"如果我公开质疑自己的策略或关键倡议,就可能导致公司内部出现信心危机。没有人喜欢这种没有把握的感觉。"正如研究者戴维·克朗兹(David Krantz)和佩内洛普·培根(Penelope Bacon)所指出的,高管都知道"质疑一个行动、信念或经验,要冒着破坏现状的风险"。[a] 一旦出现这种情况,全球金融市场都会产生消极反应,至少在短期内,公司会因为这种破坏而蒙受损失。

---

① 小叮当仙子是迪士尼著名的卡通人物,她是一名富有创新精神的小仙女。——译者注

第二个窘境是，很难让公司内部的员工向高管提出挑战现状的问题。毕竟，CEO 居于高位是因为他们创造了这个现状。因此，虽然 CEO 的位置是最适宜提出并回应问题的，但是他们面临许多限制，他们无法提出挑战现状的问题，也没人向他们提出挑战现状的问题。所以，如果哪个 CEO 可以营造一种有利于酝酿能够激发创新的问题，尤其是可以激发新业务和商业模型创新的问题的公司文化，那绝对是一项不小的功绩。

为了解决第一个窘境，许多创新型创始人和 CEO 会建立一个非正式的人际网络，里面有他们可以质疑的人，也有会质疑他们的人。例如，某家大型跨国公司的创新型 CEO 告诉我们，他建立了一个非正式、非官方的真话圈子。他说："圈子里的人都上了年纪，经验丰富。我们可以随意地提出我们的想法，即使这些直觉或猜测并不准确，事后也没人会对此耿耿于怀。和这些人在一起，我可以问任何问题，他们都会直截了当地回答我。"

解决第二个窘境更难，因为这个挑战可能涉及文化层面。在某些国家或企业的文化中，下属是不能质疑领导者的。例如，跨国文化研究表明，80% 的日本人认为，领导者的角色应该符合以下描述："经理一定要能够随时且准确地回答下属提出的大部分工作方面的问题。"[b] 因此，在日本，下属期望他们的领导者能够回答问题，而不是提出问题，尤其不能提出挑战现状的问题。但是，如果屈服于不鼓励提问的企业文化或国家文化，破坏性创新就等于被判了死刑。无论文化背景如何，如果 CEO 希望形成创新性想法，就必须清楚一点：要有领导力，就必须提出挑战现状的问题，即使他自己是因为建立这种现状得以晋升的，也必须挑

第三章　发现技能二：提问能力

战现状！

a. D.L.Krantz and P. Bacon，"*On being a naïve questioner,*" *Human Development* 20 (1977): 141–159.

b. N. J. Adler, N. Campbell, and A. Laurent，"In search of appropriate methodology: From outside the People's Republic of China looking in," *Journal of International Business Studies* 20 (1989):61–74.

用提问激发创意

问题是激发创造性想法的关键催化剂。然而，仅有问题，还不足以产生创新。问题是必需的，但并不是有了问题就万事俱备了。如果没有积极的观察、交际和实验，理论创新者就只是纸上谈兵，就像美国体育记者笔下那些对运动员指指点点的观众一样。这些人会在场外提出一些自作聪明的问题，天真地认为这样一两个问题可以像变魔术一样带来破坏性的想法，他们说得很多，有用的却很少，他们甚至从来没有实实在在地参与过创新的过程。

我们发现，如果创新者可以将在当下提出正确问题的直觉和其他创新者基因技能结合起来，就更有可能成功地开发出创新的产品、服务或业务。换言之，如果领导者能够一边观察一边提出问题，就会比不这样做的人有更多的发现。如果领导者能够一边通过交际搜寻新想法一边提出问题，也会比不这样做的人有更多的发现。如果领导者能够一边实验一边提出问题，同样会比不这样做的人有更多的发现。也就是说，提问一旦和其他发现行为相结合，就能够为你的创新增添动力。

改变我们提出的问题，就能够改变世界。关键在于不断地提出更好的问题，用新的视角看世界。如果能做到这一点，正如乔纳斯·索尔克（Jonas Salk）所发现的那样，我们就会处于这样一种情况之中：只需"找到正确的问题"，就能"不用编造答案，而是揭示答案"。

我们希望，我们提出的这个找出正确问题的框架可以在你的创新之旅中助你一臂之力。首先问"情况是怎样的"，然后问"如果……，会怎样"，尤其是那些设下或除去限制的"如果……，会怎样"的问题。但是请记住，这一框架本身并不是我们追求的目标，而只是实现目标的方法。这个框架是找到新想法的第一步，用了它也许会成功，也许会失败，它并不是保证我们取得成功的灵丹妙药。在接下来的三章中，我们将提供更多切实的行动方案，实践这些行动方案能够提高你提出问题的能力，并且最终揭示具有潜在破坏性的解决难题的方法。

四个提问技巧

创新者不仅会提出发人深省的问题，还会不断尝试提出更好的问题。例如，迈克尔·戴尔说过，如果他提的问题是好回答的问题，那么大家都会预料到答案，这就没有意义了。他告诉我们："相反，我喜欢提出一些别人认为我不会问到的问题。可以说，我喜欢提出别人还不知道如何回答的问题。"想要不断地提出更好的问题，可以参考以下几个有效技巧。

技巧一：参与问题风暴

几年前，我们无意中发现了一个极其有用的提问工具。当时我们在一所商学院的研究生班教课，被一个问题困住了，我们无法通过常规的头脑风暴程序找到更进一步的想法。后来，本书作者之一提出暂时停止头脑风暴，不再尝试提出解决方案，而是先集中大家的精力，专注地围绕难题提问题。结果令我们很惊喜。通过只提问题，我们对我们所面临的挑战有了更深入的认识，打开了视野，对问题有了新的了解。

第一次练习只提问题之后，我们花了几年时间，针对主管个人和主管团队，开发了一项我们称为"问题风暴"的程序。[7] 我们都知道，头脑风暴是指一个团队像掀起风暴一样提出许多针对问题的解决方案。问题风暴与之类似，只是我们提出的不是解决方案，而是与难题有关的问题。

具体做法如下。首先，个人或团队找出一个需要解决的个人、工作部门或是组织性的难题或挑战。其次，针对这个难题或挑战，写下至少 50 个问题。（如果是解决工作部门或组织性的难题，最好是能够和团队一起想问题，并且将这些问题写在白板上，让所有人都看见。）针对团队问题风暴，我们建议你和你的团队遵守以下几条规则。请一个人专门负责将问题写到白板上，这样每个人都可以看到这些问题，从而可以思考每一个问题。只有在前一个问题被写到白板上之后，才能开始问下一个问题。这样可以让团队从之前的问题出发，提出针对难题或挑战的更好的问题。在整个过程中，要督促每个人都问出"情况是什么""原因是什么""为什么要……""为什么不……""如果……，会怎样"这一系列问题。

还有一些其他规则值得采用。在捕捉问题的时候，规定自己或团队其他成员必须开门见山地提出问题，提问之前不允许长篇大论。命令大家专注地提问题，直到提出至少 50 个问题为止（换言之，不允许回答，而是反复强调一定只能提问，针对难题或挑战提问）。一开始，大家可能会暂时保持沉默（也许你的团队正在努力思考应该提出什么问题），沉默过后，大多数团队都会换一个视角，更加深入地探寻问题的深层原因，或是某次机遇的方方面面。听完问题以后，将最重要的或最具启发性的问题列为优先考虑的问题，并讨论这些问题，以获得更好的解决方案。在团队头脑风暴搜索解决方案之前，你或许可以指定一个人或一个团队（也许是通过观察、交际或实验）回答最重要的问题。

我们发现，在面对工作部门、组织、行业、客户和供应商方面的问题时，那些频繁地对自己进行问题风暴的人更有可能被视作有创造力和创新力的人，或者战略思想家。某大型医药公司的主管每天早上开始工作前都会花15~20分钟写下一些问题。3个月后，他的老板告诉他，他的战略思考能力在他所在的工作部门里是最优秀的。6个月后，他升职了。多练习提问确实可以熟能生巧，至少可以有进步。因此，正如艾哈迈德·波泽尔（Ahmet Bozer，可口可乐亚欧和非洲集团总裁）在最近一次问题风暴研讨会上对他手下的高管团队所言，如果你的"提问能力退步了，就该多加练习"。

技巧二：培养提问思维

在确定问题或挑战的时候，我们经常会用陈述的形式描述问题或挑战。实际上，我们经常会要求主管团队指出他们面临的三大挑战。主管会绞尽脑汁指出三大挑战，而他们通常都是用陈述的形式描述挑战的。然后，我们会给他们5~10分钟，让他们将这三大挑战转化成三大问题（比如有效地引领创新）。我们发现，积极地将这些陈述转化成问题，不仅可以使其对问题的陈述更精确，还可以使他们对问题更有责任心，在接下来的行动中他们会更积极地追寻答案。

技巧三：追踪自己的提问回答比

我们采访的破坏型创新者一直都有很高的提问回答比。在一般的交流互动中，他们的提问次数不仅超过了回答次数，而且提出的好问题要比好的回答更有价值。如果你想看看自己现在的提问回答比，可以在多种场合观察并评估自己的提问和回答模式。例如，在上次参加或主持的工作会议上，你的发言中有多大比例是在提问？在接下来一周的会议中，记录下你的提问率和回答率（也就是提问和回答在你的发言中各占比多少）。回顾这些自我观察的时候，你可以看一下，自己的个人提问回答比是多少？你问了多少个问题？要想努力提高自己的提问回答比，你可以回顾自己问过的问题，然后问自己："哪些问题是需要思考一番才能提出的？""有哪些问题我没有问出来？"

技巧四：用一个笔记本记录问题

要想储备更丰富的问题，你可以花点儿时间，经常性地捕捉自己的问题。理查德·布兰森就有许多"记满了问题"的笔记本。每隔一段时间，你可以拿出笔记本回顾问题，看看你过去提的（或没提的）问题有多少个，都是些什么样的问题。表3–1可以帮你记录为形成新想法而观察、交际和实验的时候，你提的都是何种类型的问题。

表 3-1 破坏型创新者问题一览表

创新者的基因技能	描述领域		破坏领域	
	情况如何？是谁？是什么？什么时候？什么地点？什么方式？	原因是什么？	为什么要……？为什么不……？	如果……，会怎样？如何可以做到……？
观察				
交际				
实验				

在笔记本上记录的时候，你可以花片刻时间思考以下问题：

- 你的提问模式是怎样的？你关注的都是什么类型的问题？
- 哪些问题能够形成出人意料的见解，揭示现状的成因？
- 哪些问题能够引出根本性的假设，从而挑战现状？
- 哪些问题能够激发强烈的情感反应？（这一点很有力地说明该问题挑战了现状）
- 哪些问题能够更好地将你引到破坏性的范围内？

第三章 发现技能二：提问能力

第四章
发现技能三：观察能力

> "在我们的公司里，观察总是会带来深刻的变化。"
>
> ——斯科特·库克
> 直觉公司

大多数创新者都是积极的观察者。他们仔细地观察着身边的世界，既观察到了成功运作的事物，也往往会敏感地注意到运作不成功的事物。他们也许还会观察到，其他环境中的人找到了不同的且更胜一筹的解决方案。进行了这种类型的观察之后，他们便开始在未被联系过的数据之间牵线搭桥，最终得以激发非同寻常的商业想法。这样的观察通常需要调动多重感官，并且常常源自引人注意的问题。

印度塔塔集团的董事长拉丹·塔塔就是一个很好的例子。他从一个有力的想法中汲取了灵感，设计了世界上最便宜的汽车"塔塔纳努"（Tata Nano）。生活中，塔塔经常看见许多印度家庭使用女式摩托车代步。然而，2003年的一天，印度孟买暴雨如注，塔塔看见一个看起来收入不高的男人在雨中骑着一辆女式摩托车。该男子稍大些的孩子坐在车子前面两个车把手之间，妻子侧身坐在后座上，大腿上还坐着一个孩子。四个人坐着一辆摩托车往家赶，浑身都湿透了。塔塔目睹了这一幕，他发现自己以前都没有注意到这个问题。他听到了自己内心有一个声音在问自己："为什么这家人不能拥有自己的车，而是要被雨淋呢？"换言之，他想到了一项需要完成的任务（这次的任务是，为那些买不起车，只买得起女式摩托车的家庭生产安全且价廉的交通工具）。

这一次的观察引发了多个发人深省的问题，即能不能设计一款价廉的"老百姓轿车"。塔塔回忆道："对两轮车的观察（一家四口挤在一辆女式摩托车上）让我想到，我们必须生产一种更安全的交通工具。我最开始的设想是，将女式摩托车改装成汽车，这样开女式摩托车的人如果摔倒，受的伤害会小一点。有没有可能用女式摩托车的零部件造一辆四轮汽车呢？"塔塔组织了一组工程师，请他们设计了一款四轮的低成本汽车。最初的设计是这样的：两扇带有塑料窗户的软门，布做的顶棚，再加上一个金属杠作为安全措施。但是看过这个设计之后，塔塔和他的团队都认为市场不会接受这样一个"一半汽车一半摩托"的交通工具。

之后的几年间，纳努车的开发团队进行了更多的观察和实验，最后在2009年实现了塔塔的梦想。纳努车标价2 200美元，成为世界上最便宜的汽车。推出仅仅几个月，工厂就接到了20万份订单。纳努车还凭借自身的多项创新（共34项专利）成为2010年的印度年度汽车。纳努车采用后置发动机，可以由代理商组装，就像美国的摩托车一样。这一产品也许可以颠覆印度的整个汽车销售系统。而这一切都是因为在孟买的那个雨天，塔塔在开车回家的路上积极地观察，而不是只盯着目的地。

塔塔的这一经历就是所谓的"后知后觉"。"似曾相识"指的是一种强烈的感觉，眼前的事物明明是自己以前没有见过的，却觉得自己很早以前就见过它；而"后知后觉"则是一种与此截然相反的体会，虽然眼前的事物是自己见过多次的，却感觉像是第一次见到它。[1]根据"后知后觉"的定律，塔塔"看"到了一件存在已久，却无人注意，或者至少是没有激发他人行动的事情。

最初，塔塔观察到，许多收入不高的印度人可以买一辆价廉的汽车，从中受惠。但是，塔塔的故事并不只是最初的观察这么简单。让我们来看看拉丹·塔塔是如何通过观察消费者成功地卖出标价2 200美元的纳努车的。前面提到过，塔塔之所以想到纳努车这个点子，是因为看到许多印度家庭在大雨中骑着女式摩托车狼狈前行。他知道印度农村是女式摩托车的主要市场，因此他想知道如何才能在这些农村地区销售纳努车，替代女式摩托车。他派出了一个团队，专门观察印度农民是如何买到女式摩托车的。这个团队观察到了一些有趣的细节，最终促成了一种与众不同的农村汽车销售方式。

该团队观察到，农民都是周日去农贸市场或跳蚤市场购买大件物品。这些地方没有常设的女式摩托车或汽车代理店。卖女式摩托车的商人会开着大卡车，载着一车女式摩托车来到市场，就地把女式摩托车摆放在划定的区域内。人们买了女式摩托车之后，会当场注册一个执照，学会怎么开摩托车，然后当天就可以直接把摩托车开回家。因此，塔塔的团队也带了40辆纳努车，摆放在露天市场里。他们很快就发现，消费者无法做到直接看一眼，买

第四章 发现技能三：观察能力

车,然后开回家。首先,和城市里的消费者一样,农村的消费者也需要贷款。因此塔塔团队必须首先帮助他们获得贷款。同时,消费者希望能够马上把车开走,这就需求塔塔团队必须当场给消费者上保险,因此塔塔团队还得提供保险。最重要的是,团队发现,大多数消费者都没有驾照,所以塔塔团队还得提供驾驶课程,并且让消费者能够当场在市场上拿到驾照。最终,塔塔的团队提供了一整套服务,使消费者可以在2~4个小时内挑中一辆汽车,上车险,获得贷款,学会驾驶纳努车,考取驾照,最后注册汽车。如果没有这样密切的观察,塔塔集团就不可能充分地满足想买车和开车的印度消费者的需求。

寻找"任务"和完成方式

《创新的艺术》的作者、IDEO公司的汤姆·凯利曾经写道:"在IDEO公司,人类学家的角色是创新最主要的来源。"[2] 为什么他会这样认为呢？人类学家开发了许多技巧,用于研究自然环境中的人类,并向人类的行为学习。假装自己是一个人类学家是很有用的,尤其是在观察某个人在特定情况下如何尝试"完成任务"的时候。"完成任务"这个说法是克莱顿·克里斯坦森在《创新者的解答》中提出的术语。克里斯坦森认为,个人消费者和公司客户都会时不时地遇上一些需要完成的"任务"。而他们一旦注意到了一项需要完成的任务,就会环顾四周,看看能不能"雇"某种产品或服务去完成这项任务——就像人们有任务要完成的时候,往往就会尝试租用工具或雇用工人尽可能有效地、简便地、低成本地完成该任务一样。观察某人在某个情境下的做法,可以启发一些完成任务的想法——还可以找出更好的完成方法。

塔塔开发纳努车的经历就是一个很好的例证。拉丹·塔塔最初观察到一家印度人在雨中艰难地挤在一辆女式摩托车上，这个观察使他意识到，女式摩托车没有很好地完成任务，无法保证这一家人的出行安全，也无法为其遮风避雨。这家人需要更安全的交通工具，比如汽车。于是，塔塔开始了多年的实验，生产出了一款中产阶级家庭能够买得起的廉价汽车。但是仅仅保证廉价还不够。要让印度的消费者开上这种车，塔塔还必须提供一系列配套服务，只有这样，消费者才能够挑选心仪的汽车，上车险，获得贷款，学会安全驾驶，考取驾照，注册汽车，最后把车开回家。塔塔的成功要归功于两类观察：一是找到需要完成的任务（提供一款中产阶级家庭买得起的安全的交通工具），二是让印度中产阶级开上这种车（将汽车运到农村市场，提供必需的服务，让顾客可以在一天内学会驾驶汽车）。

了解需要完成的任务

每项任务都包括功能、社会和情感三个方面的需求。任务不同，这三方面需求的重要程度也不同。比如，消费者购买如古驰（Gucci）和范思哲（Versace）这样的奢侈品牌产品，是希望这些产品能够完成"让我觉得自己是奢侈的精英一族"这样的任务。在这种情况下，任务的功能方面的需求远没有社会和情感方面的需求重要。相反，需要用运输车完成的任务（纳努车）则主要看重功能方面的需求。对于需要完成的任务，要了解其功能、社会和情感三个方面的需求。有时候这样做是很复杂的，但这也许正是揭开创新性解决方案的关键。

例如，我们建学校是为了教育社会里的年轻一代，但是我们又常常批评学校没有很好地完成这项任务。我们经常提的一个问题是："为什么学校没有好好教育学生？"也许，我们对美国12年中小学教育不满的真正原因是我们自己问错了问题。如果我们不质疑学校，而是问"为什么学生没有好好学习"，也许就能发现一些他人没能察觉的问题。为什么学生在学校无精打采，甚至根本不去上课？一个关键原因是，受教育并不是学生想要完成的任务。学生只想体会成功的滋味，或是和朋友们玩乐，每天都能够满足自己重要的社会和情感方面的需求。难怪有些学生会退学加入黑帮，或者和朋友去驾车流浪，这些活动比上学更接近他们想要完成的任务。

罗得岛州普罗维登斯的政府特许学校 MET 高中很好地了解了高中学生特殊的社会和情感方面的需求（即学生每天想要完成的任务），并据此设计了基于项目展开的课程。学生每天组成小组，合作完成各种项目［吸纳了蒙台梭利（Montessori）教学法的元素，该教学法为学生提供了"动手"互动的学习体验］。这个方法让学生能够有机会和朋友们一起获得乐趣，同时因为可以看见自己的努力使项目不断推进，又能够获得成就感。在完成项目各项任务的同时，学生在不知不觉中培养了新的技能。通过更好地满足学生的社会和情感需求，学校激发了学生参与和学习的主动性。这个例子证明，"需要完成的任务"框架不仅适用于产品，也适用于服务；也证明在完成任务时，除关注功能以外，关注其他方面也很重要。

斯科特·库克创立的直觉公司有两款很受欢迎的金融管理软件——Quicken 和 QuickBooks。库克也是用类似的方式，基于两个关键的观察，创立了直觉公司。第一个是他在家观察到的简单的事实。在观察妻子理财的时候，他发现妻子总是在抱怨理财很烦人，浪费时间。库克说："她数学很好，做事很有条理，所以我家是她负责管理账单的。但是她经常抱怨理财浪费时间，管理账本特别麻烦。我观察到了这一点，同时我又很清楚个人计算机的长处和短板，这两者一结合，就产生了直觉公司。"

我们问库克，他把计算机的"长处和短板"分开来谈是什么意思？库克的回答让我们了解了他的观察技能，也知道了他是如何找到一种更好的方式去完成个人理财这项任务的。1981 年，他开始留意苹果公司的丽莎电脑（Lisa）。他回忆道："我有个朋友在苹果公司工作，在丽莎电脑上市之前，他就给我展示了丽莎电脑。生产丽莎电脑的初衷根本不是做理财软件，但是它开发出来的用户图像界面（鼠标加下拉菜单）真是太了不起了。"观摩完丽莎电脑之后，他马上开车来到最近的餐馆，然后坐下来拿了一堆纸开始写。他写下了许多对用户图像界面概念的观察心得。

这些观察使库克深信，丽莎电脑不仅能够完成重复性的理财功能，而且有了易于操作的鼠标和下拉菜单，普通人也可以轻松使用计算机。一想到让计算机上的程序"运行起来就像实际生活中的对应工具"这个理念，他就兴奋不已。（例如，财务管理软件 Quicken 上的电子支票看上去就像一张纸质支票。）直觉公司研发了一款软件程序，它使用起来就像在现实生活中理财一样，上市之后包揽了 50% 的市场份额。

我们发现，和库克一样，对大多数创新者而言，观察是一项关键的发现技能。他们的商业想法来自以下两类观察：

1. 观察在不同情景下尝试完成一项任务的人，并洞察他们真正想要完成的任务是什么。
2. 观察人、程序、公司或技术，并找出可以应用（也许先经过改良）到其他情况下的解决方案。

BIG 的创始人兼 CEO 麦克·柯林斯认为，成功的产品型企业家总是时刻准备着使用观察技能。他说："观察并不是一日之功。创新者无时无刻不在观察周围的世界，同时提出许多问题。观察已经成了他们的天性，而其他人的观察能力还没有得到开发。"柯林斯也用自己的行动践行了这番话。他创办的 BIG 公司采用《美国偶像》(*American Idol*)［或者说是《英国达人》(*Britain's Got Talent*)］这类选秀节目的商业模式，选拔发明家的最佳创意，然后根据这些想法设计产品投放到市场上。柯林斯和超过一千名发明家合作过。我们发现，产品型企业家的观察技能比其他类型的创新型企业家都要强，其次是创业型企业家和企业型企业家，最后是程序型企业家。大部分创新型企业家的观察技能在 75% 左右，而非创新者的观察技能在 48% 左右（见图 4-1）。

如果一个人的观察技能还没有得到开发，要如何培养这项技能呢？为了弄清楚创新型企业家是如何办到的，我们问他们："是什么造就了一个优秀的观察者？要如何提高观察能力？"我们发现，观察者如果能够做到以下三点，就能更成功地找出需要完成的任务及更好地完成任务的方式：（1）积极地观察顾客，看顾客会购买何种产品以完成何种任务；（2）学会发现出人意料或异常的事物；（3）寻找机会在新环境中观察。

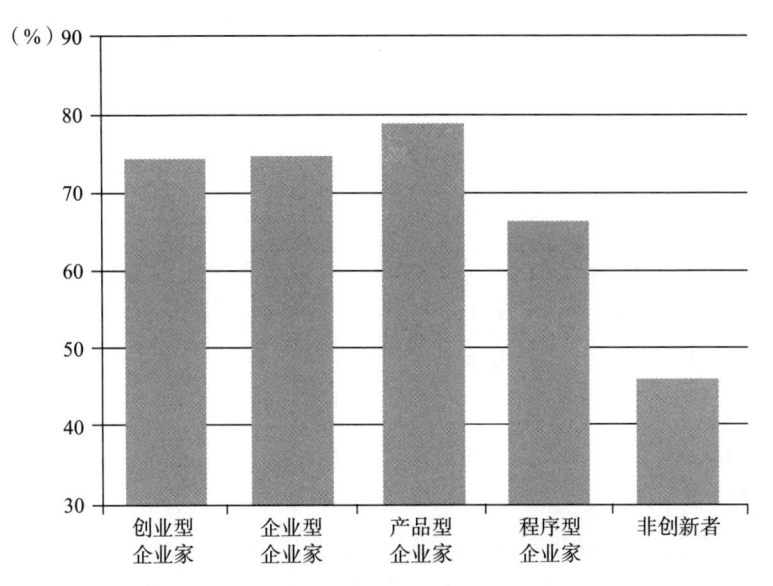

图 4-1　不同类型创新型企业家和非创新者观察技能的比较

样本事项：
1. 通过直接观察人们与产品和服务的互动，得出新的商业想法。
2. 时不时地观察客户、供应商或其他公司的活动，得出新想法。

积极观察用户

也许，要凭观察获得商业想法，最有效的方式就是积极观察人们如何购买产品完成任务，然后看看自己可以从需要完成的任务里获得什么启示。例如，医疗器械公司 Research Medical［后来被百特国际（Baxter International）收购］的创始人加里·克罗克（Gary Crocker）在观察当时新兴的心脏搭桥手术时，想到可以发明某种"管道"器械协助手术。他注意到,医生会将心血管监测导管插入心脏用于测量血压,但是同时,他发现医院并没有相应的"管道器械"用于疏导血流。克罗克说:"由于做手术的时候心肺停跳,所以医生要让病人的血从身体流到氧合器内,但是医生并没有粗导管来协助这个过程,他们没有结构合理的管道。因此,我想到可以设计一种这样的产品,以填补这个小小的市场空白。"

于是,克罗克离开了百特国际,创办了自己的公司,设计了一系列心血管手术中用于控制血流的器械。其中一个器械名为"照明清血器"[①],解决了心脏搏动时在心脏流血部位做手术的挑战。这个器械会不断地向缝合部位吹送过滤过的湿润气流,吹走多余的血流,这样医生就可以看清楚缝合的部位了。这个器械还有辅助照明功能,可以照亮手术切口,让医生看得更清楚。在没有这些设备之前,为了把手术切口照得更亮,医生各有各的方法(例如让护士举着手电筒照亮切口);为了除去多余的血流,医生也有自己的技巧(如使用各种各样的抽血设备去除血流)。正是因为仔细地观察了医生做心血管手术时面临的挑战,留意了医生为解决问题想出的变通方案,克罗克才想到要发明这样一个创新的器械。

"变通方案"这个词最初是 IT 术语,指的是程序员在面对系统的某个问题时采取变通的解决手段。这个概念也可以被应用到其他领域。变通方案指的就是采取不完整的或者部分的解决方案完成某项任务。如果你留意到了一个变通方案,就一定要多花点心思,也许这个变通方案能够给你一些线索,让你想到如何设计一

---

① "照明清血器"(Visuflo with Light Source)无官方中文译名,此为译者意译。——译者注

种全新的产品、服务或业务以完成任务。

例如，当我们想要获得一次愉快的用餐体验（需要完成的任务）的时候，往往会采取一些变通方案，而相比起来，网络订餐平台 OpenTable 就是一个更全面的解决方案。为了获得一次愉快的用餐体验，通常我们需要做的关键步骤包括选一家餐厅，这家餐厅要有我们中意的食物和用餐氛围；订一个时间方便的位子，这样就无须等候了；此外，这顿饭的价格也必须合情合理。而要找到合适的餐厅，就必须征询去过的人的意见，或是看大家对餐厅的评价。找到合适的餐厅以后，要打电话订位。如果餐厅不接受订位，或是位子全部被订完了，就必须从头开始找餐厅。有时候你甚至会直接早点儿去餐厅占座，或是找个人替你排队，以保证能够有位子，或是缩短排队的时间。如果你对价格很在意，那你还要上网或是在报纸上找优惠券，这样才能有一次价廉物美的用餐体验。这些程序都很耗费时间，而且即使照做了，也不一定能保证用餐愉快。

OpenTable 的创始人查克·邓普顿（Chuck Templeton）在 1998 年亲眼看到了这些变通方案。当时他的妻子希望能够在一家中意的餐厅订个位子，招待来芝加哥看望他们的家人，但是她花了三个半小时还是没有成功。因此，邓普顿开发了一个在线应用程序，为使用者提供专属订位服务：这一程序可以（通过提供有参考价值的点评和顾客评分）让顾客快速而轻松地找到他们也许会喜欢的餐厅，（通过让顾客看到剩余位子数量，自助订位）让顾客订一个时间合适的位子，甚至（通过积分换折扣的活动）让顾客能够享受到实惠的折扣。餐厅每个月要支付 OpenTable 199 美元，用于订位服务（主要就是租一台电脑终端，并接入互联网）。此外，每当有

第四章　发现技能三：观察能力　　087

一位顾客通过该系统订位时，餐厅还要支付给 OpenTable 1 美元。OpenTable 出色地完成了让顾客用餐愉快的任务。现在，OpenTable 为大多数美国大城市的餐厅提供订位服务，甚至还为许多海外餐厅提供服务（现在其系统里有超过 1.1 万家遍布全球的餐厅）。

通过观察人们如何试着完成任务而获得对新产品或服务的深入了解，似乎是一个直截了当的方法。但是，大多数公司的经理都不会花时间进行这种人尽皆知的简单活动。然而，如果公司能够通过观察发现客户的潜在需求（无论是无意中惊喜地发现，还是亲身体验后发现，抑或是看视频观察发现），就可以获得一些极其宝贵的启示。IDEO 的凯利告诉我们，在为欧乐 B（Oral-B）设计新型儿童牙刷的时候，IDEO 的工作人员走出公司，去观察孩子们刷牙。他们发现，现有的儿童牙刷除刷头较小以外，其实就是成人牙刷的翻版。但是，孩子们用牙刷没有父母那么熟练，所以要握住这样的牙刷刷牙对他们来说很具有挑战性。这就激发了一个创新性的设计：一款牙刷柄又大又粗，让儿童感觉好拿好用的牙刷。结果如何？上市后 8 个月内，欧乐 B 儿童牙刷的全球销量一直位居榜首。

观察客户时要问的十个问题

在观察客户的时候，你必须问以下十个问题，这样你就可以更好地了解他们想要完成的任务，并且更好地了解你可以提供什么样的产品或服务，让客户更好地完成任务了。

1. 客户是如何意识到自己需要你的产品或服务的？你有没有办法让客户更加轻松、简便地发现你的新产品或新服务？

2. 客户使用你的产品或服务的实际用处是什么？客户购买你的产品或服务是为了完成什么任务？

3. 客户最终决定购买一种产品或服务的时候，最看重的产品或服务特性是什么？（如果各项特性得分加起来的满分是 100 分，客户会如何为他看重的各项特性打分？）

4. 客户是如何订购你的产品的？你有没有办法让客户更加轻松、简便或者更省钱地订购你的产品？

5. 你是如何运送你的产品或提供你的服务的？有没有更快速、廉价的方法？

6. 客户是如何为你的产品或服务付款的？有没有更轻松、简便的方法？

7. 在试着使用你的产品的时候，你的客户碰到了什么困难？他们的操作方法是否出乎你的预料？

8. 使用产品的时候，客户需要什么样的帮助？

9. 客户使用产品或服务的方式会不会影响产品或服务的寿命或可靠性？

10. 客户是如何修理、维护或丢弃你的产品的？有没有更轻松、简便的办法（或者教会客户使用产品，减少需要修理的次数，或者教会客户自己保养产品）？

好好感受意外

在直觉公司，库克要求营销人员和软件工程师前往客户家中，观察客户是如何下载并尝试使用 Quicken 和 QuickBooks 的。库克要求工程师在观察客户使用产品的时候"好好感受意外"。他所说的"意外"是指看起来不常见的事情，以及客户违背设计者预期行事的情况。例如，库克会告诉他们："如果你看到你没有预料到的事情，就要问：'为什么你会这么做？这样做似乎不合常理，我从来没想到有人会这么做。'"客户经常不得不找一些变通方案，也就是说，他们会用违背设计者预期的方式使用产品，而这些令人意外的变通方案往往就能够提供线索，揭示现有产品或服务的不足之处。库克表示，人必须不断地寻找意外，也就是寻找预料之外的事情，因为人的头脑总是会有意识地修正所见的事物，从而使所见符合我们既有的信仰。为了避免这种倾向，库克提到："在直觉公司，我们教育员工，在观察的时候要问两个问题：'什么事情令你感到意外？''这个意外和你的预期有何不同？'这样问了以后，你才能够真正开始学习和创新。"

科学创新和商业创新中异常事例的价值

多年前，托马斯·库恩写了一本关于科学史的划时代著作《科学革命的结构》。他在书中表示，科学突破之所以会发生，新的改进理论之所以会出现，都有赖于研究者对世界细致入微的观察，指出并解释某个异常事例。[a] 发现一个异常事例，即一个意外事例，对科学家来说是一个契机，这会使他们试图更好地理解某个特定理论，从而重新审视这个理论。通过了解并解释这个异常事例，科学家往往会修正或改进这一理论。例如，早期的学者研究了技术创新对企业财富的影响，得出的结论是，平均而言，对于已经功成名就的企业，渐进创新会使其受惠，而激进变革则往往带来恶果。但是，这个一般性结论遇到了一些异常事例。有的知名企业虽然实施了激进的技术变革，却仍然获得了成功。

为了说明这些意外事件，迈克尔·塔什曼和菲利普·安德森（1986）提出了一种独特的新分类法：增强能力的技术变革（competency-enhancing technological change）和破坏能力的技术变革（competency-destroying technological change）。将变革如此分类之后，许多异常事件就可以被解释了。但是后来的研究者又继续发现了新的异常事件，这些异常事件无法用塔什曼—安德森理论解释。瑞贝卡·亨德森和金·克拉克（1990）将创新分为模块创新（modular innovation）和结构创新（architectural innovation）；克莱顿·克里斯坦森（1997）将技术分为延续性技术（sustaining technology）和破坏性技术（disruptive technology）；克拉克·吉尔伯特（2005）提出了"威胁vs机遇"分类法（threat-versus-opportunity）。[b]每一次出现并解决异常事件之后，如果之前学者的理论无法解释这一异常事件，就会有学者提出以上这些分类法将异常事件归类。可见，对研究者来说，理解并解释异常事件可以形成原创的见解。

库恩想要强调的是：科学研究者中，有人寻求解释并解决异常事件，有人希望避免异常事件发生，前者会比后者更卓有成效地拓宽自己的领域。因此，在科学事业中观察异常事件，和在商业活动中观察意外事件一样，都非常有价值。指出意外事件或异常事件，也就是你没有预料的事件，也许就是打开创新之门的钥匙。

a　Thomas S.Kuhn, *The Structure of Scientific Revolutions*（Chicago: University of Chicago Press, 1962）.

b　Michael L. Tushman and Philip Anderson "Tchnological Discontinuities and Organizational Environments," *Administrative Science Quarterly*, 31,（1986）:439–465.

Rebecca Henderson and Kim Clark, "Architectural Innovation," *Administrative Science Quarterly*, vol. 35, no.1（1990）:9–30.

Clayton Christensen, *The Innovator's Dilemma*（Boston: Harvard Business School Press, 1997）.

Clark Gilbert "Unbundling the structure of inertia.Resource versus routine rigidity," *Academy of Management Journal*, vol.48, no.5（2005）: 741–763.

要注意到不为人注意的事物，就必须调动眼角的余光。创新者正是用余光注意到了经验边缘的事物，从而习惯性地产生新的想法（或者像一位 IDEO 员工解释的那样——"要寻找'极端人群'"）。例如，科瑞·莱德（Corey Wride）曾经在巴西待了很长一段时间，并且观察到一件出乎意料的事情。之后，他就在这个观察的基础之上，成立了 Media Mouth 公司，为客户提供通过看电影学外语的软件。当时，莱德在巴西开设培训课程，帮助巴西学生备考美国研究生入学考试，如 GMAT。在巴西期间，总是有许多巴西人十分急切地想要和他练习英语口语，备考托福考试。每当他发现一个英语说得特别好的巴西人时，莱德就会问他/她是如何学习英语的。（巴西当地有很多英语学习学校，莱德本以为英语水平最高的人是在这些学校学好英语的。实际上，虽然一些英语说得很好的巴西人上过这些学校，但是莱德之后发现，他们并不是英语说得最好的巴西人。）

一天晚上，莱德遇到了茱莉亚·特提妮。20岁出头的特提妮英语说得比莱德见过的任何巴西人都要好。莱德问她是如何把英语学得这么好的。令莱德意外的是，特提妮说自己并没有上过任何英语学校，她的英语说得好，是因为她在看美国电视节目和电影时，会通过模仿演员使用的短语和发音来练习英语。特提妮一开始看美国电视剧《老友记》(*Friends*) 只是为了好玩儿。后来有一次，她在圣保罗的大街上碰到了一群美国人，她意外地发现，自己可以听懂美国人说话，还能与之攀谈。她完全没有正式学习过英语，会掌握这门新的语言技能，是因为她在娱乐的同时不知不觉地学到了知识，这可谓一个可喜的意外收获。后来，莱德发现，和特提妮一样，其他英语好的巴西人也会花大量时间观看并模仿美国电影。(他了解到，即使是有葡语配音，大多数巴西人还是更喜欢看英语原声的美国电影，因为他们喜欢演员真实的声音所传达的真实感。) 这就引出了另一个问题：为什么通过电影学习英语的巴西人并不多呢？答案是，演员语速过快，或者使用了巴西人不知道或不理解的习语或单词。

作为一名训练有素的软件工程师，莱德设计了一个十分有创意的程序。使用这一程序，葡语使用者就可以在看英文电影时，使用以下四个功能：(1) 放慢说话人的语速；(2) 选定单词，听单词发音，或者看单词的解释；(3) 选定习语，看习语的葡语解释；(4) 将演员的声音替换成自己的发音，看看自己的发音听起来是否与演员的发音一致 (网站因此被命名为 Media Mouth)。莱德的商业想法源自对 (上顶尖英语培训学校的) 巴西英语学习者的观察。这些学习者本来应该是学习英语的佼佼者，却没有磨炼出最好的英语技能。

你还可以如何寻找"意外"呢？创意心理学家、IDEO 前员工利昂·西格尔 (Leon Segal) 注意到"创意始于眼见"，这固然是正确的，但是创意并不局限于此。一定要记住，观察所涉及的往往比眼见的更多。关于学习过程的研究反复强调，在我们看到新鲜事物并试图理解这一经验时，多重感官经验具有强大的力量。在体验世界时，我们使用的感官越多，能看见并记住的事物就越多。因此，寻找意外实际上就可以是倾听、品尝、触摸，并同时嗅闻意外的发现。你也许没有听说过崔平（Trimpin），他是一位成功的创新音乐家，他一生都在不断地追问："我们如何突破传统的管弦乐？"他竖起耳朵，不断地搜寻新的声音。他说过："只要看见一样东西，我就能听到它的声音。"崔平注意到了电缆的火花声、地震引起的轰鸣声和其他惊人的声音现象，并运用它们创造了创新的音乐作品，在音乐界获得了奖项。其他创新者也运用了多种感官，发现了新的商业想法。例如，霍华德·舒尔茨在意大利的 Espresso 咖啡吧第一次闻到了醉人的咖啡香，于是着手创办了星巴克。赞果公司的创办人之一乔·莫顿（Joe Morton）在马来西亚第一次尝到了山竹的味道，这也成为他后来的新型健康饮料灵感之一（详见第五章）。总之，在满世界搜寻意外时，一定要记住调动你所有的感官。

走入新环境：星巴克的创新来源

回想一下你的第一次异国旅行，或者在新公司工作的前几天。你当时是否注意到了某些与之前的所见和经历不同的事物？进入一个新环境后，我们会更加仔细地观察身边的事物，因为我们会主动尝试理解不同的新事物。有的人会主动前往新的环境，然后积极地观察发生的事，进而发现新的想法。

例如，星巴克的创始人舒尔茨之所以会想到做咖啡吧，是因为他调动了眼耳鼻舌这些感觉器官。在意大利米兰的贸易展览上，舒尔茨无意中观察到了许多意大利Espresso咖啡吧的情况。他发现那些顾客明显都是常客，而且这些Espresso咖啡吧可以"提供舒适感、团体感，以及一种大家庭的感觉"。舒尔茨又继续观摩了几家意大利Espresso咖啡吧，最后他顿悟了。他回忆道："这实在是太厉害了！我当时就是这种感觉。我们需要做的是，在咖啡吧中释放咖啡的浪漫和神秘。我当时可谓醍醐灌顶，一切就在我眼前。如果我们能够在美国重现纯正的意大利咖啡吧文化，那么也许其他美国人也能像我一样，与之产生共鸣。"[3]

舒尔茨在米兰待了一周，走访了多家Espresso咖啡吧进行观察。之后，他又去了维罗纳，在大街小巷流连忘返，第一次尝到了拿铁咖啡的味道（当时他观察到一名顾客点了一杯拿铁，因为他从来没有听说过这种咖啡，于是也学着点了一杯尝一尝）。他后来回忆道："之前我认识很多咖啡专家，但是没有一个人跟我提过这种饮料。在美国没人知道拿铁。我当然下定决心，一定要把拿铁引入美国。"

有几个主管能像舒尔茨这样，只是因为突发奇想，就花上一周去漫游探索，观察自己感兴趣的事物？如果不是因为乐于在新环境中积极观察，舒尔茨绝不会想到星巴克的创新咖啡零售方式。

果然，我们的研究发现，创新者比常人更倾向于走访新环境，包括去陌生国度旅游，拜访不同的公司，参加不寻常的会议，或者参观博物馆或其他有趣的地方。例如，雷富礼告诉我们，早在成为宝洁公司CEO之前，他在亚洲执行过一次地区任务，有了以下心得：

每次前往中国，我都会去人们购买宝洁产品的商店看一看，然后我会去各家各户看一看。因为中国女性白天通常都要上班，所以我一般是晚上去她们家里。我的惯例是，先去商店，再去各家各户，最后去办公室。这样我就可以大致了解现状了。当然，仅凭一次定性经验并不足以归纳概括。但是像这样规律性地做了五年以后，这些经验叠加起来，加上我的阅读所得，再加上可靠的数据，就产生了一种感觉。因为不懂当地语言，我就像一个人类学家在进行考察一样。我拥有的能力是观察力和倾听技能，我的理解非语言暗示的能力也大大提高了。这样一来，我的观察能力也提高了。异国总是有很多微妙之处供你去感受、理解和做出反应。

回到美国宝洁总部之后，雷富礼发现"因为每个人都说英语，所以可以预知别人的下一句话和下一步行动"，因而很容易变懒。

创新者即使身在本国，也可以在新环境中获得沉浸式体验。他们在展览厅、博物馆、动物园、水族馆和大自然中探索，所学依然颇丰。迪特·古特勒（Dieter Gürtler）是戴姆勒公司（Daimler）的高级工程师，他带领过一个团队专门设计新型空气动力概念车。为了形成新想法，他带领团队成员来到当地一家自然历史博物馆，花一天时间观察鱼类。团队成员试图找到一个想法，打破汽车行业已有的空气动力设想。最后，他们在盒子鱼身上找到了一个出人意料的解决方案。团队成员直接观察了盒子鱼，还与鱼类专家交流，然后他们开始模拟盒子鱼的大小和骨骼结构。最后，他们设计了一款概念车，不但超出预期地减轻了重量，还极大地减少了空气阻力。古特勒如是说："通过观察大自然，你能够形成自己无法独立想出的想法。"[4]

当然，人无法总是置身于新环境。幸运的是，虽然我们认为自己很了解周围熟悉的人和地点，但是，其实这里面蕴藏着丰富的新想法宝藏。问题在于，因为我们总是把事情看作理所当然的，所以有时我们会在最为明显的地方错过最为明显的新想法，并因此错失了创新的机会。彼得·雷沙克（Peter Leschak）是有自己著作的作家，也为《纽约时报》撰稿，他曾这样批评道："我们都是观看者，看电视，看表，看马路上的车流，但是极少有人是观察者。每个人都在观看，但是并没有多少人真的看见了什么。"对每天的生活不动脑筋，这样大脑就会缺乏创造能力。

观察具有改革公司和产业的力量。正如库克告诉我们的那样："在我们的公司里，基本的观察总是能带来深刻的变化。"要想有效地观察，就必须将自己置身于新环境中。这就包括观察消费者，留意他们使用何种产品或服务协助自己完成任务。这也包括留意消费者用于完成这些任务的变通方案，即部分的或不完整的解决方案。还包括寻找可能提供意外见解的意外事件或异常事件。观察者通过指出并深入了解变通方案和异常事件，会有更高的概率发现创新解决方案，用于解决观察到的问题。我们鼓励你培养和磨炼自己的观察技能，并且在培养和磨炼的过程中发现自己能够如何为自己和公司带来深刻的变化。

四个观察技巧

技巧一：观察客户

定期外出观察，仔细观察某些客户是如何使用你的产品或服务的，从而打磨你的观察技能。（可以分次进行观察，每次观察持续 15~30 分钟。）在现实生活情境中，观察真实的客户。试着了解客户的爱憎。寻找会使客户的生活变得更轻松或更困难的事物。客户在尝试完成什么任务？你的产品或服务无法满足其哪些功能、社会或情感需求？客户有何出乎你预料的行为？你可以试着回答我们在本章提出的十个问题。简言之，拿出人类学家的精神，积极地观察一个客户或一个潜在客户，看他是如何从头到尾地体验某种产品或服务生命周期的。

技巧二：观察公司

选择一家公司，然后观察并效仿这家公司。可以选择一家你推崇的公司，如苹果公司、谷歌公司或维珍公司，也可以选择一家刚起步但具有创新商业模型或破坏性技术的公司。将这些公司当作商学院的案例来分析。尽己所能，找出这家公司所做的一切，以及它做事的方式。有可能的话，想办法安排一次考察，亲自到这家公司研究其策略、运营和产品，以寻找类似异花授粉的机遇。发现这家公司的新奇之处之后，请你扪心自问："在这些想法中，有没有经过改造可以转用到我们公司或产业内的想法？这个策略、手段或活动和我的工作、我的公司乃至我的生活有何关联？有没有哪些想法可以对我所在的产业提出有关人物、事物或方式的问题？"

技巧三：观察所有能激发想象的事物

每天抽出十分钟只为了细致地观察某个事物。认真记录你的观察所得。然后，想想你的所见如何才能引申出新策略、新产品、新服务或新的生产程序。当你在外观察世界时，在笔记本上写下你的几个关键性的观察和想法，过一段时间之后再回顾笔记。随身携带一个小照相机（或是摄像机），拍下有趣的事物。相机可以提醒你观察，并记下你周围的事物。（亚马逊的贝佐斯透露，他时常拍下"极其糟糕的创新产品"，这是为了储备想法以创造更好的东西。）

技巧四：调动所有感官去观察

观察客户、公司和其他任何事物的时候都要调动所有的感官（包括视觉、嗅觉、听觉、触觉和味觉）。通过进行"黑暗中对话"（Dialogue in the Dark）[安德烈亚斯·海内克（Andreas Heinecke）发明的一个练习]，以及"无声对话"（Dialogue in Silence）[安德烈亚斯·海内克和其夫人欧娜·科恩（Orna Cohen）发明的一个练习]，你可以依照步骤调动所有感官。在这两个练习中，参与者会被蒙上眼睛或被捂上耳朵，在黑暗或无声的环境中（可以在永久展览厅内进行，也可以在任何一家餐厅里进行）进入一个完全不同的黑暗或无声世界。另一个比较随意的调动感官的做法是直接有意地注意某种感官感受。例如，下次拜访客户的时候（就像舒尔茨在意大利做的那样）注意一下自己闻到的味道，或者下次吃饭的时候有意细嚼慢咽，慢慢地品味每一口食物，只关注食物的味道、口感和香味。抑或触摸某种产品的时候（可以是在使用的时候，也可以是在试着了解其运作机制的时候），注意感受一下它的真实触感。学习如何观察时，要密切注意这份体验有可能触发的创造性想法。一定要将观察所得（所见、气味、声音、触觉和味道）记录在想法日志上，以备日后进一步探索。

第五章
发现技能四：交际能力

> "仅凭一己之力，没有他人的想法和经验刺激，即便做得再好，也微不足道，单调无聊。"
>
> ——阿尔伯特·爱因斯坦

要跳出常规思考，就要将个人的想法与来自其他领域、依据不同常规思考的人得出的想法相结合。创新者通过广泛的人际关系网络，花费时间和精力寻找并检验想法，从而得出极为不同的观点。典型的以执行为己任的主管与人交际的目的是获得资源，推销自己或公司，或者是为职业生涯添砖加瓦。但是创新者不同，他们会走出自己的行业和领域，结识拥有不同背景和观点的人，以此拓宽自己的知识面。

多年前，迈克尔·拉扎里迪斯创办了一家小型技术公司，名为RIM公司。1987年，拉扎里迪斯参加了一个贸易展，希望能够寻找到新的想法。当时他的公司羽翼未丰，只有一个项目：他和通用汽车公司签了一个合同，负责提供技术，让通用汽车公司生产线上的大幅 LED（发光二极管）显示屏向工人滚动播出信息和最新消息。拉扎里迪斯知道，他的新公司需要更多的合同、更多的技术，因此他来到贸易展，想看看能发现什么新的想法。

在贸易展期间，一家名为都科摩（DoCoMo）的公司的发言人描述了一个为可口可乐公司设计的无线数据系统。安装了该系统的自动售货机在缺货时会自动发送无线信号请求添货。（这一技术形成的时候，个人计算机才刚刚兴起，手机还没有普及，当时向机器发送无线数据是尖端技术。）拉扎里迪斯回忆道："就在那一刻，我突然想到了……我想起我读高中时老师对我说的话。他说：'不要太沉迷于计算机技术。如果能够把无线技术和计算机结合起来，那才叫别出心裁的发明。'"

那一刻，拉扎里迪斯想到创造一个互动传呼机，这种产品能够让人们互相通过无线技术传输数据和信息。于是黑莓手机制造商 RIM 公司将 LED 显示屏播出信息的技术卖给了科曼技术公司（Corman Technologies），将全部精力集中在如何使用无线技术创造互动传呼机上。这种传呼机就是 RIM 的龙头产品黑莓智能手机的前身。拉扎里迪斯告诉我们："我意识到这就是我想要做的事情，从那以后，这就成了我们公司的唯一业务。老实说，我们从没后悔过。"

拉扎里迪斯的经历说明了与各类人交谈和互动的价值，这些人可以为你提供独特的知识和新鲜的视角。如果拉扎里迪斯没有参加那个贸易展，没有听到那个发言，结果会如何？又或者，如果他没有和老师谈过，老师没有告诉他想办法将无线技术和计算机结合，结果会如何？能够跳出常规思考的人，常常会和其他领域的人交谈，以获得新的想法。拉扎里迪斯现在还在继续运用想法交际网设计新款黑莓手机，他还在和各行各业的人交谈，希望能够了解技术潮流，找到新的想法。

做一个想法交际者

有的读者也许会想："我很会交际，我的创新能力却不强。"这也是很有可能的，但是这大概是因为你和许多成功的主管一样，是我们所称的资源交际者，而不是想法交际者。大多数主管参与交际的目的是推销自我、推销公司，或者和有对口资源的人建立联系。相反，创新者较少会为了获得资源或发展职业生涯而参与交际。他们与人交际时，会通过与有各类想法和观点的人交谈，积极地深入搜寻新想法和见解（见图5-1）。我们对创新者的研究表明，在想法交际能力上，创业型企业家和企业型企业家比产品型企业家略胜一筹，比程序型企业家和非创新者高出许多。如果你想成立一家创新型的新公司，交际是一项很重要的技能，它对

以发现为动力的主管	以实现为动力的主管
• 为何交际：想法 ——了解新的惊人事物 ——获得新的观点 ——"在程序中"检验想法	• 为何交际：资源 ——获得资源 ——推销自己或公司 ——推进职业生涯
• 交际目标人群： ——不同于自己的人 ——背景和观点十分不同的专家和非专家	• 交际目标人群： ——与自己类似的人 ——资源充足、有权有地位有影响力的人等

图5-1　以发现为动力和以实现为动力的主管在交际上的区别

形成新想法和调动资源都很重要。大体而言，创新者的得分大约在77%左右，而非创新者的得分在47%左右（见图5-2）。

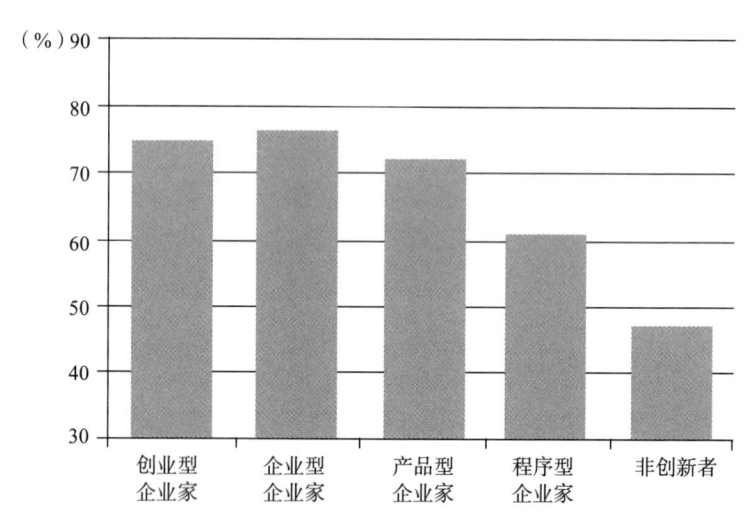

图5-2 不同类型创新型企业家和非创新者想法交际技能的比较

想法交际的基本原则和资源交际的不同：进行想法交际是指你要与你平时的社交圈子以外的人互动，借此建立起通向不同知识领域的桥梁。易趣的皮埃尔·奥米迪亚告诉我们，他会在意想不到的方向上，从非专业人士（和专家）那里寻找见解。他说："我重视来自不寻常之处的想法。更通俗地说就是，比起和CEO交谈，我更愿意和收发室的人交谈。我要寻找背景广、思考方式多样的人。我想让自己接触到一些不同的思考风格。我从这些不同的方向上获得信息时，并不限定目标，也不会有的放矢。"

为了实现这一目的，奥米迪亚和其他像他一样的创新者会有意识地努力结识有多种教育背景的人，来自不同国家、行业和业务职能板块的人，不同年龄段、不同族裔背景的人，等等。创新者似乎生来就知道，新的想法往往源自与不同的联系人网络中的人交谈。

芝加哥大学的社会学家罗恩·伯特（Ron Burt）将这种交际视为弥合不同社交网络之间的"结构洞"（Structural Hole）或是"鸿沟"的努力。伯特研究了美国某家电子公司中的 673 位经理，发现有的经理的联系人网络更广，而且这些联系人并不包括公司其他经理，这类经理无一例外地都被认为能够形成极受重视的想法。[1] 伯特写道："那些能够跨越结构洞（社交网络鸿沟）建立起人际联系的人，可以早一步获得广泛的、往往是互相矛盾的信息和阐释，这样他们就具备了一项竞争优势，他们能够从中看到并形成好的想法。走出自己的人际圈子去交际的人能够形成有价值的想法，这样的人看上去似乎有创造的天赋，但他们的创造力其实不是与生俱来的，而是通过'输出—引进'得来的。一个想法在这个群体中是平淡无奇的，在另一个群体中也许就是宝贵的。"伯特还发现，这些"极受重视的想法"会带来高回报：人际关系网更广的管理者的工作业绩评价更高，工资更丰厚，升职也更为频繁。

乔·莫顿是保健和营养品行业的企业家，他在一次去马来西亚的旅途中产生了一个价值 10 亿美元的想法。他的经历可以说明搭建通往不同社交网络的桥梁是如何促成创新的新想法的。

如图 5–3 所示，莫顿在保健品和营养品行业中与许多人的直接联系（由直线连接的圆圈表示）。莫顿还曾在马来西亚住了大约一年，从马哈提等本地人那里了解了马来西亚人使用何种保健品和营养品。（图 5–3 中的"马哈提"代表的是与莫顿交谈过的许多人。）莫顿告诉我们："许多马来西亚人提到了两种本地水果，一种是水果之王榴梿，他们认为榴梿可以暖身；另一种是水果之后

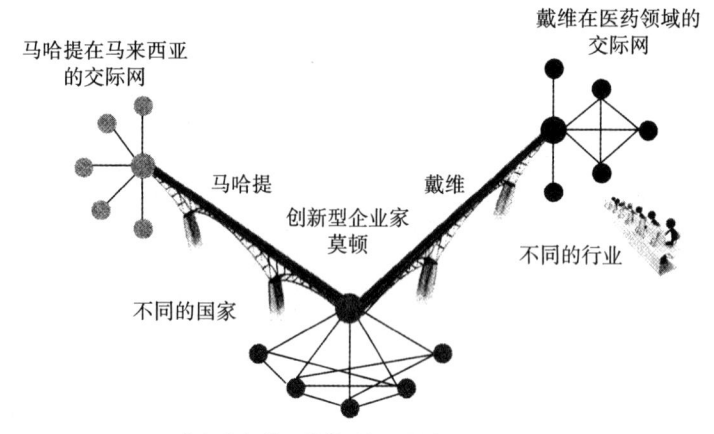

图 5-3　在社交网络间搭建桥梁以获得新想法

山竹,他们认为山竹可以去火,使身体恢复平衡。虽然东南亚人钟爱榴梿,我却觉得榴梿气味难闻。但是山竹很美味。本地人说,山竹的壳有益健康,可以健体消炎,还可以缓解胃部不适。"

莫顿在保健品和营养品行业经验丰富,却从来没听说过业内有使用榴梿或山竹制成的产品。因此,他联系了在犹他州大学医学院读博士的兄弟戴维,看看在医学领域是否有关于山竹或榴梿保健功效的科学研究。于是,戴维在医学领域搜索了针对这两种水果保健功效的研究。

通过戴维,莫顿了解到,虽然医学领域没有针对榴梿的医学研究,却有许多研究指出,氧杂蒽酮有保健功效,而山竹恰恰富含这种多酚化合物。这种物质的保健功效中就有马哈提和其他马来西亚人所说的消炎功效。2002 年,莫顿借这个信息和在保健品和营养品行业的联系人网络成立了赞果公司,公司包括另外两位赞果创始人亚伦·嘉利提和他的兄弟戈顿·莫顿（Gordon Morton），出售赞果饮料（山竹汁）。赞果的产品新颖，又使用了创新的交际营销策略，因此仅仅用了6年就发展为一家价值10亿美元的公司。

如果莫顿没有和马来西亚的马哈提及其他本地人聊天，就不可能产生生产山竹汁的想法。莫顿将两个交际网络联系起来，一个是他在美国保健和营养品行业中的联系人网络，另一个是了解多酚花草和水果用处的马来西亚本地人。这二者一结合，就产生了一个非常成功的新产品想法。

和莫顿一样，许多创新者称，通过走访，或者（最好是）住在异国，他们在和当地人交谈时产生了新的想法。当我们身处与熟悉环境十分不同的环境中时（不同的国家、公司、行业、民族等），我们更有可能与不同社交网络中的人互动。置身于新环境使我们敢于问一些傻问题，弄清楚事物是如何运作的，以及为何要这样运作。

这一类交际往往能够让我们与灵感不期而遇。我们研究了新想法是如何从交际中来的，其中大约有一半幸运的企业家是无意中撞上这些想法的。克里斯·约翰逊（Chris Johnson）是泰拉诺娃生物系统公司的创始人之一。该公司用一种细菌吞噬土壤中的污染物，帮助客户公司用环保的方式清理土壤。该项目诞生的契机是某日约翰逊参加了一次邻里间的烧烤联谊，有人和他提到了用微生物解决污染问题的方案。于是，他联系了发明这种微生物除污方案的微生物学家，了解了如何使用细菌吞噬污染物。约翰逊和其他创始人最终发明了一项专利程序，可以快速、低成本地用环保的方式清除大面积的污染物。约翰逊参加烧烤联谊的目的是结交朋友，而不是寻找新的商业想法，更不是了解吞噬污染物的细菌！但是和许多创新者一样，他把握了每一个机会，和新认识的人交谈，看看自己能学到什么。这个习惯一次又一次地让他和新奇想法不期而遇。但是，高效的想法交际者也会订立计划以寻求想法，包括定期与其他领域的专家交流、参加交际活动、建立由富于创新精神的知己组成的私交圈子。

结交不同领域的专家

我们发现，如果创新者尝试结交不同知识领域的专家，那么目的明确的交际往往卓有成效。马萨诸塞州诺顿镇的 CPS 技术公司（CPS Technologies）是先进材料行业位于创新前沿的公司之一。该公司发明了高端的创新陶瓷复合材料，这种材料在许多方面优于传统材料，例如导热性能更好、硬度更高、重量更轻。CPS 的创始人、科学家肯特·鲍恩（Kent Bowen）将交际奉为头等大事。在他创立的公司里，每间办公室都挂着这样的信条：

> 在解决我们面临的许多具有挑战性的问题时，我们所需要的想法往往源自我们的行业和科学领域之外。我们必须主动出击，将其他领域和行业的成功和进展融入我们的工作，并引以为豪。

鲍恩面对技术挑战时最喜欢提的问题是："从前有谁遇到过或解决过这样的问题？"他会主动地寻找其他领域和学科的人，了解他们在做什么、知道些什么，看看这些和公司所面临的问题有无关联。因此，CPS 的科学家通过与其他行业的人交谈，解决了许多复杂的问题。

例如，CPS的陶瓷复合材料是由同类微细粒材料组成的（氧化铝和碳化硅），这些材料是由浆液黏合的（举个浆液的例子，即将水泥和水混合在一起，最终做出混凝土）。要想制出坚硬的无缺陷陶瓷产品，就必须将这些微细颗粒均匀地分散排列。但是，如何通过化学方法实现这一点，对于当时世界上众多优秀的胶体科学家来说是个难题。鲍恩发现，相机胶卷生产商能够将微小的卤化银颗粒均匀分布在胶卷上，于是CPS在相机胶卷生产商宝丽来那里找到了一位高级聚合物化学家。这位化学家为CPS提供了新知识，帮助CPS在几周内解决了问题，生产出了更为坚硬的复合材料。

CPS还通过与"冷冻精子"专家交流，解决了另外一个重要的产品质量问题。当时，CPS的科学家观察到，将陶瓷浆液注入模具中并进行冷冻会形成冰晶，这些冰晶会导致复合材料上出现裂缝，就像混凝土裂缝一样，因此这是个很严重的问题。一位CPS的工程师在一份科学期刊报告上发现，进行人工授精的生物学家也经常遇到这样的问题。掌握冷冻精子技术的专家知道如何在冷冻精子时防止细胞内形成冰晶。于是，CPS联系了这些专家，学会了他们的技巧，然后将这个技巧运用到了CPS的制造程序之中。这些创新结合起来之后，取得了令人瞩目的成功，使CPS能够生产出世界上最坚硬、最轻的陶瓷复合材料。CPS能够形成创新的想法，鲍恩这种积极联系其他行业和学科的做法功不可没。

虽然与其他领域的专家交际有如此之多的好处，但直觉公司的斯科特·库克警告我们，有时候和专家交流并不是形成创新的上策。库克警告说："有的难题和新商业想法会彻底扭转已有的范式，因此和坚持现有范式的人交谈只会巩固现有范式。我发现，要想颠覆范式，最好是通过观察顾客或市场动向来获得想法，而

第五章　发现技能四：交际能力

不是和专家交流。"重点在于,虽然从专家那里获得新想法和新观点可以催生创新的想法,但是其实专家已经被灌输了某种特定的观点,而这种观点未必就是正确的。因此,在和专家交流的时候,你需要问他们一些违背直觉的问题,挑战所谓的"专家"。然后,在仔细倾听时,不忘记带着几分恰到好处的怀疑。

参加交流大会

在第一章中,我们注意到弗朗斯·约翰松将跨学科的联系称为"美第奇效应",指的是意大利文艺复兴时期发生的创造力大爆炸。已退休的理查德·索尔·沃曼(Richard Saul Wurman)是 TED 大会的创始人,他就像当年的美第奇一样,创造了一个平台,使各领域的专家可以分享尖端的想法。1984 年,沃曼注意到技术、娱乐和设计开始融合,于是创造了 TED 大会这样一个"想法加速器",使来自广阔背景的智者可以谈论自己正在进行的新项目。在一年一度的会议上,发言人和听众会共同参与这一年一度的想法碰撞,并创造出更好的想法。秉持着改变世界的共同信念,来自广阔背景的智者彼此建立联系,如此一来,TED 大会演变成了一个发人深思的论坛,能够形成有力的新想法(正如比尔·盖茨所言,"与会者的智商联合起来,令人叹为观止")。

创新者倾向于频繁参加类似 TED 大会、达沃斯论坛(或其他世界经济论坛的活动)和阿斯彭思想节等想法大会。我们访问的许多创新者都是这类活动的常客(例如,杰夫·贝佐斯就经常参加 TED 大会)。这些大会能够使全世界的企业家、学者、政治家、冒险家、科学家、艺术家和思想家会聚一堂,展现他们最新的想法、追求和项目。这些会议的设计初衷是要唤起多个领域想法的交流和辩论，参加一场这样的会议，你就有可能产生概念的碰撞，从而大大提升你的联系技能。

参加你所在行业或专业领域之外的主题会议也可以帮你激发新的想法。我们访问的一位欧洲交通业的主管碰巧住在一个大城市的会展中心旁边。他每天上班都会经过这个会展中心，但是他从来没有进去看过。有一天，他注意到会展中心外面有一个会议通知，这个有关养蜂的会议和他的领域毫不相干，不知为何，这个主题引起了他的兴趣，让他走进了会展中心。令他惊讶的是，他将一个养蜂的想法运用到了自己的行业中，想出了一个创新的解决方案应对现有工作的挑战，这次经历也就成了一次无价的经历。从那之后，他频繁地参加自己领域以外的会议，只是为了学习一些对他而言完全新鲜的知识。

大卫·尼尔曼是捷蓝航空和阿苏尔航空的创始人。他通过在会场或其他地点与人交流，为捷蓝航空发现和提出了许多关键的想法，如在每个座位后安装卫星电视，让订票员在家工作等。此外，巴西航空工业公司（Embraer）还专门为捷蓝航空设计了100座飞机。尼尔曼说："我总是在想，'我一定要改进每个飞机座位后面的小口袋'。于是，我和很多公司的很多人谈论了各种休闲选择。那是在我创立捷蓝航空的早期，有一天某人对我说：'你看这个宣传册，上面说有家公司可以在飞机上直播电视节目。'于是我说：'就是这个了，这就是我们想要做的。'"

尼尔曼不仅跟进了这个建议，还买下了提供飞机卫星电视技术的LiveTV公司。由于该公司是唯一一家拥有此技术的公司，尼尔曼的收购让竞争对手无法向乘客提供卫星电视服务，这就为捷蓝航空赢得了一项竞争优势——任何想要为乘客提供卫星电视的航空公司，都必须先向捷蓝航空购买此技术。

在参加一个小型航空行业会议的时候，有人提醒尼尔曼注意一下巴西新兴的小飞机制造商巴西航空工业公司的能力。尼尔曼当机立断飞到巴西，走访巴西航空工业公司，看看捷蓝航空是否能从中找到机遇。在此期间，尼尔曼发现可以让巴西航空工业公司为捷蓝航空专门设计一款新型的100座飞机，用于中型城市的航线。这款100座飞机可提供卫星电视，座位宽敞舒适，和50座的区域班机比起来更加吸引乘客，同时又比波音（Boeing）和空中客车（Airbus）的大飞机更加经济。在协议中，捷蓝航空买下了巴西航空工业公司100座飞机生产设备的两年使用权。之后，双方又签订了一个合同，避免巴西航空工业公司以低于捷蓝航空的出价销售100座飞机。

除了参与会议，有些创新者还会在公司内部制造交际机会。例如，理查德·布兰森在成立维珍音乐公司的时候创造了一个想法交际程序，他买下了一座古堡，将其改造成一个娱乐业各类人士交流的中心，这些人包括音乐家、艺术家、制作人、电影制片人等。布兰森知道，在维珍内部创造交际机会可以促使人们交流，而这些交流就有可能使人们迸发创新性想法的火花。

建立私人交际圈

我们发现许多创新者都建立了一个小型人际网络，在他们想要寻找或检验新想法的时候，就会去找这些"随时恭候"的朋友。例如，创新型企业家杰夫·琼斯（Campus Pipeline 和 NxLight 的创始人）和艾略特·雅各布森（Eliot Jacobsen，来自广告公司

RocketFuel Ventures）说，他们喜欢聚在一起"即兴演奏"（就像演奏乐曲或爵士乐一样），看看能不能找到新的想法。琼斯告诉我们："我有几个这样的朋友，我需要补充创新能量的时候，就会和他们聚一聚。艾略特·雅各布森就是这样的朋友之一。我们在一起的时候，可以焕发彼此的活力，借鉴对方的想法。"雅各布森表示同意并补充道："我喜欢和几个包括杰夫·琼斯在内的人定期聚会，因为我们在创意上可谓一拍即合。"

类似地，我们发现许多创新者都有一个小型的创意知己圈子。每当需要新鲜想法或者现有的想法需要被人挑战时，他们就会加强交流。这个圈子通常较小（如少于五人），但有些创新者也会积极地建立更大的人际网络。有位创新主管告诉我们，在过去的数年中，他在其他行业结识了二三十个人，组成了一个"厨房内阁"，作为自己的创新参谋。每年，他至少会打一次电话问他的"厨房内阁"："现在又在为什么事情熬夜？"他说："他们大多数人有自己的公司，或者在行业里任高管，因此有很多具体的事情可以跟我谈论……在与这些人的对话中，我试着将潮流或方向整合起来。有时候，这些碎片会自动连起来，新的想法就会清晰地出现在我面前。"

即便交际如此重要，但很多高管还是会面临一个特殊的挑战，即难以与他人推心置腹地谈论新想法。毕竟这里面牵涉知识产权的问题，而且高管们往往难以挑战公司的现状，因为这种现状通常是他们亲手促成的。一位创新型 CEO 告诉我们："作为 CEO，没有多少场合能够让你公开谈论根本性的担忧。因此，我自己成立了一个私下的圈子，圈子里都是一些老资历的高层，我们可以随意地说出想法。如果有些直觉或猜测不正确，我们就把它们抛诸脑后。做了 CEO，就必须注意自己在公开场合的言语，还要注

第五章　发现技能四：交际能力

意谈话包含的对象。因此，至少对我来说，为了想法而交际必须在私底下进行。"正因为如此，建立一个信得过的知己圈子是很重要的，因为其中被讨论的问题具有关键且敏感的战略价值。建立一个自己信得过的、涵盖广泛的想法网络，这件事最好能够在你的整个职业生涯不断进行，因为和广泛的人群建立人际关系是需要时间和经验的。然而，如果你把握得当，一个小型的私人创造知己圈也可以产生很高的回报。

有效的想法交际可以帮助创新者创造新的程序、产品、服务，乃至带来积极回报的商业模式。在这些网络里进行多次对话之后，创新者可以获得见解和提炼过的想法，之后其脑中往往就会出现一个新的想法。迈克尔·戴尔这样说过："我常常觉得难以解释戴尔公司是如何创新的，因为我们是协作创新的，我们会吸取所有人的想法。总是有人说：'嘿，这个怎么样？那个怎么样？'等到完成任务以后，我们不能说'这是谁和谁的想法'，因为最后的成果上印了27个指纹。"到了最后一步，想法是谁的并不重要，重要的是在想法交际的过程中，想法有没有得到发展。

交际补充：你能忍受闭门羹吗

现在，你已经了解了交际的重要性。但是，如果你和大多数人一样，就很有可能还是没有做任何定期交际的计划。结识新人，说起来容易做起来难。是什么在阻碍你迈出这一步呢？坦白地说，也许是因为你缺乏自信，所以难以主动接触你不了解的人。你也许会吃闭门羹。实际上，闭门羹是免不了的，有时候你在提议见面或对话时就会被拒绝，有时候你是在提建议之后被拒绝的。那么，在提议的时候，你要怎样做才能使被拒绝的可能性降到最低呢？你可以告诉那个你想结交的人："我对你的想法很感兴趣。我对你的观点很感兴趣。"这样就可以唤起这个人帮助你的意愿，或者满足他被认为是专家的心愿。大多数人在被征询意见和想法时都会有满足感。一定要让他们知道，你是对他们的想法感兴趣，而不是对他们的资源感兴趣。

在争取到和某人交换想法的机会之后，如果你想在以后继续与其进行对话，就要达到一个目标：让别人觉得你有趣。怎样才能做一个有趣的人呢？有两个方法或许可以帮助你。第一，知识广博是十分重要的。如果你行过万里路（去过中国、澳大利亚、意大利），见识经历甚广（演过百老汇剧目，试过潜水），读过万卷书（读过小说、历史，以及其他各个领域的图书），或者朋友遍天下（"是的，我认识××，我们在××见过"），你就更有可能使他人对你感兴趣。第二，准备一段完美的介绍词，用以引出你的想法。如果你能针对你想要解决的问题或挑战，说出许多有趣的故事，就能激发他人的兴趣。能够就多种多样的主题说出简短而有趣的故事，可以提高你的有趣程度。当然，表现得风趣机智也很不错，只是你需要做一些练习才能做到这一点。

与不同社交网络的人攀谈最有可能激发创新的想法，这就意味着要和来自不同业务职能部门、不同公司、不同行业、不同国家、不同民族、不同社会经济群体、不同年龄群体（下至18岁、上至80岁）、不同政治团体及不同宗教团体的人交谈。只要网络广了，想法就多了。参加如TED大会这样的想法会议，可以极大地丰富你的网络多样性。此外，在遇到某个特定问题时，问问自己："以前有人遇到过这样的问题吗？"然后试着与这些人交谈。

六个交际技巧

我们建议你开展以下活动，以练习并加强自身的想法交际技能。

技巧一：使你的网络多样化

列一张名单，写下你想要找出或改进某个新想法时会联系的10个人。行动起来，现在就写好这张单子。在这些人中，有几位可能有与你截然不同的背景或观点？例如，有多少人是青少年，或者年龄大于75岁？有多少人是在异国出生长大的？有多少人来自与你不同的社会经济群体？如果你现在列出的想法交际网络并不大，也很单一，你就需要使这个网络多样化。解决方式是确定并拜访几位表5–1中的在某些或所有方面都和你不同的人。

技巧二：制订一个"用餐交际"计划

每周至少安排一次和不同背景的人用餐。雅各布森每周都会安排和某个新结识的人吃早餐、午餐或晚餐。他说："我也会和认识的人见面，这些人往往很有创造力，能够提出不同的观点。交际对我的成功来说很重要，它有助于我产生新的商业想法，而用餐时间就是我的交际时间。"如果你想了解更多用餐交际的要点，可以阅读基思·费拉齐（Keith Ferrazzi）的《别独自用餐》（*Never Eat Alone*）一书。

表 5-1 使你的想法网络多元化

姓名	国籍	行业	性别	职业	在组织内的级别	年龄（至少比你年轻或年长20岁）	政治观点	社会经济情况
1.								
2.								
3.								
4.								
5.								
6.								
7.								
8.								
9.								
10.								

注：选出与你截然不同的人，并与之交谈一次。

技巧三：每年至少参加两次论坛

选择一个与你的专业领域相关的论坛，然后选一个与你的专业领域不相关的论坛。努力结识新人，了解他们面临的难题和问题，征求他们对你面临的难题和问题的想法与观点。

技巧四：建立一个创意社区

挑几个你认为乐于讨论新想法并能激发你的创造性思维的人，成立一个创意社区；选定一个有创意的见面地点用于交换想法和拓展新想法；定期聚会（至少一月一次），讨论潮流和新想法。

技巧五：邀请行外人

每周带一个不同背景（不同的职能部门、职业、公司、行业、国家、年龄、民族、社会经济群体）的聪明人与你和你的团队共进午餐，征询他/她对你们的创意挑战的看法，请他/她就你们的想法发表观点。或者定一个想法开放日，邀请2~4个观点不同的人，包括初次接触此情况的非专家，请他们表达他们的想法和观点。

技巧六：和专家交互培训

找几个不同职能部门、行业或来自不同地区的专家，参加他们的培训课程和会议，感受他们的工作和领域。（例如，谷歌和宝洁的营销经理曾经花一个月的时间交换岗位，深入了解对方的领域，同时寻找新的方式挑战彼此领域内根本性的前提。）

第六章
发现技能五：实验能力

> "我没有失败过……我只是发现了一万种不管用的方法而已。"
>
> ——托马斯·爱迪生

大多数人听到"实验"这个词，就会想到穿着白大褂在实验室做实验的科学家，或者像爱迪生一样伟大的发明家。和爱迪生一样，商业创新者也会通过创造产品原型和开展试点测验，积极地尝试新的想法。但是和科学家不一样的是，他们不在实验室工作，因为世界才是他们的实验室。除了创造原型，他们还会尝试新的体验，拆解产品和程序，目的是搜寻也许会激发创新性想法的新数据。优秀的实验者知道，虽然提问、观察和交际能够提供过去的数据（过去是什么情况）和现在的数据（现在是什么情况），但是要搜集关于未来可行方案的数据，最好的方式是实验。换言之，在我们寻找新的解决方案时，实验是回答"如果……，会怎样"的最佳方法。通常，获得向前推进所必需的数据的唯一方法就是做实验。美国统计学会前任主席乔治·博克斯（George Box）注意到，"要想知道一个复杂的系统在被更改后会如何运转，唯一的办法就是更改它，然后看它如何运转"。他因此肯定了实验塑造未来的力量。这也正是实验对于破坏型创新者的意义。实验能够给创新者提供关键数据，说明他们的想法在实际中表现如何，还能够帮助他们一点点地塑造出革命性的商业模型。

实际上，亚马逊的创始人杰夫·贝佐斯在华尔街投资公司D. E. Shaw工作时，其工作的一部分就是尝试新的商业机会。1994年5月，贝佐斯正在曼哈顿市中心39楼的办公室里探索当时还不成熟的互联网。在浏览网页时，他发现了一个计算互联网使用增长情况的网站。贝佐斯当时简直不敢相信自己的眼睛，因为这个网站称互联网的年增长率为2 300%。他后来说："这真是一语惊醒梦中人。要知道，人类是很难理解指数增长的，因为日常生活中没有这样的事情。"那么，这个被称为"互联网"的新鲜事物能够带来怎样的商业机会呢？

贝佐斯开始问自己一系列的问题：人们会远程购买什么物品呢？什么东西是人们更愿意邮购而不是到店里购买的？他研究了前20种人们会通过邮购购买的物品，他发现人们愿意通过互联网购买"标准产品"，即与人们的期待无差别的产品。贝佐斯发现，这份清单上并没有图书。这令他感到意外，因为图书似乎是可以被归类为"标准产品"的。研究之后，他发现其原因是纸质图书过多，而一本购物册无法包含所有图书信息。如果包含所有图书信息，购物册必然厚重而昂贵，也就无法邮寄给消费者了。在贝佐斯看来，互联网是提供图书信息的好工具。他觉得自己已经有足够多的数据，可以做一个实验，看看能不能通过网络成功地售卖图书。

一年之内，贝佐斯成立了亚马逊网站，他称之为"全球最大的书店"。亚马逊利用图书批发商英格拉姆来存货和发货，不需要任何对书店、库房或库存的投资，就能够提供丰富的图书供顾客选择。但是，贝佐斯的梦想不只是卖书。早在亚马逊开始盈利之前，贝佐斯就看到了公司有成为在线折扣零售商的机会，可以出售从玩具到电视机等一系列产品。因此，他决定冒险赌一次，在全美范围内建造总面积为85万平方英尺[①]的库房。起初，该库房的使用率仅为10%。这个消息一出来，亚马逊的股价应声跳水。分析师无法理解为什么公司要放弃之前的"无实体机构"商业模型。

今天，亚马逊是在线折扣商店中的领军者，有多条产品线和高效的存货与运营能力。最重要的是，亚马逊现在不仅是一家物流公司，还是有其他卖家产品的虚拟商城，这和贝佐斯最初的商业想法比起来，已不可同日而语。然而，贝佐斯还在不断地实验商业模型。2007年，亚马逊发布了电子阅读器Kindle，这一实验又一次成功地给公司带来了变化。亚马逊不仅是销售其他公司产品的零售商，更生产出了极受欢迎的全新电子产品（直到2010年iPad推出之前，Kindle一直占据着90%的市场份额）。现在，贝佐斯又在用云计算服务（亚马逊EC2）改革亚马逊。为运行在线零售业务，亚马逊斥巨资购买了服务器和计算设备。利用这一巨额投资，亚马逊向其他公司低价出租数据存储和计算设备。据估计，硅谷现在有25%的中小型公司在使用亚马逊的云计算服务。

贝佐斯对实验的爱好源自何处？有一部分明显是与生俱来的。

---

① 1平方英尺约等于0.09平方米。——编者注

他从小就喜欢动手操作各种物品。有一次，他觉得不想再睡在有护栏的儿童床里了，就试着用一把螺丝刀把它拆开了。12岁的时候，贝佐斯十分想要一个叫"无限筒"的新鲜玩意儿。这个玩具由一组带引擎的小镜子组成，镜子互相反射，里面的图像看起来似乎是无穷无尽的。贝佐斯非常想要这个小玩意儿，但是这个玩具太贵了。于是，他买了一些镜子和其他部件，在没有任何说明指导的情况下，组装成了自己的"无限筒"。除了这种与生俱来的实验偏好，贝佐斯认为每年夏天去祖父母的牧场也让自己有时间磨炼和培养实验技能。他告诉我们："在农场帮祖父修东西，使我对自己的创造能力有了充分的信心。祖父经常缺钱去找人修东西，所以我们就得自己动手。有一次，我仅仅凭着一沓3英尺[①]高的邮购说明手册，就帮他修好了一辆卡特彼勒牌的拖拉机。尝试一种方法失败后，你自然就会学着重新组合，换种方法再试。"

从亲身经验中，贝佐斯学到了一点，那就是实验对创新来说十分重要。因此，他尝试在亚马逊将实验机制化。他告诉我们："实验是创新的关键，因为实验结果往往不随人愿，因此我们可以从中学到很多。我鼓励我们的员工勇闯未知路，大胆进行实验。我们试着降低实验的成本，这样就可以做更多次实验。如果能够把实验的次数从100次提升到1 000次，创新的数量就会大大增加。"

三种实验方式

我们发现，创立新企业的创新者和发明新产品的创新者最擅

[①] 1英尺约等于0.30米。——编者注

长做实验（见图6–1）。这个结论并不令人意外，因为创业型企业家和产品型企业家一般都是从零开始，创造一个新事物，然后投放到市场上的（他们在冒险倾向上的得分更高）。在所有的发现技能中，我们发现实验是最能够区分创新者和非创新者的。非创新者的实验技能得分仅在39%左右。因此，如果你想找到一个热爱创造和创新的人，不妨先测试一下他的实验技能。

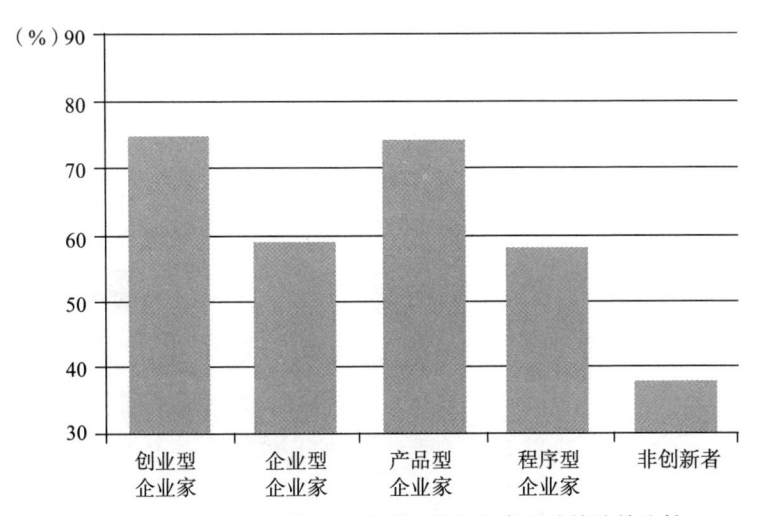

图6-1 不同类型创新型企业家和非创新者实验技能的比较

样本事项：
1. 过去常常拆解物件以了解运作原理。
2. 频繁通过实验创造新的做事方式。

我们研究的大多数创新者都至少会进行三种实验中的一种（见图6–2）。第一种是通过探索尝试新的体验，如史蒂夫·乔布斯会去印度的修行所待一段时间，或者在里德学院上英文书法课。第二种是拆解，包括动手拆解和动脑拆解，如迈克尔·戴尔在16

岁时拆了一台个人计算机（后文会详述此事）。第三种是通过试点和产品原型检验一个想法。例如黑莓手机的发明者迈克·拉扎里迪斯在高中时尝试用电线、电流和化学药品建立类似电影《星球大战》中的力场。我们发现，创新者经常是在实践以上三种不同的实验方式中的一种时，产生了自己最好的想法。

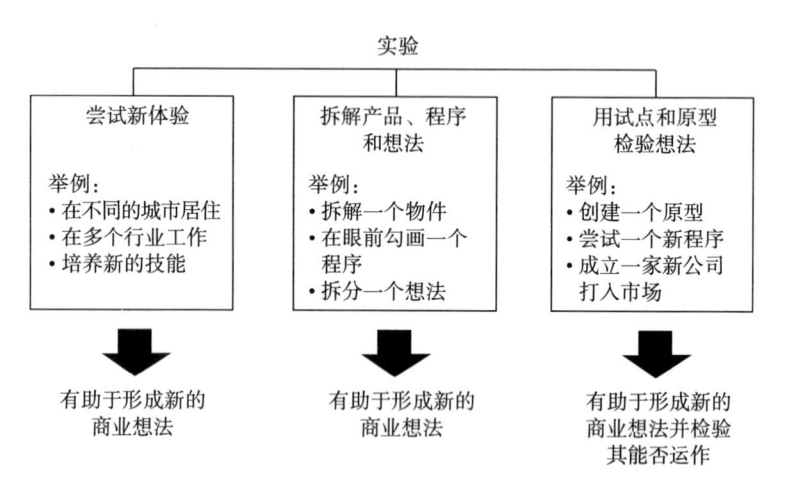

```
                          实验
        ┌──────────────────┼──────────────────┐
   尝试新体验          拆解产品、程序         用试点和原型
                         和想法               检验想法
   举例：              举例：                举例：
   • 在不同的城市居住   • 拆解一个物件        • 创建一个原型
   • 在多个行业工作     • 在眼前勾画一个      • 尝试一个新程序
   • 培养新的技能         程序                • 成立一家新公司
                       • 拆分一个想法          打入市场
        ↓                   ↓                    ↓
   有助于形成新的      有助于形成新的        有助于形成新的
     商业想法            商业想法            商业想法并检验
                                             其能否运作
```

图 6-2　创新者实验的三种方式

我们一般会将"实验"这个词和最后一种方式联系起来。在实验室检验想法的经典实验方式就是创造一个原型，然后看它能否成功运行。爱迪生就经常这么做，他还有一句名言："我没有失败过……我只是发现了一万种不管用的方法而已。"但是我们发现，对实验的一种更为广义的解释，能够更好地反映创新者是如何发现新想法的。例如，在尝试新体验的时候，他们并没有明确的意图，不是为了检验某个既定的想法而体验。这对他们来说只是一次探索之旅，目的是看看能学到什么。拆解也是如此，无论是动手拆解还是动脑拆解。戴尔拆开自己的第一台个人计算机，并不是要创造一台新的计算机，也不是为了创办新公司，他只是单纯地想看看计算机是如何运行的。实验可以是先做一个试点或原型，然后摸索着修改。贝佐斯的在线书店取得最初的成功之后，他并没有故步自封，而是将其演变成了一家在线折扣零售店，销售从玩具到电器等一系列的产品。维珍公司最初只是一家唱片公司，但是理查德·布兰森实验了多种新业务，成立了维珍唱片公司（Virgin Record）、维珍航空公司（Virgin Atlantic）和维珍银河公司（Virgin Galactic），其中维珍银河公司计划将极为富有的客户送上太空。苹果公司也没有安于做计算机，而是开发了许多成功的产品，如音乐产品iPod、手机iPhone和平板电脑iPad。当然，创新者也会生产一些不成功的产品，如苹果公司的掌上电脑牛顿和数码相机苹果快照。认为创新者是实验者，这自然不是什么新观点，每个人都知道这一点，但是并不是人人都知道，激发新想法的是他们不同的实验方式。

尝试新体验：默多克的"牛粪钟"

　　许多主管认为，如果新体验没有直接促成期望中的学习成果，那么尝试新体验就是在浪费时间。以实现为动力的主管关注的是如何有效地解决手头的问题。因此，如果一个活动和当前的目标没有直接的关系，他们就认为是在浪费时间。相反，以发现为动力的主管懂得，尝试新体验意味着参与互动式的学习体验，这些体验也许并不会有任何明显的实际应用价值。实际上，根据净现值的逻辑来看（如以时间长短为贴现率折现投资数目），创新者想使用任何发现技能得到回报时,其花费时间所得来的回报不仅要很久以后才能到手,还有很大的可能根本得不到任何回报。乔布斯当年花时间上英文书法课的时候,从来没有期望能够得到某种商业上的实际应用或回报。但是,其英文书法课的经历后来使第一台 Mac 电脑的文档有漂亮的版面,因此令 Mac 电脑与众不同。

　　创新者知道,多种多样的经验能够促成开放多元的思维,因为他们在联系事物的时候可以吸取更广层面的想法。乔布斯说:"当然,在读大学的时候,我根本没有想到日后这一切能够联系起来。但是十年之后再回首,一切都是水到渠成。因此,如果你相信在未来的某一天这些机缘会联系起来,那么即使未来你追寻内心的时候偏离了人们常走的路,你也会有信心坚定地走下去。而这才是一切成败的关键。"[1] 从金融的角度看,尝试新体验也许是没有价值的,但是在搜寻破坏性想法的时候,尝试新体验才是成败的关键。

　　化牛粪块为金钱的企业家克里斯汀·默多克(Kristen Murdock)就是一个很好的例子。默多克之所以能做到这一点,是因为她发明了一种有趣而恶心的新产品——"牛粪钟",引起了美国国内外消费者的兴趣。当然,默多克并不是某天一睁眼,就说:"我想我要拿一堆在沙漠里晒干的牛粪块,然后上一层釉,在里面嵌一个钟,然后卖给那些想拥有独一无二的钟表的人。"在犹他州南部的沙漠地区看儿子们骑摩托车的时候,她踩到了一些看起来很有趣的石化牛粪块。"我捡了一块,闻了一闻,觉得气味并不难闻,因为牛粪块已经彻底被晒干了。"她说,"于是我开始收集这些牛粪块,还带回家放在了车库里。我的孩子们都吓了一跳。"当时她完全不知道要拿这些牛粪块做什么,只是觉得牛粪块很有趣。

过了几天，有些牛粪块就开始掉渣。为了保持牛粪块完好无损，默多克给它们上了一层釉，并且对自己的成果很满意。这些牛粪块看上去就像是闪闪发亮、石化了的木头。默多克认为这是因为它有颜色变化，而且里面还夹杂了石块。某晚躺在床上时，默多克想到了一个点子，就是在石化的牛粪块里镶嵌一个钟，然后当作搞笑玩具送人。于是，她开始在牛粪块里镶嵌钟，然后附上搞笑的话送给她的女性朋友，比如"你真是'粪'好"或者"你为我做了那么多，送你一坨吧"。她说："我的女性朋友都不喜欢这个礼物，她们觉得它特别恶心，很讨厌这个东西。"后来，她将这个礼物送给了一个亲戚，从而无意中取得了突破。这个亲戚是艺人唐尼·奥斯蒙德（Donny Osmond）的朋友，他把这个礼物展示给奥斯蒙德看了。默多克说，后来奥斯蒙德打电话给她，请她为自己做一个这样的"牛粪钟"，于是她做了一个给他。几周后，她亲戚打电话跟她说："快打开电视看《奥斯蒙德和玛丽》。"这是奥斯蒙德的每日脱口秀节目。在节目中，默多克看到奥斯蒙德向美国观众展示她的"牛粪钟"。之后，她家的电话就响个不停。默多克很快创建了一个网站出售"牛粪钟"，每个"牛粪钟"都附有一块牌子，上面写着一句话，如"生日快乐，你这个老粪球"。无论顾客要写什么，默多克都会照办。她还为顾客提供了一个附言清单以供选择，并且每次有顾客或朋友提出新的附言，她都会将其加入清单。

但是默多克并没有就此止步，她记录了人们告诉她的所有有趣附言，然后设计了一系列牛粪贺卡。她请了一位图形设计师，设计了一个标志性的牛和牛粪的图案，然后把这一系列牛粪贺卡卖给了贺曼公司（Hallmark）。这笔交易十分赚钱，因为默多克不需要印刷这些卡片就可以凭借想法和牛粪品牌获得版权收入。就像乔布斯上英文书法课一样，默多克收集牛粪的时候也没有想到这一举动会在实际生活中产生实际应用价值。这一切只是源于她的好奇，因为好奇使她在沙漠里漫步的时候收集了几块牛粪。默多克这样开玩笑地总结自己的成功："我是个肥料企业家。"

像贝佐斯和默多克这样的创新者，似乎凭直觉就懂得在新环境中尝试新体验是有价值的。我们对创新者的研究表明，创新者尝试的最为有力的实验之一是在不同的文化环境中生活和工作。生活过的国家越多，就越有可能运用异国旅居的经验创造出创新的产品、程序或业务。在异国居住过至少3个月的人，开创新公司或发明产品的概率比一般人高出35%（每多去一个国家，就会多一份益处。但是在去过两个国家之后，收到的益处就会开始递减，不如之前了）。此外，如果经理在担任CEO之前曾在国外任职，那么这家公司和其CEO无类似经验的公司比起来，盈利状况会更好，平均市场业绩高出7%。[2]而在这种业绩溢价中，有一部分就是来自CEO旅居海外时获得的创新能力。

例如，宝洁的雷富礼在法国学过历史，之后他还在日本的美军基地开过零售店。再次回到日本时，他已经是宝洁亚洲部的领导者，后来还成了宝洁的CEO。丰富的国际经验帮助他很好地领导了宝洁这家历史悠久且极具创新力的公司。类似地，创新者里德·哈斯廷斯在瑞士和平队工作过，后来他创办并担任在线影片租赁提供商网飞（Netflix）的CEO，并大获成功。在瑞士和平队的经验也影响了他在网飞的创新战略和领导风格。

同样，工作过的行业或公司越多，就越有可能成为创新者。多一个不同行业的经验，可以极大地提升你的创新力，效果比旅居异国还好。在不同的公司环境中工作，可以积累与各种各样的人、程序和产品打交道的经验，还可以学会用各种方法解决难题，因为每个公司和行业解决问题的方式各有特点。宝洁和谷歌都知道在不同的公司环境中观察工作有何价值，因此这两家公司策划了一个为期三个月的交换员工项目，让员工到对方公司观察另一个不同的，但又极为成功的公司是如何运转的（详见第九章）。这些经验类型能够提高一个人用不同角度和观点看问题的能力。

最后，像乔布斯学习书法一样，抓住机会学习不同领域的新技能可以增强创新能力。例如，内特·奥尔德（Nate Alder）在巴西旅游的时候，决定学习潜水。在考潜水证的过程中，他了解到氩气可以隔热，从而能保持干衣服的温度。于是他想："这可真是个好主意。如果我把氩气充到滑雪夹克里，是不是可以保暖呢？"（当时奥尔德是一名滑雪教练。）这次学潜水的经历最终成了他发明 Klymit 充气背心（里面充了氩气）的催化剂，后来又催生了各种各样使用氩气的产品。正如第二章提到的，创新者在专业上是"T 型人才"，即至少在一个领域有精深的知识，同时广泛涉猎其他专业。要想用多种多样的知识武装头脑，学习一些新领域的新技能是个不错的方法。

总之，旅居异国、在不同的行业工作、学习新技能，这三种方式可以让你尝试新体验，增强创造力。实验者总是寻求这类经验，因为这样一来，他们就可以拓宽自己的知识面，提高创新能力。

迈克尔·戴尔：分析产品、程序和想法

1980 年，迈克尔·戴尔对自己的 16 岁生日满心期待，得知父

母终于答应给自己买一台苹果二代计算机之后,他更是欢呼雀跃。计算机到货的那天,戴尔激动万分,央求父亲开车载自己到UPS快递的办公室拿货。但是,他之后做的事情令父母感到震惊和失望。不过,这件事情对于之后他想出"戴尔模式"却至关重要。戴尔回忆道:"车刚开到家门口,我就跳下了车,抱着我的宝贝计算机回到房间。我做的第一件事就是把它拆了。我的父母十分生气,因为当时苹果计算机售价不菲,他们觉得我把它弄坏了。其实,我只是想看看计算机是怎么运转的。"戴尔渴望了解苹果二代计算机的运作原理,这份渴望使他之后设计了一系列实验,让计算机运行得更好更快。他买了各种零件和配件加强计算机的性能,比如内存卡、磁盘驱动器、更快的调制解调器和尺寸更大的显示屏。很快,他就学会了如何用这个"爱好"赚钱。戴尔说:"我会像别人改装汽车一样,增强计算机的性能,然后卖出去赚一笔钱,之后再重复。很快我就开始找分销商批发计算机零件,用于降低成本。我记得妈妈当时抱怨说我的房间看起来就像一个机械作坊。"

戴尔很快就对电脑零件的成本了如指掌,也因此有了一个重要的见解。当时,一台IBM的个人计算机的店内零售价是2 500~3 000美元,但是组装它的零件只需要600~700美元,而且IBM也没有组装技术的专利。戴尔告诉我们,这个事实让他提出了一个重要的问题:"为什么个人计算机的售价是零件总价的5倍?"他发现,自己可以买到最新的零件,完全按照顾客要求的配置组装出一台计算机,然后寄到顾客手中,整个成本比商店零售价低出许多。就这样,"戴尔模式"诞生了。

和戴尔一样,许多创新者都是在拆解事物时产生创新性想法的，如拆解产品、程序、公司和技术。例如，谷歌的拉里·佩奇也很喜欢动手拆解物件。9岁时，他哥哥给了他一把螺丝刀。拿着这把螺丝刀，佩奇把家里所有的电动工具都拆开了。同样，佩奇动脑分析过许多更高效地搜索网页的想法。最后，他想到了用网页排名的方法协助搜索，这一方法和当时其他搜索引擎比起来，可谓别出心裁。另外一个实验者是阿尔伯特·爱因斯坦，他不是动手，而是动脑拆分了牛顿的时空理论，最终想出了创新的相对论。据报道，爱因斯坦的想法"完全是基于思维实验，实验全部在头脑中进行，而不是在实验室进行"。[3]

总之，实验者热爱拆解，如产品、程序和想法。他们拆解事物的目的是理解其运作原理。在拆解事物的过程中，他们也会问为什么事物是这样运作的。这往往可以引发改进运作机制的新想法。

贝宝创始人：创造原型和试点

贝宝的创始人之一马克斯·列夫琴（Max Levchin）大学所学专业是计算机科学，他对计算机安全和加密技术特别感兴趣。1998年夏天，列夫琴搬到了硅谷，开始追求梦想，创办了一家提供安全软件的公司。一个炎热的夏日，他决定去斯坦福大学听一个关于加密技术的讲座，看看能不能想出什么点子实现梦想。这次讲座只有六个听众，因此列夫琴很容易就和彼得·泰尔搭上了话。彼得·泰尔当时是一位风投基金经理，对使用加密技术保障金融交易安全很感兴趣。这两个人一拍即合，当即决定开一家公司，为奔迈掌上电脑这类掌上设备提供安全软件。

他们最初的想法是，将掌上电脑转化成一个钱包，用户可以在里面存放个人信息，如信用卡号或密码。他们满怀期望地开发出了产品，但是很快就发现该产品的市场太小了。因为拥有掌上电脑且关心个人信息安全的用户并不多。于是他们决定换一个商业思路，即开发一个软件，能够在一台掌上电脑中存钱，并从一台掌上电脑向另一台掌上电脑发射信号，实现转账。

于是，列夫琴和泰尔开发了一个能用一台掌上电脑向另一台掌上电脑转账的软件。这个商业想法很快就吸引了几家硅谷领军风投公司的注意。最后，在许多风险投资家喜欢的巴克餐厅，贝宝进行了第一轮融资。当时，贝宝的投资方带了450万美元，存在一个掌上电脑里，然后把钱转到了列夫琴和泰尔的掌上电脑里。贝宝看起来发展得顺风顺水。

最初，贝宝的增长很快，但是由于美国仅有300万掌上电脑用户，贝宝的市场很快就无法扩张了。很快，列夫琴和泰尔还发现了这一商业模式的另一个问题。泰尔告诉我们："最初用掌上电脑发信号的想法其实是一个糟糕的想法。我的意思是，使用掌上电脑发信号还得要求两个人面对面转账，既然已经见面了，其实完全可以给张支票。但是，在形成想法的过程中，我们对过程做了一些改变。"之所以会有这样的改变，一部分原因是用户想让他们的掌上电脑和计算机同步，然后通过互联网将钱转到另一个人的掌上电脑或计算机里。泰尔回忆道："我们想出了把钱和电子邮件联系起来。美国有1.2亿电子邮箱用户，这样的话，传播就更加迅猛了。而且，人们转账的时候就不需要见面了。"

今天，贝宝已经成为全球最大的电子邮件支付处理商。但是，如果创始人不愿意经常性地做实验，没有开发早期的产品，这一切就都不会发生。安全钱包的实验"失败"了，最初掌上电脑的实验也栽了跟头，但正是这些重要的实验，为贝宝日后的成功积累了数据。

许多创新型企业家都有过类似贝宝的经验。他们都意识到，实验原型和试点，看自己能够学到什么，这是很重要的。由于创新者倾向于行动，所以他们会尽快开发产品和业务，然后观察市场的反响。他们喜欢把新产品、程序和业务的想法扔到市场里，看看结果如何。将产品投放到市场上之后，贝宝的实验就开始了，一旦发现产品没有吸引用户，就积累了重要的数据。

一些创新者倾向于快速开发原型，然后直接投放市场；另一些创新者则会更小心地检验和比较各种原型，看看哪个原型运行效果更好。珍妮弗·海曼和珍妮弗·弗莱斯在创办出租礼服之前，就做过这样的比较实验。出租礼服的商业模式和在线出租影碟的网飞类似，但是她们出租的是名牌礼服。海曼的妹妹贝蒂是布鲁明戴尔百货商店的首饰采购员。一次在纽约家中，海曼发现妹妹正在艰难地考虑穿什么衣服去参加别人的婚礼。妹妹想要穿得光彩照人，虽然她收入不错，但她还是买不起出自知名设计师之手的礼服。海曼看着妹妹犯难，想道："如果像贝蒂这样的女孩子都买不起设计师的礼服，那其他人怎么可能买得起呢？"她还想到，其实设计师也面临难题："如果设计师不能让年轻时髦的女性穿上他们设计的衣服，他们就很难打响品牌知名度。"在常见的情境下（为特殊场合选择着装），在熟悉的环境中（家里），对着熟悉的人（妹妹），海曼完成了一个简单的观察，激发了她心中的一个不同寻常的见解。为什么不改进一下网飞的商业模式，运用到高端时装领域呢？女性不用再为特殊场合购买高档礼服，只要在线租赁

第六章　发现技能五：实验能力　　133

就可以了，租金仅仅是礼服售价的1/10。

于是，海曼和弗莱斯开展了几个实验，检验自己的想法。她们从黛安·冯芙丝汀宝、卡尔文·克莱和侯司顿这些知名设计师的店里购买了100件礼服，做了三个实验。第一个实验选择在哈佛大学的校园进行。她们把礼服租给哈佛的大学生，租借之前允许她们先试穿。这次试点十分成功。女大学生不仅租了礼服，而且完好无损地归还了。这个实验表明，出租礼服是有市场的，而且顾客会把礼服完璧归赵。但是，如果之前不能试穿，还能不能租出礼服呢？为了回答这个问题，她们又开展了第二个实验。这次实验选择在耶鲁大学的校园进行，女生在租礼服之前，可以先过目，但是不可以试穿。这次试点也取得了成功。最后，她们拍下礼服的照片，然后在纽约市内做了第三个实验。这次，顾客只能凭借PDF格式的礼服照片和尺寸描述租借礼服。这个实验可以说明她们能否借用网飞的模式在线租赁礼服，还是说需要开设实体店，让顾客能够看到并试穿这些礼服。最后这个实验表明，约有5%为特殊场合寻找礼服的女性愿意尝试这项服务，这对在线租赁业务来说已经足够了。于是出租礼服网站上线了，第一年就有超过60万名会员注册，其中约5万人尝试了这项服务。要想设计成功的商业模式，尝试不同的体验很重要。正如海曼告诉我们的："我们收入的增长令人惊叹。梦想成真了。"

在研究创新者和他们的实验的过程中，我们注意到了一点：获得新见解所需的实验次数和创新者之前的提问、观察和交际成反比。也就是说，如果之前没有做足提问、观察和交际方面的功课（或是根本没有做过），就要做更多次实验，以获得见解，继续往前推进。例如，出租礼服网站的实验设计得当，积累了所需的数据，是因为海曼之前有过多年的观察，这让她意识到了年轻女性对于特殊场合着装的需求。海曼在喜达屋酒店工作过多年，为喜达屋设计了满足婚礼派对和蜜月需求的项目，还为婚礼策划网站和世界顶尖模特公司之一 IMG 工作过。因此，她对追求时尚的年轻女性、特殊场合、设计师和设计师服装都有很深入的了解。这让她和弗莱斯可以设计出更好的实验，检验自己的想法。

重点是，如果能够问出突出的问题，观察到突出的情境，并和各种各样的人交谈，就可以少做许多实验。而且，实验设计也会因此更为得当，可以得到你需要的数据，从而继续下一步。如果从问题、观察和交际的谈话中所得甚少，你就只能随机做实验了。

最后，我们发现，即使你已经有效地提问、观察和交际，要想形成破坏性的见解，可能仍然需要坚持不懈地实验。几乎所有我们研究的破坏性业务都是通过一系列的实验，随着时间不断变化，最后成为改变行业的商业模式的。有些实验是无心插柳。例如，西南航空公司的赫布·凯莱赫告诉我们，西南航空最初在低成本航线竞争，因为遇到财务压力，公司不得不将最初计划的四架飞机缩减为三架飞机，而航线数不变。为了应付这一情况，公司无意中发展出了快速装卸飞机的能力。当时公司只有两个选择，一是缩减航线，二是想办法用三架飞机飞四架飞机的航线。于是，管理层开展了一系列新实践，目的是尽快装卸飞机，最终他们达到了15分钟装卸一架飞机的速度。这一创新彻底改变了西南航空的战略和商业模式，也改变了最终的结果。

同样，宜家从没有打算将拆卸成套家具（把家具拆开，用平板盒子运输）作为低成本家具零售模式的核心特点。在公司成立之初，一次灵感天降的经历催生了这个重要的见解。当时，公司刚拍完一套家具目录，一位营销经理发现有些家具塞不进卡车里，一位摄影师提议可以将桌子的桌脚卸下来，这样就可以把桌子塞进卡车了。这个建议令人恍然大悟：宜家可以把几乎所有的家具都拆卸开来，由顾客自己装配，这样可以降低运输成本。这个小实验对全球家具零售商宜家的商业模式来说十分关键。

创新者会开展三种类型的实验，用于积累数据，形成新的见解：尝试新体验，拆解物件，通过创造原型和试点检验想法。虽然提问、观察和交际可以很好地提高过去和现在的数据，但要想积累关于未来可行方案的数据，实验是最佳办法。换言之，要回答"如果……，会怎样"的问题，实验是最好的办法。创新者还知道，通过问突出的问题、观察突出的情境、和对的人交谈，后期需要开展的实验次数因此可能大大减少。这可以省下一些实验所需成本和时间。最后，创新者懂得，而且也接受的一点是，大多数实验都可能达不到预期效果（也许会浪费许多时间），但是他们知道，要积累最后取得成功所需的数据，实验往往是唯一的办法。

七项实验技能

要增强实验技能，就需要有意识地在工作和生活中保持检验假设的思维。我们建议你开展以下活动，练习并增强你的实验技能。

技巧一：跨越界限活动

走访（如果能够居住就更好了）异国或是其他新环境，比如公司内不同的职能部门，或不同行业的另一家公司。带着在异国的心态，打破常规。通过参加新的活动，探索世界。参加平日圈子以外的社交或职业活动。参加不熟悉的人举办的讲座。或者参观一个不寻常的博物馆展览。在尝试这些新活动的时候，问自己一些问题，帮助自己从这次体验中获得新的见解，如："如果我的工作团队在这里，我们能够通过这次活动最终获得什么创新？如果我要从这个环境里选一样东西（产品、程序等），复制到我每日工作的环境中去，我会选什么？"每个月至少给自己安排一次这样的跨界活动。

技巧二：跨界思考

订一份与你所处领域完全不同的报纸、时事通讯或杂志，为期一年（如果要保护树木少用纸，也可以有意识地定期浏览网页，看看与你相距甚远的国家、行业或职业的信息）。如果你住在美国或法国，可以考虑阅读中国、印度、俄罗斯或巴西的出版物。如果你在油气行业工作，可以阅读酒店管理方面的出版物。如果你接受过营销培训，可以阅读与工程学或运筹学有关的出版物。

技巧三：培养一种新技能

要获得新的观点，就要制订一个计划，培养一些新的技能或吸收新的知识。在你的社区寻找机会，参加表演或摄影课程，或者接受一些机械、电子或建筑方面的基本训练。尝试一些新的锻炼活动，如瑜伽、体操、滑雪、潜水，甚至是跳伞（如果你够勇敢的话）。看一下你所在地区大学的课程表，报名参加一些你觉得有兴趣的课程，可以是历史、化学或书法。或者从身边做起，选择你公司内部另一个职能部门，可以是营销、运筹或者金融，然后看看能否弄懂这个职能部门在你公司的运作机制。

技巧四：拆解一个物件

在家里找一个坏了的物件，或者去旧货市场或跳蚤市场买一些你可以轻易拆开的物件（和孩子一起做尤其有趣）。寻找一些你一直感兴趣，但从来没有时间探索的东西。匀一整块时间，把这个东西一点点拆开，寻找新的见解，看看它们的设计、操作和生产原理。在日志上或笔记本上画下或写下你的观察。

技巧五：制作原型

选一个你想要改进的物品。如果你改进了它，结果会如何？制作一个这样的原型，用你家里或办公室的材料做一个新的改进发明，或者去疯狂购物，买一些奇怪的东西用到原型上。培乐多彩色橡皮泥是制作原型的好帮手。如果你想要好好地尽兴创造一把，也许还可以买一台三维打印机，按需制作物品（基于你的设计）。

技巧六：定期试验新想法

英特尔（Intel）的创始人之一戈登·摩尔（Gordon Moore）曾经回忆道："在我的创业过程中，大多数东西都是靠反复摸索得来的。"频繁地开展试点实验（即小规模的实验），尝试新的想法，看看通过做一些以前从没有做过的事情，你能够学到什么。如果你能够通过反复摸索敞开心扉学习，那么你也可以成为一个实验者。但你必须有承受失败的勇气，也要能够从失败中汲取经验教训。下个月，请你下定决心针对工作中形成的一个想法，计划并实施一次试点实验。

技巧七：发现新潮流

积极地关注当下流行的书籍、文章、杂志、网站、博客及其他资源，尝试确定新兴的潮流。挑几个你认为擅长发现新潮流的人，阅读他们写的材料，看看下一个潮流是什么。可以读一读凯文·凯利（《连线》杂志的执行编辑，《新经济，新规则》的作者）的作品、克里斯·安德森（《连线》杂志的主编，《长尾理论》和《免费》的作者）的作品，或者任何一个放眼未来的作者的作品。然后，想一想这些潮流如何能引发新产品或服务的有趣实验，进而想出一个创造性实施实验的方法。

第二部分

—

破坏型组织和团队的基因

第七章
全球最具创新力的公司

> "快速成长的公司必须继续创新。公司就像鲨鱼一样,一旦一动不动,就是死路一条。"
>
> ——马克·贝尼奥夫
> Salesforce 创始人兼 CEO

在本书前六章中,我们描述了创新型人才是如何与众不同地进行思考和行动,以产生关于新产品、服务、程序和业务的创造性想法的。现在,我们将注意力转向回答这个问题:由许多人才组成的公司是如何形成创新密码的呢?毫无疑问,当尝试在公司内部培育创新力量,以创造增长机遇时,全球的主管都会面临这一关键问题。在解决这个问题之前,我们先来看看两个同样重要的问题。第一,哪些公司是最有创新力,值得被奉为创新典范的?第二,创新能力(以及创新名声)能否提升公司的市值?

2005 年,《商业周刊》开始酝酿世界上最具创新力的 100 家公司榜单。这份榜单的依据是波士顿咨询集团请主管投票得出的调查结果（见表7-1）。简单地看一下榜单，就可以看到，苹果公司位居榜首，谷歌名列第二。好的，直觉告诉我们似乎是对的。但这份榜单所使用的方法是请主管投票，因此它在很大程度上只是一个人气竞赛，依据的是过去的成绩。通用电气、索尼、宝马和丰田真的可以被称为今时今日最具创新力的公司吗？

为了回答这个问题，我们决定根据对未来创新的预期，自己排一份创新型企业的榜单。我们认为最好的排名方法是看看用钱包里的钞票投票的投资者能不能给我们一些启发，告诉我们他们认为哪些公司最有可能推出新产品、新服务或打开新市场。我们和HOLT（之前为《创新者的解答》一书做过类似的分析）合作，采用的方法是计算一家公司有多少百分比的市值可以归功于现有的产品、服务和市场。若一家公司的市值高于现有业务产生的现金流，那么这家公司就有创新溢价。创新溢价指的是在一家公司的市值中，并非源自现有市场中现有产品或业务的那部分。一家公司的市值有创新溢价，是因为投资者预期这些公司会开发出高盈利的新产品或新市场（计算溢价的细节见注释）。[1]这一溢价对所有主管和公司来说都是梦寐以求的。

那么，使用我们的方法之后，《商业周刊》榜单上前25家公司排名如何？我们分析后发现，排名结果发生了变化。我们基于五年平均创新溢价的排名见表7-1。[2]在我们的榜单中，亚马逊名列榜首（创新溢价达57%），苹果公司位居第二（创新溢价为52%），谷歌名列第三（创新溢价为49%），这样的结果和《商业周刊》的排名类似。但是也可以看到，最后五位是三星（-29%）、索尼（-28%）、本田（-27%）、丰田（-26%）和宝马（-26%），这五家公司现有业务产生的现金流比目前的市值还要高。换言之，投资

表 7-1 《商业周刊》最具创新力企业榜单
（2005—2009）以及创新溢价排名

《商业周刊》排名*	公司名称	创新溢价排名	公司名称	5年创新溢价
1	苹果	1	亚马逊	57%
2	谷歌	2	苹果	52%
3	微软	3	谷歌	49%
4	丰田	4	宝洁	35%
5	通用电气	5	星巴克	35%
6	宝洁	6	微软	29%
7	IBM	7	任天堂	26%
8	诺基亚	8	RIM	20%
9	索尼	9	思科	19%
10	3M	10	惠普	19%
11	亚马逊	11	3M	18%
12	三星	12	通用电气	10%
13	宝马	13	IBM	8%
14	本田	14	西南航空	7%
15	RIM	15	易趣	7%
16	惠普	16	塔吉特	7%
17	任天堂	17	沃尔玛	5%
18	星巴克	18	英特尔	4%
19	塔吉特	19	戴尔	4%
20	英特尔	20	诺基亚	-16%
21	戴尔	21	宝马	-26%
22	思科	22	丰田	-26%
23	易趣	23	本田	-27%
24	沃尔玛	24	索尼	-28%
25	西南航空	25	三星	-29%

注：*5年平均排名，本表所选公司不包括私营公司，如原本排在第16位的维珍和第25位的塔塔。

第七章 全球最具创新力的公司

者并没有预期这些公司能够开发出创新产品实现增产,更糟的是,他们还预计这些公司的现有业务有可能缩水或是导致盈利减少。

更仔细地研究这些结果之后,我们意识到,投资者不仅关心一家公司能否推动创新,还关心它能否从新的产品和服务中盈利。例如,索尼(《商业周刊》榜单第9名)和三星(《商业周刊》榜单第12名)过去确实在消费电子行业有过创新,但是近期投资者并没有看到这两家公司因创新而大幅盈利,并且预期未来也不会有创新盈利。然而,同业竞争对手任天堂(《商业周刊》榜单第17名)的创新溢价为26%,这意味着任天堂以往的创新产品(如Wii游戏机)盈利仍然较好,此外,投资者也看好其未来创新盈利情况,这就使任天堂在创新溢价榜单上排名更为靠前。汽车厂商宝马、丰田和本田在创新溢价榜单上排名靠后,这不仅是因为他们没有创新的前瞻性,还因为他们如果想从创新中盈利,将要面临严峻的挑战。这些公司不仅要继续和现有的新兴竞争对手作战(如韩国的现代和中国的奇瑞),还要应对一批不断进入市场的新竞争者,包括电动汽车厂商特斯拉(Tesla)和科迪达(Coda)。

鉴于上述差异,我们决定按照公司创新溢价,自行排一个最具创新公司的榜单(见表7-2)。我们关注的是大型上市公司(市值超过100亿美元),因为这也是《商业周刊》榜单所关注的公司。我们的排名显示,就远景而言,Salesforce(贝尼奥夫创立的破坏型云计算公司,见第二章)名列榜首,紧随其后的是直觉外科手术公司(生产达芬奇系统手术机器人,稍后会详细介绍)。排在这些公司后面的就是亚马逊、苹果公司和谷歌,分列第三位、第五位和第六位。Salesforce和直觉外科手术公司真的够资格占据鳌头吗?投资者似乎认为答案是肯定的。Salesforce不仅引领云计算的潮流，还推出了 AppExchange（Salesforce 自定义应用程序的发布和共享中心），被《福布斯》称为"商业软件的 iTunes"，并获得了软件与信息行业协会、《软件开发时代》和其他机构颁发的奖项。AppExchange 可以为企业提供超过 1 000 种应用程序，就像 iPhone 为消费者提供多种应用程序一样。此外，Salesforce 最近还推出了一款新的社交软件应用程序 Chatter，被视作"企业的脸谱网"。Chatter 取脸谱网和推特之长，将其运用到了企业协作上（见本书第二章）。

表 7-2　全球最具创新力企业（根据创新溢价排名）

创新溢价排名	公司名称	行业/关键业务	5 年创新溢价
1	Salesforce	为公司设计的云计算软件（如 CRM）	73%
2	直觉外科手术公司	达芬奇系统机器人，用于协助手术	64%
3	亚马逊	在线折扣零售，Kindle 阅读器，云计算	57%
4	赛尔基因公司（Celgene Corp.）	药物	55%
5	苹果	计算机、软件、音乐设备、手机等	52%
6	谷歌	软件，主要是信息检索（如搜索）	49%
7	印度斯坦利华/联合利华	家用产品	47%
8	利洁时集团（Reckitt Benckiser Group）	家用产品	44%

第七章　全球最具创新力的公司

（续表）

创新溢价排名	公司名称	行业/关键业务	5年创新溢价
9	孟山都公司	种子、转基因种子、作物保护	44%
10	巴拉特重型电气公司（Bharat Heavy Electricals）	电气设备	44%
11	维斯塔斯风力系统公司（Vestas Wind Systems）	电气设备	43%
12	阿尔斯通公司	电气设备	42%
13	CSL有限公司	生物技术	40%
14	拜尔斯道夫公司（Beiersdorf AG）	个人用品	38%
15	辛迪思（Synthes Incorporated）	医疗设备和医疗物资	38%
16	艾提视（Activision Blizzard Inc.）	在线游戏和操纵游戏	37%
17	爱尔康医药有限公司（Alcon Incorporated）	医疗设备和医疗物资	37%
18	宝洁	消费品［如多丽（Downy）、吉列（Gillette）、品客（Pringles）和多维（Dawn）］	36%
19	日本电产株式会社（NIDEC Incorporation）	电子设备、器械和部件	36%
20	高露洁（Colgate-Palmolive）	消费品（如高露洁牙膏和棕榄皂）	35%
21	星巴克	餐厅和零售咖啡屋	35%
22	艺康集团（Ecolab Inc.）	卫生化学品、食品安全、虫害控制	34%

（续表）

创新溢价排名	公司名称	行业/关键业务	5年创新溢价
23	基恩士公司（Keyence Corporation）	电气设备、器械和部件	34%
24	依视路国际公司（Essilor International Societe Anonyme）	医疗设备和医疗物资	34%
25	好时公司（Hershey Co.）	巧克力、糖类	32%

资料来源：HOLT和创新者的基因网站。

全球首创机器人辅助外科手术的直觉外科手术公司（第2名）也拥有同样强的创新力。目前，在手术室中，直觉外科手术公司的达芬奇系统已经成了前列腺手术等外科手术的惯用设备。未来它还有可能在军用手术室里扮演重要角色。身在伦敦的外科医生可以使用这个系统为在全球范围内的在前线作战的受伤战士做手术。有了价值150万美元的达芬奇系统，外科医生就可以使用三维可视化效果和四个机械手臂，这些手臂能够完成大多数外科医生在做手术时难以完成的精确操作。使用达芬奇系统之后，手术切口更小，失误更少，恢复更快，住院成本更低。

印度斯坦利华（第7名）不仅有许多消费品创新，本书第三章中还提到了该公司使用了一个创新的网络营销策略，通过数千名困窘的农村妇女在印度全国销售产品。这种策略使印度斯坦利华将产品卖到了超过135 000个村庄，成为印度最受消费者信赖的品牌，有2/3的印度人都在使用印度斯坦利华的产品。英国的利洁时集团（第8名）也有着超强的创新能力，其约40%的收入都是来自近3年的创新。利洁时官方网站上有一个叫IdeaLink的网页，上面列出了需要解决的问题，并向公司外部的人士征求解决方案，许多创新性想法就是从这里来的。公司现在正在征求"检测寄生虫和寄生虫卵的方法"，以及其他问题的解决方案。丹麦的维斯塔斯风力系统公司（第 11 名）最近作为丹麦最具创新力的公司，荣获"创新杯"。该公司是全球领先的风力方案提供商，已开创了许多创新，包括在水深超过 30 米的水平面为风力站安装浮式基础。

我们认为，我们的这份榜单能够更好地辨别现在和未来的创新者，并且也符合阿兰·乔治·雷富礼和拉姆·查兰的看法："创新就是将新想法转化成收入和利润……实际上，企业的专利数目和经济成功之间没有关系。一种被高调推出的产品如果无法为客户创造价值，无法为公司实现利润，就不是创新。只有最终盈利，创新才算大功告成。"[3]

如果你同意这个说法，那么你大概就会更为青睐我们的排名，而不是《商业周刊》的排名。

创新型组织 3P 框架

我们从两张榜单上抽取几家公司作为样本，深入研究了世界上最具创新力的公司的做法。我们从两份榜单中提取了创新模型，并且重点研究了同时出现在两份榜单上的公司（如亚马逊、苹果公司、谷歌、宝洁），以及那些创新溢价榜单上名气不甚大的创新公司（如 Salesforce、直觉外科手术公司、印度斯坦利华、利洁时）。

首先，我们在一些公司采访了创新型创始人，如亚马逊的贝佐斯和 Salesforce 的贝尼奥夫，问他们："贵公司为什么如此善于创新？贵公司内部发生了什么，能够形成新的产品、服务、程序或业务？"访问过后，我们得到的第一个启发是，创新型创始人通常都会将自己的创新者基因融入自己的公司。例如，贝佐斯向我们描述了他是如何将善于发明的人才招揽到亚马逊的。他会问所有的应聘者："和我说说你最近发明的一个东西。"他又补充道："他们的发明也许只是很小规模的发明，比如设计了一个产品或程序的新特性以改善用户体验，或者只是用了新方法把碗碟放到洗碗机里。我只是想知道他们是否乐于尝试新鲜事物。"CEO问所有应聘者是否有过发明，这样的做法可以传达出一个有力的信号，那就是这家公司期待并且重视发明。贝佐斯告诉我们："我还会寻找那些认为自己可以改变世界的人。既然已经相信自己可以改变世界了，那么真正成为改变世界的一分子就不是那么遥不可及了。"

贝佐斯还提到了实验程序的重要性（见第六章），他说："我鼓励亚马逊的员工进行实验。实际上，我们有一个名为'网络实验室'的团队，负责不断在网页上对用户界面进行实验，尝试改进用户体验。"最后，他讨论了文化的重要性，说许多公司都错在宁可"不作为"也不"犯错误"。贝佐斯说："不应该循规蹈矩。在该打破惯例的时候循规蹈矩，这就错了。"因此，在考虑推陈出新的时候，他会鼓励亚马逊的员工问"为什么不……"。"在这种文化中，人们愿意迈出新的步伐，这是很有意思的。我们不会'不假思索地说不'，而是会'不假思索地说好'。亚马逊的员工都会说：'我们会找出办法的。'"

总之，贝佐斯寻找的是像他一样有发明精神的人才。他自己实验了如何形成创新性想法，因此在亚马逊创造了许多鼓励和支持他人实验的程序。他会问"为什么不……",并且愿意迈出新的步伐(他决定离开全球投资和技术发展企业 D. E. Shaw 成立亚马逊,做这个决定时并没有循规蹈矩)。这条宗旨顺理成章地成了亚马逊文化的一部分,亚马逊文化期待员工问为什么,并迈出新的步伐。

我们观察了亚马逊和其他高度创新的公司,这些观察证实了麻省理工学院的埃德加·沙因在《组织文化与领导力》(*Organizational Culture and Leadership*)一书中对组织文化起源的见解。沙因认为,组织文化起源于组织形成的早期、组织遇到特定难题或必须完成特定任务的时候。例如,也许组织遇到了一个这样的挑战:"我们该如何开发一种新产品"或者"我们该如何处理这次顾客投诉"。每次出现这种情况,组织中负责解决难题的人就会坐下来开会,想出一种解决方法。如果这个方法成功了,组织在遇到类似问题的时候,就可能再次使用这个方法,直到它成为组织文化的一部分(成为组织解决某种难题时顺理成章的方法)。如果这个方法失败了,组织的领导者就会想出一个解决问题的新方法,然后继续搜索方法,直到找到成功解决问题的方法为止。任何一个解决问题的方法若能被卓有成效地一再使用,都会成为企业文化的一部分。很自然地,沙因观察到,一个公司的创始人对该组织早期采取的解决方法有很强的影响力。最终,如果创始人选定的解决问题的方法可靠有效,就会被视为理所当然的方法,用于完成公司的特定任务。创始人最初的解决方案被一次次成功应用之后,就融入了组织的文化。

当然,关键在于,创新型组织的基因很有可能反映创始人的基因。我们和创新型创始人谈论创造创新型组织和团队时,他们反复提到,很重要的一点是要为组织招揽类似自己的人才(换言之就是创新型人才），建立鼓励创新技能的程序（如提问、观察、交际、实验），树立宗旨（鼓励所有人勇于创新和冒险的文化）。我们对最具创新力的公司榜单上的其他公司也做了研究，得出了相同的结论。由此，我们开发出了一系列创新型企业基因的运作假说，归纳为创新型组织的 3P［人才（People）、程序（Process）、宗旨（Philosophy）］框架。

人才

首先，我们发现，创新型公司的领导者往往是创始人企业家，这些领导者擅长发现，勇于一马当先地创新。实际上，这些公司的主要领导者的发现商数比创新力较弱的公司领导者要高（详见第八章）。其次，我们发现，在极具创新力的公司中，管理层和每个职能部门的发现技能都很强。在创新过程中（从构思到实施），决策者的发现技能和执行技能搭配得当。最后，这些公司往往有一个专门负责创新的高管职位，如雷富礼任命克劳迪娅·科奇卡为负责设计、创新和构思战略的副总裁。简言之，这些公司平均拥有更多擅长五项发现技能（见第二章至第六章）的人才，而且比创新力较弱的公司更加懂得如何战略性地使用以发现为动力的人才。

程序

善于发明的人才会系统性地运用提问、观察、交际和实验技能激发新的想法。我们发现，正如这些人才一样，创新型组织也会系统性地开发鼓励员工使用以上技能的程序。大多数创新型公司都塑造了一种反映领导者个性和行为习惯的文化。例如，乔布斯乐于问"为什么不……"和"为什么要……"，苹果公司的员工也是如此。雷富礼花了大量时间观察消费者，就像人类学家观察部落生活一样，他还在宝洁设立了观察消费者的特定程序。贝尼奥夫是一个了不起的交际者，在 Salesforce 推出了 Chatter 和其他交际程序，帮助员工和公司内外的人交际，以获得不同寻常的想法。贝佐斯是一个杰出的实验者，在亚马逊也尝试将实验程序制度化，好让员工能够在死胡同里寻找新的产品或程序。通过创立反映个人发现行为的组织性程序，这些领导者将自己的个人创新者基因植入了组织内部。

宗旨

在这些组织性发现程序背后，是四条鼓励员工尝试新想法的指导性宗旨：（1）创新是每个人的职责；（2）破坏性创新是公司创新任务的一部分；（3）调遣许多组织得当的创新项目小分队；（4）巧妙冒险，追求创新。这些宗旨合在一起，反映了创新领导者勇于创新的态度。他们相信创新是自己的职责，因此不断地挑战现状，不怕冒险，寻求改变。举例来说，在最具创新力的公司，研发并不仅仅是一个部门的任务。相反，公司希望几乎所有人，包括高管团队，都能够有新想法，这就使创新成为一种集体努力。这些公司的想法是，每个人都必须创新，必须挑战现状。这种想法背后是冒险的宗旨，如 IEDO 的宗旨"早失败早成功"。我们研究的杰出公司不仅宽容失败，更认为失败在创新程序中是无法避免的，也是其事业浑然天成的一部分。此外，由于公司认为每个人都有创造力，所以公司会努力精简部门，使每个员工都感到自己拥有创新的权力和职责（亚马逊的贝佐斯采取了一条"两个比萨团队"的准则，意思是团队要小到吃饭只需要两个比萨，即

6~10人）。

总之，我们的访问和观察显示，创新型公司将创新的密码编入了组织的人才、程序和指导宗旨之中（组成创新型组织基因的3P框架），见图7-1。

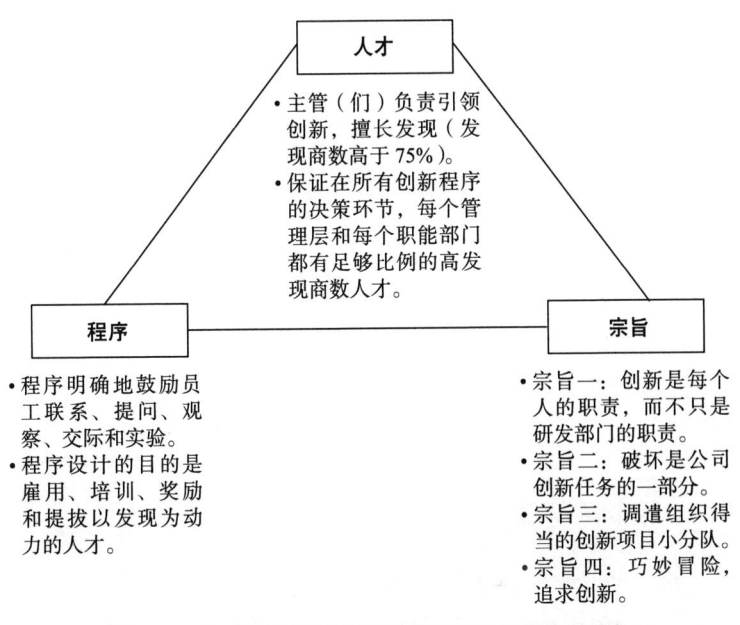

人才
- 主管（们）负责引领创新，擅长发现（发现商数高于75%）。
- 保证在所有创新程序的决策环节，每个管理层和每个职能部门都有足够比例的高发现商数人才。

程序
- 程序明确地鼓励员工联系、提问、观察、交际和实验。
- 程序设计的目的是雇用、培训、奖励和提拔以发现为动力的人才。

宗旨
- 宗旨一：创新是每个人的职责，而不只是研发部门的职责。
- 宗旨二：破坏是公司创新任务的一部分。
- 宗旨三：调遣组织得当的创新项目小分队。
- 宗旨四：巧妙冒险，追求创新。

图7-1 全球最具创新力的公司的人才、程序和宗旨

当然，真正的难处在于如何让3P框架在员工身上发挥作用。许多组织表示，他们不乏创新人才，也有鼓励创新的公司程序和指导宗旨。但是对于如何将这些人才、程序和宗旨融入企业文化，他们还是没有头绪。本章中，我们介绍了世界上最具创新力的公司，并提供了一个框架，帮助你了解创新型组织是如何将人才、程序和宗旨融入企业文化的。

第七章　全球最具创新力的公司

你的组织或团队创新力有多强?

要快速了解你的组织或团队的创新情况,请做以下小测试。(1=十分反对,2=反对,3=既不同意也不反对,4=同意,5=十分同意)请根据你的组织或团队现有的人才、程序和宗旨回答,而不是根据理想的情况回答。

人才

1. 我们的组织或团队的领导者一直擅长提出关于程序、产品、服务或业务的创新性想法。

2. 我们的组织或团队在雇用人才的时候,会根据创造力和创新技能对人才进行筛选。

3. 在我们团队或组织的业绩评价程序中,员工的创造力和创新技能是很重要的评分标准。

程序

4. 我们的组织或团队会频繁进行头脑风暴,通过与其他产品、公司或行业比较,搜寻疯狂的或截然不同的想法。

5. 我们的组织或团队鼓励团队成员提出挑战现状或惯常做法的问题。

6. 我们的组织或团队通过频繁给员工机会观察客户、竞争对手或供应商的活动,以培养其形成新的想法。

7. 我们的组织或团队建立了正式的程序和制度,用于公司和外界交际,寻求关于程序或产品的新想法。

8. 我们的组织或团队采取了一些程序,使员工可以频繁实验新想法,寻求创新。

宗旨

9. 我们的组织或团队希望每个人都能够产生创造性的想法，提出公司应当如何改进产品、程序等意见。

10. 我们的组织或团队中的人才不惮冒险和失败，因为高管支持并奖励冒险。

计分

把10道题目的得分加起来。若总分大于或等于45分，则表示你的组织或团队的创新者基因得分非常高；若分数在40~45分，则表示你的组织或团队的创新者基因得分较高；若总分在35~40分，则表示你的组织或团队的创新者基因得分中等偏高；若总分在30~34分，则表示你的组织或团队的创新者基因得分中等偏低；若总分小于30分，则表示你的组织或团队的创新者基因得分较低。这是简化版的测试，更系统的组织或团队测试见 http://www.InnovatorsDNA.com。

正如本章开头提到的，第二章到第六章主要关注的是个人创新者如何创新。本章提出，创新者的基因对组织的创新力塑造来说也同样适用。我们认为，对团队而言，这些应用也是同等有效的（这些原则既可以运用到个人身上，也可以运用到组织内部）。我们认为，这是因为当今世界发展迅猛，像沃达丰这样的企业靠12个人就能开设一个新的业务部门，这使组织和团队之间的界限日渐模糊。这样的部门是组织，还是团队？我们认为是二者兼备，因为组织就是一些集合起来的团队，创新者的基因可以运用到二者身上。在接下来的三章，我们将详细描述创新型组织和团队是如何将创新的密码植入人才、程序和宗旨的。

第八章
人才：组建技能互补团队

> "创新是领导和员工的分水岭。"
>
> ——史蒂夫·乔布斯

每一天，对你的组织和团队而言，你的管理行为也许都是最有力的信号，宣告着创新的重要性。我们采访过许多大型组织的高管，在大多数情况下，他们都认为创新不是自己个人的职责。他们觉得自己只需要负责"协助创新程序"，保证公司里有员工在创新就可以了。但是，在世界上最具创新力的公司中，像杰夫·贝佐斯、马克·贝尼奥夫和阿兰·乔治·雷富礼这样的高管并不只是命令他人创新，他们自己也会亲力亲为地参与到创新程序之中。

第一章中我们提到过，勇于创新的公司领导者的发现技能得分在88%左右，但是执行技能得分仅在56%左右。被问到为什么其执行技能得分低时，创新主管们一般都会回答说自己没有时间，或者说他们认为这不值得花费时间。他们的关注点是创新，因此他们会积极地参与提问、观察、交际和实验,而这也会深刻地影响他们的组织和团队。创新者有着极强的创新能力,因此他们也很看重他人的创新技能。有了这份重视,组织内的其他人会感觉到,如果要当上高级管理者,就必须展现个人的创新能力。这份期望能够在公司内部孕育出对创新的关注。

相反,对以前没有个人创新记录的高管进行抽样调查之后,我们发现,平均而言,这些高管的发现技能得分约在68%左右,而执行技能则在80%左右(见图8-1)。很明显,他们这两项技能的得分都高于平均水平,但不能算是突出的优势。基本上,这些主管都是以实现为动力的,平步青云靠的是执行力和实现成果。在这些公司里,他们是受提拔的榜样,其他希望升职的人,如果能够表现出类似他们这样的技能搭配,也会得到提拔。因此,在

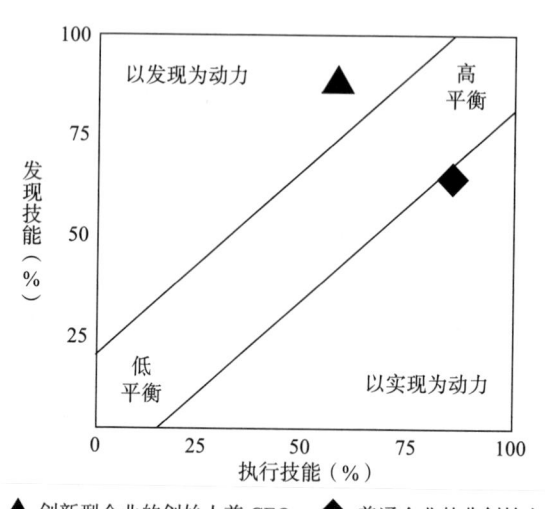

▲ 创新型企业的创始人兼 CEO　◆ 普通企业的非创始人 CEO

图 8-1　发现—执行技能矩阵

创新能力较弱的组织中,整个管理团队的发现商数较低。

和其他领导者比起来,乔布斯执掌的苹果公司的业绩更好这一点,充分印证了上述观点(见图8-2)。1980—1985年,乔布斯初次管理苹果公司,当时公司的创新溢价是37%。然而,1985—1998年,乔布斯缺席苹果公司时,苹果公司的创新溢价跌到了年均-31%。苹果公司不再创新,投资者对苹果公司的创新和增长能力也失去了信心。之后,乔布斯重返领导岗位,重组高管团队,任命更多以发现为动力的人才担任高管,于是苹果公司再度扬帆创新。这期间有几年是过渡时间,苹果公司的创新溢价仍然在低位徘徊。但是2005—2010年,苹果公司的创新溢价飙升到52%。

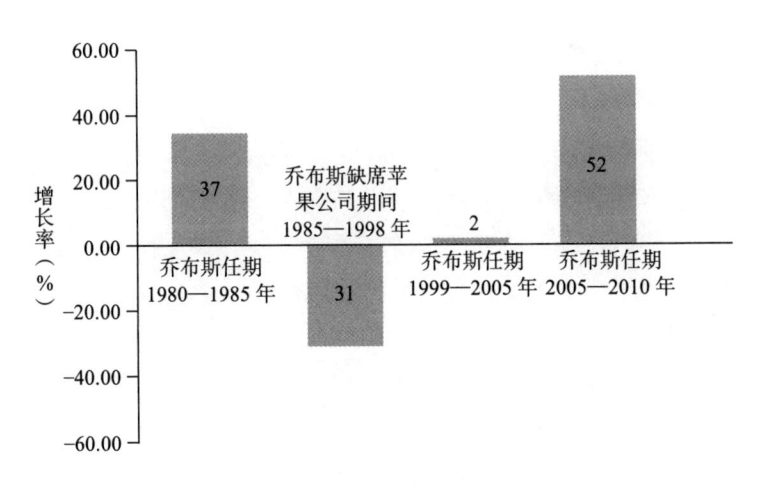

图8-2 苹果公司的创新溢价

为什么创新型领导者能有所作为

第一章描述了乔布斯是如何通过一次对施乐帕克研究中心的重要拜访，产生了 Mac 电脑的关键想法（鼠标和图形用户界面）的。乔布斯后来回忆说："当时他们给我看了图形用户界面的雏形。我们所看到的是未完成的、有缺陷的产品，但是其想法的精髓已经成形……短短十分钟的观察之后，我已经明白，这就是将来所有计算机的运作模式。"这项技术给乔布斯留下了深刻的印象，促使他带领苹果公司的整个编程团队又去了一次施乐帕克研究中心。回到苹果公司之后，乔布斯集结了公司力量聚精会神地开发个人计算机，希望能用上并改进他们在施乐帕克研究中心看到的技术。乔布斯组织了一批优秀的工程师，为他们提供了其所需的资源，然后鼓励这支团队实现想象中的前景。这就是一个创新型领导者的所为。

而施乐帕克研究中心的管理团队就没有这样的发现技能，因此无法充分利用自己公司开发出来的技术。施乐帕克的科学家拉里·特斯勒当时观察到，"他们（指乔布斯和他的程序员们）只花了一个小时看这些样品，就理解了我们的技术，懂得了我们技术的内涵。我们已经花了几年给施乐帕克的主管展示这些样品，主管却没法像他们这样理解技术"。[a] 乔布斯同意特斯勒的话，补充道："那些主管只是人云亦云，他们根本不懂计算机，也不了解计算机的潜力。他们本来可以获得整个计算机行业最伟大的成功，却与成功失之交臂。施乐帕克本来是可以成为今日计算机行业的霸主的。"[b] 难怪特斯勒离开了施乐帕克，加入了苹果公司。

因为创新者都希望和创新者共事。此外,创新型领导者执掌的公司更有可能将资源投入研发,以实现有潜在革命性的想法。

a Robert X. Cringely,*Triumph of the Nerds*,PBS documentary,New York,1996.
b 同上。

与之类似,2000年雷富礼出任宝洁CEO之前,宝洁公司的创新能力一直不错,1984—2000年其年均创新溢价为23%就是明证。但是,雷富礼出任CEO之后,在2001—2009年任内专注创新,大大提升了宝洁公司的创新能力,将其年均创新溢价提高到35%(见图8-3)。

雷富礼和其他我们研究的创新型领导者一样,都有意识地用自己的创新行为树立了榜样,让其他人也意识到创新的重要性。雷富礼高管团队成员兼前首席技术官吉尔·克劳伊德说:"雷富礼总是会前往卖场,希望和消费者互动。他是真的对此充满了好奇心。这一点很重要,因为这种好奇心不仅令人想要见贤思齐,更是一种能够传染的好奇心,令人想要去发现如何能够为我们的顾客提供更愉悦的体验,如何换一种方式提高他们的生活质量。"雷富礼的团队见证了雷富礼每日的行动,注意到他花费了大量私人时间思索新想法,因此很容易地就"懂得了"创新的含义。雷富礼还用自己的行动表明,创新不是自娱自乐,说到底还是团队的共同努力。雷富礼观察到,"有时候,大家正束手无策时,忽然就产生了一些前无古人的想法,创造了一些令人难以置信的东西。如果公司里出现了这样的突破,那绝对不是一己之力,而是

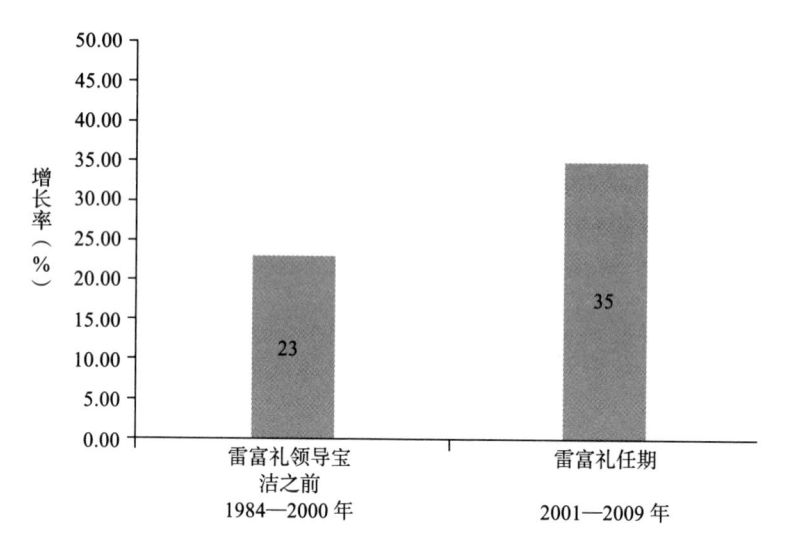

图 8-3 宝洁公司的创新溢价

团队的功劳……将大家集结在一条船上，齐心协力地向同一个目标前进，这才是有趣的地方。如果能够成功抵达彼岸，那就更有趣了"。

宝洁公司和苹果公司的创新溢价反映了我们研究的一个重要发现，那就是如果高管希望公司有所创新，就必须停止对他人指手画脚，好好自我反省。他们必须了解创新的机制，提高自己的发现技能，并且磨炼自己催生他人创新的能力，这样才能够引领创新。此外，他们还必须为团队和组织招揽足够多发现商数高的人才，只有这样才能让创新变成团队协作。

BIG 玩具公司：组合使用发现技能和执行技能

要保证组织内有许多擅长五项发现技能的人，这一点很重要。但我们并不是说团队或组织唯一需要的就是以发现为动力的人。如果一个组织停止执行任务，就会很快走上末路。以发现为动力的领导者需要以实现为动力的人才辅佐执行任务。创新团队有效的领导者不仅了解自己的发现技能和执行技能水平，还会积极地取他人之长，补己之短。

互补的发现技能可以促进创新

一次，微软 Windows 系统核心安全主任罗斯·史密斯和微软缺陷预防团队的成员丹·比恩找到我们，和我们讨论团队创新，这让我们无意中发现了极具创新力的团队是如何构建起来的。史密斯当时正在管理大约 70 支团队（每支团队成员从 4 人到 8 人不等），这些团队的任务是解决与 Windows 系统安全有关的各种问题。他观察到，这些队伍里有一支 6 人缺陷预防团队在过去 5 年内是最具创新力的。这个团队提出了许多次创新，其中最有价值的当属聪明的《生产力游戏》，这款游戏促使用户为微软的主要产品提供反馈。

例如，该缺陷预防小组的成员设计了一些异想天开的游戏，做了各个语言版本的 Windows 对话框。为了获得反馈，他们将游戏发给微软的数千名员工，除了英语，这些员工还会说一门其他的语言，从中文到斯洛伐克语都有。玩游戏的时候，用户用一支彩色的电子笔标出语言错误,然后把这些错误拖到一个标有"不好"的桶里(这样可以得分)。在把语言错误拖到桶里的时候,用户还可以输入一些评论。史密斯告诉我们:"这些'生产力游戏'效果很好:我们因此省下了数百万美元,还把语言质量提高到了从未有过的高水平。"

史密斯想要进一步了解,为什么虽然拥有同样有才能的软件工程师,这支团队的创新成果却比其他团队更多、更好。史密斯认为,其中一个原因是该缺陷预防团队通过积极的努力,达到了高度的互信。另一个重要的原因最初是由团队成员比恩发现的,他认为团队里的各个成员的发现技能似乎是互补的。我们用360度创新者基因测试检验并证明了比恩的假设。

具体而言,我们发现该团队的每个成员分别擅长不同的发现技能。史密斯擅长联系,鲍伯·马森擅长提问,比恩擅长提问和观察,乔舒亚·威廉姆斯擅长交际,亨利·埃米尔擅长实验。因此,这个团队表现出了极其高超的协同发现才能,这都归功于团队成员有互补的发现技能。简言之,由于团队成员用不同的发现技能给团队带来了不同的新鲜力量,使这个团队在发现技能上产生了很强的协同作用。比恩说:"我所知道的是,我在这个团队里参与的讨论是我在微软参与的讨论中最有创造力、最能激发灵感的。这让我觉得,在这个团队里工作十分有趣。"根据团队成员的描述,队长史密斯"信任手下","鼓励大家给出新想法,进行冒险","重视独立思考的人","会鼓励并激发新想法","会公开表扬他人的工作,同时倾向于淡化自己的贡献",这些都是好的做法。简言之,史密斯的所为称得上是一个好领导者的所为,

> 他为他人营造了安全的创新环境（详见第九章）。
>
> 　　除了微软，我们还在其他极具创新力的团队中发现了类似的做法。有了互补的发现技能，团队的整体技能就会变得丰富多样，这就提高了团队的整体创新能力。因此，比起单个团队成员和那些成员擅长同一种发现技能的团队（例如，所有团队成员的新想法的来源都是靠交际），这种团队形成新想法的能力要强得多。此外，如果不同的团队成员擅长不同的发现技能，那么他们就可以互相学习，形成更强大的创新协同作用。

　　例如，在戴尔计算机公司大获成功的1990—2005年，迈克尔·戴尔和时任总裁凯文·罗林斯（Kevin Rollins）一直处于发现和实现的循环往复中。戴尔回忆道：

> 　　我送了凯文一个好奇猴乔治的毛绒玩具，意思是要他多提问题，多点好奇心。作为回应，凯文送了我一个玩具推土机，司机是个笑容满面的小女孩。有时候，我会对一个想法感到特别兴奋，然后马上就开工。凯文把这个推土机放在我的办公桌上，是希望能够提醒我"等一等，我得先加把劲儿，仔细考虑一下，稍后再实施这个想法"。我们并不常这样互送玩具，这是我们之间心照不宣的小玩笑。

　　罗林斯承认他和戴尔扮演的是不同的角色，他告诉我们："迈克尔的创业天赋确实比我强。他每一天、每个小时都有新的想法。但在大企业里是没有办法一天实现一个想法的。而我负责调控创新引擎。"

同样，易趣的皮埃尔·奥米迪亚知道自己的长处是发现，短处是执行。他知道自己的团队需要更强的执行技能，所以邀请斯坦福大学 MBA 毕业的杰夫·斯科尔加盟。奥米迪亚告诉我们："杰夫和我的技能十分互补。我更多的是从事创造性工作，开发产品，解决和产品相关的问题。而杰夫则负责一些分析性和实用性的事务。他会倾听我的想法，然后说：'好的，我们来看看如何实现这个想法。'"为易趣组建高管团队时，奥米迪亚把握好了互补技能的力量。

这些故事告诉我们，团队要成功创新，就要有形成新奇想法的能力，还要有能力在团队中执行这些想法。这两种技能都必不可少。聪明的领导者懂得这一点，会有意识地考虑团队构成，确保团队的发现技能和执行技能保持足够的平衡。图 8-4 中，团队暂时保持了发现技能和执行技能的平衡。但是要记住，完美的平衡并不一定就是完美的解决方案。

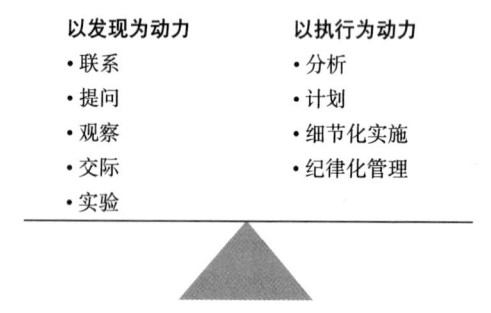

以发现为动力	以执行为动力
• 联系	• 分析
• 提问	• 计划
• 观察	• 细节化实施
• 交际	• 纪律化管理
• 实验	

图 8-4　在团队或公司中平衡发现技能和执行技能

有时候，团队或组织应该侧重于发现技能（尤其是在组织创立的阶段，或者团队负责开发新产品、营销或其他业务开发任务时）；有时候，团队应当更侧重于执行技能（在公司成长或成熟阶段，或者在与运筹和财务相关的职能部门合作时）。图 8-5 中，我们展示了不同种类表现优秀的组织团队中，平均的理想团队情况（假设每个团队的两类技能都高于 70%）。

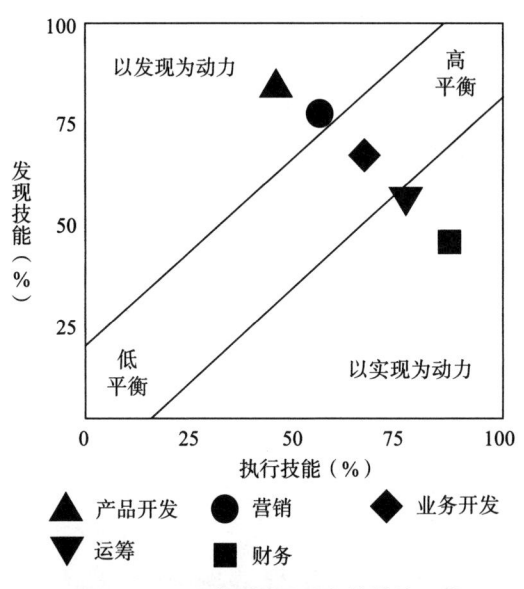

图 8-5 不同类型团队理想的技能组成

在产品开发和营销团队中，平均而言，成员的发现技能得分应当高于执行技能得分（如果有几个擅长执行的团队成员，效果固然更好）。相反，在财务和运筹团队中，平均而言，成员的执行技能得分应当比发现技能高（当然，如果其中有几个擅长发现的成员也是不错的）。关键在于，首先要了解谁有什么技能，然后要想出如何在团队内将互补的长处结合起来，形成具有影响力的想法。

发现技能和执行技能在特定团队内孰轻孰重，取决于团队在创新漏斗（或创新周期）的哪个阶段。例如，BIG 公司运用类似

《美国偶像》这一电视节目的商业模式寻找发明家，然后将他们的产品投放到市场上。在创新漏斗的每个阶段，CEO 麦克·柯林斯都希望公司内有不同的发现技能和执行技能的组合。

BIG 公司的第一阶段是"形成想法"。在此阶段中，公司积极地在全球发明家中寻找创新的想法。柯林斯的公司会通过在多个城市路演、利用网络和时事通讯进行"大构想搜索"，和职业发明家团体联系。随着时间的推移，BIG 已经形成一个职业发明家的网络，不仅能够为自己的产品发掘想法，还可以为 BIG 的客户找到想法。BIG 盈利的方法是将发明家的想法做成产品投放到市场上，运用发明家网络，为在公司外部寻求产品新想法的特定客户提供新的产品想法。实际上，客户公司就像将创新产品设计外包给 IDEO 一样，将新产品开发的任务外包给了 BIG。

第二个阶段是"精挑细选"。在此阶段中，柯林斯聘请发明技能很强的人才组成评审团，听取发明家的想法，然后评价这个新产品想法是否有市场潜力。一段时间之后，柯林斯发现要想让评审团制度取得良好的效果，就必须选择发明技能强的人担任评审，因为这些人并不会局限于最初的想法，而是会寻求改进的办法。柯林斯告诉我们："有一次，我们在评价新玩具的想法时，请了一位知名玩具零售公司的高级经销主管担任评审，但他没有帮上忙，因为他只是一个劲儿地分析为什么某个想法无法成功。他脑子里想的全是执行。但在设想阶段，我们需要的是能够找到创新方法来实现想法的人。"柯林斯的这段经历表明，创新漏斗的前两个阶段需要擅长发现的人才，但到了第三个阶段和第四个阶段，这些技能就显得没那么重要了。

第三阶段是"精细打磨"。在此阶段公司会检验想法能否在市场中盈利。设计师和工程师会协作帮助公司设计并构造出产品原型。营销人员会评估该产品是否有足够大的市场。制造专家（往往来自中国）会分析产品不同数量批次生产的成本。完成这些任务首先需要的就是一流的执行技能。然而，即使是在这个阶段，柯林斯和其他发现技能强的人还是会扮演重要的角色，寻找创新的产品改进方法，让消费者对这款产品更加满意。

第四阶段是"获取价值"。在这一阶段中，产品会被投放到市场上。虽然这一阶段主要专注于实现制造、营销、分销和销售产品，发现技能仍然可以产生价值，因为BIG会不断搜寻制造、营销（品牌）、分销和销售（定价）产品的创新方式。柯林斯说："在创新过程的所有阶段，你都可以找到创新方法。"实际上，在创新漏斗的最终阶段，BIG极具创新精神，其用于销售发明家的产品的分销渠道要比一般公司更广泛多样。

举例说来，BIG早期是在玩具领域搜索新的产品想法的。BIG完成前三个阶段的任务，寻找并开发了新玩具想法之后，就会遇到这样一个问题："要用这种产品获取价值，最好采取什么方式（如制造、营销、销售）？"有些新玩具产品适合零售商玩具反斗城——一般情况下这也是最好的分销新产品的途径。在这种情况下，BIG也许会把生产外包到中国，然后让玩具反斗城从中国提货。但是，除了单纯依靠玩具反斗城和沃尔玛超市，BIG发现有些新玩具想法更适合交给乐宁公司、基本乐趣公司、《国家地理杂志》的目录、电视与网络百货零售商QVC公司、布鲁克斯通公司等渠道。BIG也会将玩具创意授权给孩之宝、美泰等公司，因为这些公司有特定的资源和程序，能够更好地将玩具投放到市场上。简言之，在创新漏斗的最后一个阶段，BIG的创新力远远超过美泰这样的玩具公司。美泰这样的公司一般只会把玩具全部送到玩具反斗城和沃尔玛这样的大卖场。关键在于，虽然在创新程序的早期阶段，你也许需要更多的发现技能，但你也应该在创新的每个阶段、在组织中的每个团队部署（或至少安排几个）发现技能强的人才。

IDEO 人才理念：打造多学科团队

确保创新团队拥有互补的发现技能和执行技能很重要，但对公司创新而言，同样重要的是保证团队容纳了多学科的人才——成员擅长不同学科的知识。IDEO 就是一个很好的例子。作为世界上最受欢迎的创新设计公司，他们多次获得 IDEA 奖（工业设计优秀奖，Industrial Design Excellence Awards），次数为其他公司的两倍。IDEO 有许多创新设计团队，这些团队承担着非常明确的任务，即设计新产品或形成新的服务理念。

大体上，IDEO 的宗旨是要打造多支多学科的团队，成员都是"T 型人才"：在一个领域有钻研，并广泛涉猎其他多个领域（见第二章）。当然，作为一家设计公司，IDEO 的所有团队都有一个设计专业的成员。然而，IDEO 还会寻找以下三个领域的专业人才："人性因素"领域（用于决定一个创新性想法是否具有吸引力）、"技术因素"领域（用于评价一个创新性想法是否有技术可行性）、"业务因素"领域（用于衡量一个创新性想法的商业潜力和盈利水平）。

第一，IDEO 会在团队里安排一个"人性因素"领域的专家，这个专家有某一门行为科学的背景，如人类学或认知科学。这名专家会从消费者的角度提供一些有关于新产品（或服务）吸引力的见解。这名"人性因素"专家会组织团队成员对消费者进行深入观察，以了解要完成的任务，并深刻地做到对用户感同身受。例如，在为使用轮椅的人士设计产品或服务的时候，这位"人性因素"专家也许会安排团队成员花一天时间体验轮椅使用者的生活。在了解并亲身感受到用户的体验之后，"人性因素"专家就能够指出新设计的产品是否具有吸引力。在设计新产品或服务的早期阶段，这一意见尤为重要。

缺乏业务创新也许会扼杀技术创新

几年前，几位 3M 公司（明尼苏达矿务及制造业公司）的技术主管来拜访克莱顿·克里斯坦森，向他述说了他们的苦恼：由于缺乏业务方面的创新，他们的创新产品无法投放到市场上。3M 公司一直享有创新的声誉，克里斯坦森之前去该公司实地考察过几次，很了解该公司的创新机制。在考察期间，他发现 3M 公司的研发部门运用了本书中描述的创新原则。研发部门雇用了有精深专业能力和广博知识面的人才，联系了各种技术专业以发现为动力的人才，也有鼓励创新行为的宗旨。

那么，3M 公司的团队希望克里斯坦森帮助他们解决什么问题呢？他们给克里斯坦森看了一个他从未见过的礼品袋。这个袋子从正面看是漂亮的紫色，换个角度看是粉色，而里面是明亮的白色。设计团队运用了一些使聚合物吸收或反射波长的技术，发明了一个可以变色的礼品袋。这看起来似乎很令人瞩目，但是团队成员并未因此而激动。他们说："公司不想将这款产品投放到市场上，因为市场不够大。"

在克里斯坦森看来，这是个很棒的礼品袋，这种类型的礼品袋肯定有很大的市场。团队成员告诉克里斯坦森，实际上，全球礼品袋和礼品盒的市场达到了数十亿美元，但是礼品袋板块的利润率只有30%。3M公司的一般产品的利润率是55%，财务部不会出资投放利润率低于55%的产品。克里斯坦森不禁问道，如果把礼品袋的价格提高，使利润率达到55%，结果会怎样？答案是，如果提高价格，那么市场也会相应缩小（限于更小的人群），而3M公司不会开拓这么小的市场。

现在的挑战是要寻找一个办法，让产品能够投放到市场上并达到预期的利润率。但是，3M公司在业务方面的创新不如在技术方面的创新。公司制定了投放产品的规则，并不期望在业务方面做出创新，在决定是否出资投放新产品方面没有鼓励创新行为。

我们在其他公司也观察到了这样的挑战。公司将创新任务局限在研发部门，要求研发人员创新，而业务部门只需执行任务，无须应对创新挑战。这样做的结果就是（3M公司和其他公司都是如此），缺乏业务创新的状况很容易就会扼杀技术创新。不出意料的话，公司的研发人员很快就会泄气。此外，公司还会错失一些创新机遇。实际上，只要能够在如何制造、分销、营销、定价或为产品分配资源上多一点儿创新，这些机遇本来都是可以被牢牢把握住的。

第二，"技术因素"专家掌握了许多技术方面精深的专业知识，团队也许能将这些知识运用于新产品或新服务的设计。这位专家有可能有着工程学或理科研究背景。如果团队想知道在某个新产品或服务设计上有哪些技术是可行的,就会需要这类专业建议。团队明确了用户的需求之后,下一步就是搜寻并决定用哪些技术提供最佳解决方案,这时技术方面的专业知识尤为关键。

第三,"业务因素"领域的人才也是必不可少的,他可以指出创新的产品或服务是否具有市场潜力。这位专家有可能拥有商业背景,如拥有 MBA 学位,并有运筹、营销或金融方面的专长。在创新程序的后期,团队必须选择最佳盈利方案制造、分销、推广和为产品定价,此时这些专长自然会变得更为重要。

通过组建专业互补的团队,IDEO 可以更好地从各种角度看问题,并发现有吸引力、可行性和潜力的新产品或服务。难怪 IDEO 能够推出如此多成功的创新产品。

和 IDEO 一样,苹果公司刺激创新的方式也是雇用拥有各种不同类型专长的人才。乔布斯说:"Mac 电脑之所以这么了不起,一部分原因是研发人员中有音乐家、诗人、艺术家和动物学家,而这些人又碰巧是最优秀的计算机科学家。苹果公司之所以能够创造出 iPad 这样的产品,是因为我们总是将技术和人文学科联系在一起,吸取二者之精华。"[1] 关键在于,创新型公司所挑选的人才,不仅有互补的发现技能和执行技能,而且有多样化的专业背景,因此能够从多种角度看问题。

总之,全球最具创新力的公司的领导者都对创新有很深的认识。他们凭借高发现商数频繁地为公司贡献创新性想法,不断引领着创新潮流。在我们采访过程中,一位主管向我们抱怨其以实现为动力的上司:"如果他只关心执行,就不可能指望大家创新。这是行不通的。"创新型公司会打破传统,转而雇用以发现为动力的人才,并通过这些一直在创新的人才,来改变世界。有了大量

第八章 人才:组建技能互补团队

以发现为动力的人才,才能让以发现为动力的人才和以实现为动力的人才良好互动,互相学习,互相帮助,由此才能为强大的创新协同作用奠定基础。尤其是在成员拥有互补技能的团队中,如果发现者能够真诚地欣赏执行技能强的人才所扮演的关键角色(反之亦然),那么创新团队和公司就会有最佳表现。最后,创新型公司会雇用并安排有不同专业背景的团队成员(最好是"T型人才"),如此一来,团队或组织就能够从非常广阔的角度看待并解决问题。

第九章
程序：将创新程序制度化

> "我们并不在意你给我们的是牙刷、拖拉机、太空飞船还是椅子。我们只是想运用我们的程序，找出创新的方法。"
>
> ——戴维·凯利
> IDEO 创始人

我们研究了全球最具创新力的公司，发现创新型组织的基因反映出的是创新型人才的基因。善于发明的人才会系统性地提问、观察、交际和实验，以激发新的想法。和这些人才一样，创新型组织也会开发鼓励员工使用以上技能的程序。这些组织还会凭借系统性的程序，寻找发现技能强的人才。在鼓励他们使用发现技能的环境里，这些人会焕发活力。如第七章所言，组织程序反映了对反复出现的任务的一种回应，如果频繁使用这些程序，在解决问题时，它们就会理所当然地成为良方。然而，要发挥程序的作用，以帮助组织系统性地形成创新，就必须要求整个组织（而不仅仅是创新型企业家一个人，或是寥寥几个极具创新力的人才）广泛地了解并运用这些程序。本章首先讨论创新型组织如何寻找擅长发现的人才，然后研究那些鼓励甚至是要求员工提问、观察、交际和实验的程序。

创新型组织如何寻找人才

极具创新力的组织的领导者都懂得，如果公司想要在公司内所有层级都组建创新骨干队伍，就必须招揽到创新型人才。史蒂夫·乔布斯发现："在生活中的大多数情况下，一般水平和最佳水平的人才的比例是 2∶1。我最初感兴趣的领域是硬件设计，我发现在我感兴趣的领域，一般资质的人才和最优秀人才的成就是 1∶50，甚至 1∶100。鉴于此，我建议一定要在人才中优中选优。我们就是这样做的。一小组水平 A+ 的人才比一大群水平 B 和水平 C 的人要厉害得多。我们一直尝试组建这样的 A+ 队伍。"那么，极具创新力的组织是如何找到创新水平 A+ 的人才的呢？他们会着意寻找满足以下条件的人才：

1. 过去一直有稳定的表现，显示出很强的发现技能（如有过发明创造）。
2. 至少在一个知识领域有精深的专长，同时对多个知识领域有一定的了解（例如第二章讨论过的"T 型人才"）。
3. 表现出一种改变世界、希望有所作为的热情。

很明显，如果公司想要员工拿出创新性想法，就必须在招聘程序中筛选有创新潜力的人才。大多数公司不会这样做，但是极具创新力的公司会这样做，他们在招聘新员工时会公开筛选有创造力和创新技能的人才。例如，在维珍公司（《商业周刊》创新榜单第 16 名），理查德·布兰森将"创新"列为筛选新员工的六大特点之一。要想进入维珍公司工作，就必须表现出"对新想法的热情"，必须"充分展现自己的创造力"，还必须"过去一直都有'非同凡想'的想法"。维珍公司对自己员工的描述是："一群鹤立鸡群的人。他们的行事方式与众不同，并且他们只会这样做事。这不是强迫行为，而是他们的天性。他们诚实奔放、爱提问、爱逗乐、具有破坏性、聪明，并且不知疲倦。"通过寻找具有上述特征且一直能产生"非同凡想"的想法的人才，维珍公司才更有可能为每个级别的岗位招揽到创新者。

谷歌（《商业周刊》创新榜单第 2 名，我们的榜单第 6 名）为了寻找聪明又有好奇心的人才，采用了各种各样的创新技巧。谷歌的 GLAT（Google Labs Aptitude Test）测试就是一个很好的例子。这套测试由 21 道题组成，用一种诙谐的方式筛选新员工。有些问题的测试重点是量化能力（其中一道题是："用三种颜色给 20 面体上色，每个面涂一个颜色，总共有多少种上色方法？"提示：答案是 58 130 055 种）。其他问题的目的是测试创造力和幽默感："在你看来，最美的数学方程式是什么？"还有一个问题是："此处有意留白。请填入一些东西，让这个空白处显得更空。"没耐心接受调侃性问题的人就会被淘汰。那些读懂了这些问题并认为这些问题有趣且有挑战性的人，才是谷歌想要雇用的人才。

谷歌还有另外一个寻找合格创新型应聘者的技巧，即"谷歌编程挑战赛"（Google Code Jam）。自 2003 年首次推出以来，"谷歌编程挑战赛"已经成了一个定期的解难题竞赛。参赛选手要在规定的时间内在线解决相同的问题，获胜者将获得1万美元的奖金和到谷歌工作的机会。实际上，在2006年的"谷歌编程挑战赛"中，最终排名前20位的参赛选手都获得了工作机会。当然，排名前20位可不是那么容易的，因为该挑战赛的全球参赛选手多达2.1万人。通过这样的锦标赛，谷歌有效地对2.1万名全球应聘者进行了筛选，用时不过短短几天，并且这一切几乎完全是自动完成的。在最终的获胜者中，有来自俄罗斯、波兰和中国的人才，这表明谷歌招揽了国际性的人才（2010年的"谷歌编程挑战赛"的参赛选手来自125个国家）。初期的资格赛环节主要测试的是解决计算机编程问题的速度；决赛的挑战环节在谷歌总部举行，有100名选手入围。为了表现更具创新精神的思维能力，每个选手都要破解另一个选手设计的编程代码。这个程序十分成功地帮助谷歌寻找到了资质过人的程序员，这些人热爱编程，也渴望为谷歌工作。

极具创新力的公司还有一个不变的主题，就是寻找有过发明创造、在某一知识领域有精深的专长，同时渴望通过出色的产品和服务改变世界的人才。亚马逊会问应聘者是否有过发明创造，这就给了应聘者一个强烈的信号，即该公司期待并重视发明。IDEO（多次位列《商业周刊》创新榜单前25位，因为它是私营公司，所以我们的榜单中没有涉及）一直在寻找造诣精深的专业人才，这些人才可能精通的是心理学、人类学、设计、工程或任何其他专业，因为对专业的钻研体现了他们对某种事物的热情。苹果公司会通过公开招聘寻找过去一直表现卓越的人才，也就是A+人才。苹果公司前招聘官莎伦·艾比说："我们想要招聘有创业精神的人……这些人精力充沛，乐于贡献，他们评价过去的自己的依据是自己做过什么，而不是自己担任了多高的职位。他们的主要特点是，期待取得卓越的成绩……作为应聘官，我们的原则是宁缺毋滥。有些经理会希望早日找到人填补岗位空缺，这样可以尽快开展项目。但如果我需要6个月才能找到最佳人选，我就会要求他们等着。我们要寻找的是以创造新事物为乐的人才。我们的口号是'给我个惊喜'。"[1]

激发员工的发现技能

极具创新力的公司的文化反映的是领导人的个性和行为。换言之，创新型领导人往往会将个人行为化为程序融入公司内部。以下例子说明了一些创新型领导人是如何将创新程序制度化，进而鼓励组织中所有人提问、观察、交际和实验的。

发现程序一：提问

现在，几乎所有制造业人士都听说过精益生产（Lean Manufacturing），也就是汽车行业所熟知的丰田生产系统（TPS，Toyota Production System）。这一如今广为人知的系统是由亨利·福特首创的，对大规模生产技术而言，这是一个跨越性的创新。丰田公司（《商业周刊》创新榜单第4位）的产品在2009年固然是出了质量问题，但早期的创新曾使丰田多年以来在全球汽车行业中收入和利润双双领先。丰田前工程师大野耐一因主持设计了丰田生产系统而闻名。他在这一创新生产系统中植入了"五个为什么"这一提问程序。许多世界上最具创新力的公司都借鉴了这一提问程序。

程序可以让 B 水平人才变为 A 水平人才（反之亦然）

乔布斯说过，苹果公司一直在寻求 A+ 水平的人才。这确实是高见，但是，难道有哪家公司的目标不是这样的吗？如果吸引不到 A+ 水平的人才，该怎么办呢？即使你可以吸引到这样的人才，就一定能保证他们能拿出 A+ 的成绩吗？哈佛大学的鲍里斯·格鲁斯伯格（Boris Groysberg）、阿希什·南达（Ashish Nanda）和尼廷·诺里亚（Nitin Nohria）针对这些问题给出了有趣的回答。[a] 他们研究了股票分析师长期的表现，尤其是那些跳槽到其他公司的"明星"分析师。这些"明星"股票分析师是根据《机构投资者》（Institutional Investor）杂志的排名选出来的（排名依据包括收益评估、选择的股票和书面报告）。分析师排名越高，其股票预测就越精确，其写出的报告对股价的影响也就越大。同一个"明星"分析师，如果跳槽到了一家程序效率低下、资源较少的公司，其表现就会直线下滑，且这一趋势至少会持续 5 年。如果跳槽到一家程序和资源旗鼓相当的公司，其表现还是会下降，但是这一趋势持续的时间仅为两年。因此，公司的资源和程序对"明星"分析师的表现有很重要的影响。研究人员发现，有些公司，如桑福德伯恩斯坦公司（Sanford Bernstein），建立了关键程序，用于培训、指导和支持分析师，因此能够更为成功地培养"明星"分析师。这些研究是针对 2 086 位对冲基金经理展开的。研究结果显示，这些经理的表现有 30% 归功于自身，剩余 70% 由所在的机构决定。

大多数人都会本能地相信才能和天分。但人才让组织表现得更好并不只是一个单向的过程。组织本身，包括其程序和宗旨，

> 也可以使人才表现得更好。凭借自身的创新程序和资源，公司可以让 B 水平人才变成 A 水平人才，但是同理，也可能导致 A 水平人才降为 B 水平人才。
>
> a Boris Groysberg, Ashish Nanda, and Nitin Nohria, "The Risky Business of Hiring Stars," *Harvard Business Review*（May 2004）.

"五个为什么"这一提问程序要求员工每次遇到一个问题的时候都必须问五次以上"为什么"，以求揭示因果链，找出创新性的解决方案。举例来说，2004 年，贝佐斯和他的领导团队在亚马逊运营中心视察。视察过程中，他听说中心发生了一起安全事故，一名同事在传送带上弄伤了手指，伤情严重。听到这个事故之后，贝佐斯走到一块白板前，问了五个问题，以调查事故的根本原因。

问题一：为什么该同事弄伤了手指？
回　答：因为他的大拇指被传送带卡住了。
问题二：为什么他的大拇指被传送带卡住了？
回　答：因为他的包在传送带上，他在追他的包。
问题三：为什么他的包在传送带上？他又为什么要追他的包？
回　答：因为他把包放在了传送带上，然后传送带意外启动了。
问题四：为什么他会把包放在传送带上？
回　答：因为他把传送带当成了放包的桌子。
问题五：为什么他会把传送带当成了放包的桌子？
回　答：因为他工作的地方附近没有桌子可供放包和其他私人物品。

第九章　程序：将创新程序制度化

贝佐斯和他的团队认为，这起手指受伤事故的根本原因在于这名同事需要找个地方放置他的包，但是他工作的位置附近没有桌子可供放包，于是他只能将包放在传送带上。为了避免此类安全事故再次发生，团队在合适的工作地点放置了可移动的轻型桌子，同时对员工进行了安全教育，警示传送带运作的潜在危险。这只是一次很小的创新，但是亚马逊的员工皮特·阿比拉说，这次经历改变了他的看法，"直到今天我还能从中受益"。阿比拉还讲述了他从中学到的几点：

1. 贝佐斯对一个小时工和他的家人都如此关心，特意花时间讨论他的问题。

2. 他恰到好处地使用了"五个为什么"这一提问程序，找出了发生问题的根本原因，并没有责怪他人或团队（没有让人互相指责）。

3. 他召集了一大群利益攸关方，亲自示范提问，找出了问题的根本原因及解决方案。

4. 他是亚马逊的创始人和CEO，却对员工的情况如此关心。

阿比拉说："就在那一次，他教会了我们所有人如何关注根本原因。他亲自示范了提问的重要性。"如果亚马逊只有贝佐斯一个人使用"五个为什么"这一提问程序，这一程序是不会源源不断地为公司贡献创新性想法的。因此，亚马逊公司将"五个为什么"这一提问程序在培训项目中教给员工，员工也常常依靠这一程序解决问题。

我们还观察了苹果公司，发现虽然苹果公司没有正式的提问程序，但在开展头脑风暴以寻求吸引消费者的方法时，也会采取一个类似的五个"如果……，会怎样"的程序。如果乔布斯和他的领导团队没有有效地提出"如果……，会怎样"的问题，他们也许永远不会发明 iPad。如果他们只是问了一句"我们怎样才能为 iPhone 设计一个电子书阅读器呢"，那么他们就永远不会创造出创新的 iPad。相反，乔布斯会问："为什么没有一种介于手提电脑和智能手机之间的设备？如果我们做一个，会怎样？"[2] 这种"如果……，会怎样"的问题引发了一场讨论，主题是能否设计一款中间设备，它能比智能手机和手提电脑更好地处理一些关键的任务，如浏览网页、欣赏或分享照片以及阅读电子书。不断地问"如果……，会怎样"的问题，是极具创新力的企业文化的关键部分。

发现程序二：观察

制造医用机器人的直觉外科手术公司是一家能将敏锐观察出来的结果点石成金的公司（在我们的创新榜单上排在第 2 位）。弗雷德·摩尔在创业之前是一名外科手术医生，他运用在外科手术中的第一手观察资料，研制了可以做手术的机器人。摩尔所用的技术是从 SRI 公司购买的。当时 SRI 公司开展了一个五角大楼资助项目，目的是要将手术室搬到战场，同时保证医生不受伤害。要实现这一目标，关键在于研发出能够精确模仿医生动作的机器人。

为了改进达芬奇机器人原型，摩尔和罗伯特·杨（超声波设备厂商阿克松公司的电气工程师兼创始人）在可活动的"主人"操纵杆的各个关节装了 40 个传感器。这些传感器可以感应到外科医生的手部动作，然后将其转化成数字信息传送到计算机中，计算机再以每秒1 300次的运算速率将信息重新转化成手腕、肩部和手肘的动作。这些动作会以电子机械的方式被传送给机械手臂，然后再由"奴仆"操纵杆操纵手术器械。摩尔希望机器人能够做到精确操作，他知道外科医生的手部控制难以做到十全十美，所以计算机会过滤掉外科医生手部的颤抖，这样达芬奇机器人的操作就可以达到极高的精准度。更重要的是，直觉外科手术公司的产品研发人员会不断地观察外科医生的实际操作，以发明新的达芬奇系统工具，使医疗机器人可以辅助更多不同类型的外科手术。

基恩士公司（在我们的创新榜单上排在第23位）是一家日本公司，专门制作工厂自动设备，如电子传感器。该公司每年都能确保某销售的产品中有25%是新产品，并且优于同类竞争产品。公司的7 000名销售人员积极地前往约5万个客户的生产车间，积累了第一手经验，该公司很大一部分新产品的想法都是来自这样的观察。公司要求销售人员花时间观察客户使用产品的生产线，了解存在的问题。例如，通过观察方便面生产线，基恩士公司员工发现由于其生产出来的面条粗细不一，导致面条的质量打了折扣。于是员工设计了一款激光传感器，能够监控面条的粗细，保证误差不超过百分之一毫米。方便面厂商现在都在使用这种传感器，以保证面条粗细一致。每年，销售人员都会向工厂反馈数千个类似的观察结果，促使数百种方便客户的新的自动设备的诞生。

除了观察客户，领军的创新者还会设法观察其他公司的做法，以激发新想法。例如，2008年，谷歌和宝洁［在我们的创新榜单上分别排在第6位和第18位）为激发创新互相交换了员工，虽然实际上（又或者正是由于这个事实）两家公司是截然不同的（宝洁是消费品市场巨头，每年花费90亿美元用于广告，但很少做网络广告；谷歌则是在线搜索行业巨头，其大部分盈利来自网络广告）。大约有24名人力资源部门和营销部门的员工花了数周参加对方公司的培训项目和会议，以了解对方是如何商定业务计划的。这一活动使双方员工能够近距离观察对方的做法，最后产生了一些有趣的结果。

例如，谷歌的员工观看了宝洁为帮宝适产品线组织的一次大型推广会（请了演员萨尔玛·海耶克）。谷歌的员工发现帮宝适没有邀请"妈妈博主"参加新闻发布会，他们对此感到很震惊。因为"妈妈博主"在博客里是专门写育儿心得的，有很多读者。谷歌的员工惊讶地问道："'妈妈博主'怎么没有来？"于是帮宝适邀请了十几位"妈妈博主"参观宝洁的婴儿产品部，妈妈们参观了生产设备，见了尿布主管，还学到了尿布设计的基本知识。她们之后表示，在把这些内容发表到博客上之后，她们博客的浏览量从10万涨到了600万。

此次交换员工的活动还有另一项成果，就是开展了一次在线活动，邀请网友模仿宝洁的"会说话的污渍"电视广告制作视频，然后上传到优兔（YouTube）网站上。广告原型是汰渍便携去渍笔广告，在超级碗比赛期间播出。广告的主角去应聘工作，但是他的衬衫上有一块污渍。每次他开口说话的时候，这块污渍就会喋喋不休地胡言乱语，把他的声音淹没。邀请网友模仿视频是有风险的，因为网友也许会上传一些很粗俗的作品，或者网友根本就不愿参加此活动。但在谷歌员工的指导下，宝洁为可能参加的网友提供了一套官方标志。最后，网友上传了227个视频，其中有

第九章　程序：将创新程序制度化

几个质量较好，可以在电视上播放。由于这次活动大获成功，汰渍计划在未来更多地使用消费者提供的内容。

IDEO的戴维·凯利对观察程序的重要性做了精辟的总结："向到过现场、知道情况的人询问，往往不是最好的方法。无论他们有多聪明，有多少了解产品或机遇，无论你问的问题有多么切中要害，都没有用。不入虎穴，焉得虎子。"

发现程序三：想法交际

和创新型人才一样，创新型公司同时也是优秀的想法交际者。他们设立了正式和非正式的交际程序，以促进公司内部和外部的知识交换。

内部交际

大多数公司都为员工提供了分享想法的程序，但创新型公司的做法更进一步。有一个借用《美国偶像》的模式寻找新想法的内部交际程序，在创新型公司中十分流行。简单来说，这一程序会向员工提出挑战，要求他们提交有创新性的想法，然后请评审团筛选并最终选定想法。例如，谷歌一年会举办四次"创新挑战赛"。这个比赛要求员工向高管提交想法以供评阅，获胜者会获得其所需的资源，以此保持优胜势头。谷歌还有一个用于内部分享新想法，以辅助交际的程序。玛丽莎·梅耶是谷歌消费品主管，亦是谷歌的创新冠军。她会定期开展头脑风暴会议，给工程师们10分钟，让他们群策群力，提出新想法。之后，梅耶会和100人团队讨论这些想法。在这种会议中，大家每分钟都会基于之前的想法提出一个新的补充想法。他们还设立了一个程序，用于决定哪些项目已经足够成熟,可以提交给公司创始人(但他们并没有解释这一程序)。

在谷歌,创新是十分民主的。谷歌会让市场力量决定哪些想法值得推进、哪些想法不值得推进。项目和想法显示到内部电子想法交流板上之后,公司的所有员工都可以为想法评分,并给出反馈。员工也可以选择花 20% 的时间为自己选择的项目工作。谷歌的主管认为,公司内部的市场力量已经足以对各种想法做出奖惩了:好的想法会获得奖励,坏的想法会受到惩罚,就好像是将产品真的开发并投放到了市场上。谷歌还通过给员工免费提供饮食促进内部交际。谷歌的咖啡厅会给员工提供美味而健康的免费午餐和晚餐(主厨是"死之华"乐团前大厨查理·艾尔斯)。谷歌前软件工程师贾甘·萨克赛那告诉我们:"谷歌提供免费食物,绝不仅仅是为了让员工吃上美味而健康的食物。你旁边坐的人也许在你不感兴趣的领域工作,但很有可能随着你们讨论的推进,突然之间,一些你们都用得上的新想法就出现了。"

外部交际

最近几年,许多公司越来越多地在公司外部寻求新想法。这种现象被称为开放市场创新(Open Market Innovation)。2000 年雷富礼担任 CEO 之后,为宝洁设立了一个目标,即将宝洁新产品想法中依靠外部资源得来的想法比例从 10% 提升到 50%。截至 2006 年,宝洁已经有 45% 的新产品想法来自外部资源。由于有数百个新推出的想法都是基于源自外部的想法,宝洁的产品研发开支占销售额的比重也从 4.8% 下降到了 3.4%。这种"联系+开发"的活动形成了许多外部想法,使宝洁得以持续成长壮大。在"联系+开发"活动中,宝洁的团队会和独立研究人员、其他公司,乃至竞争对手合作,相互激发产生新想法。

宝洁采取了许多不同的程序以便从外部资源搜集想法。例如,公司会与 NineSigma 和 InnoCentive 这样的第三方技术中介公司合作,将宝洁和外部技术联系起来。这些公司可以帮助宝洁起草技术简报,描述公司正尝试解决的问题,然后匿名将简报发送给全球数千名研究人员。这一程序帮助宝洁在合同保障下,和提供解决方案的人取得联系。"联系+开发"活动已经帮助宝洁开发了许多新产品,如喷雾式清洁拖把、玉兰油日常洁面乳、佳洁士美白除渍牙贴、易安姆斯护牙狗粮、清洁先生三步洗车套装和蜜丝佛陀锁色水凝唇膏等。

消费品巨头利洁时(在我们的创新榜单上排在第8位)通过使用 IdeaLink 网站也达到了类似的效果。该网站列出了利洁时"最需要"招聘的岗位、待完成的任务,以及待解决的难题。例如,利洁时推出了亮碟洗涤块,这是一种新的洗碗机洗涤剂,可以令碗碟亮洁如新。之所以可以保证"亮洁",是因为洗涤块包含了三种极为活跃的化学药剂。这三种药剂在通常情况下是不相容的,因此利洁时面临的挑战就是将这三种药剂完好地组合到一款产品中。通过和外部研发人员密切合作,利洁时开发了一种创新的聚合系统和处理技术,研制出了一种可溶外壳,里面分三层分别包裹着不同的药剂,药剂只有在需要时才会被全部释放出来。

利洁时推广外部交际的目的并不仅仅是针对特定技术难题寻找解决方案,它还会和创业者联系,以利洁时品牌的名义帮助他们推出全新的产品。利洁时的做法是主动将品牌授权给有销售渠道或产品的创业者或公司,认为这样可以为利洁时的品牌增值。

创业者如果有好的新产品想法，利洁时会承诺在 3 个月内完成评测程序，然后决定是否允许创业者使用利洁时的品牌。通过这样一些程序，利洁时的创新层出不穷，以至于它每 8 个小时就会推出一款新产品，或者改良一个产品配方。难怪美国消费者新闻与商业频道（CNBC）会将利洁时公司的 CEO 巴特·贝克特评为"2009 年欧洲年度商业领导者"。

发现程序四：实验

创新溢价高的公司还会将实验制度化。例如，孟山都（在我们的创新榜单上排在第 9 位）之所以有创新溢价，是因为它研发了转基因种子，这种种子抗旱能力强，而且不受除草剂和虫害的影响。孟山都甚至还在培育一种莴苣，希望其口感清脆犹如卷心莴苣，营养丰富犹如长叶莴苣；以及一种有益心脏健康、富含 omega-3 鱼油的黄豆。孟山都的生物科技作物所使用的科技源自转基因革命，这场革命也成就了基因泰克、安进等公司。

孟山都是如何取得以上这些成就的？其中一个秘诀就是使用创新型软件以针对种子的基因做数字实验。孟山都将其使用的软件称为"分子培育平台"，该软件可以加速种子的培育生产，提高产量，且不受除草剂干扰。这一定制软件借助机器人装备和数据可视化技术，可以跟踪有关作物和单个种子基因型的百万兆字节信息。孟山都不用花数年时间试错和摸索，只需要开展数字种植实验，就可以辨别作物的好坏，快速为研究人员提供信息。孟山都的创新种子占据了美国大豆作物 90% 的市场份额，以及玉米和棉花作物 80% 的市场份额，这一切都离不开实验。

和孟山都一样，生产优色林等护肤产品的拜尔斯道夫公司

（在我们的创新榜单上排在第 14 位）自 1911 年推出妮维雅面霜之后，一直不断地投巨资实验新产品。拜尔斯道夫的大多数产品都是在汉堡研究中心开发的，该中心是德国（也许是全世界）最大、最先进的护肤品研究中心。该研究中心的标志是一个造型独特的礼堂，依照皮肤细胞的结构设计，象征着中心的工作主题。这个礼堂也被住在当地的研究人员称为"哲学家之石"。

汉堡研究中心内有一个实验中心，实验中心每年都会对近 6 000 名志愿者进行新护肤品的有效性和过敏性测试。实验中心内有几十个盥洗室和实验室，配有监控皮肤结构细微变化的技术。这些设备可以让被试在真实生活环境中使用其产品，拜尔斯道夫的研究人员因此能够仔细地监测和记录下各种产品的有效性。在一次实验中，拜尔斯道夫的研究人员发现，志愿者因为涂抹防晒霜的方法不正确，或者涂抹的量过少，导致没有在皮肤上形成所需的 UV 防护层。通过开展观察消费者使用防晒霜的实验（观察过程也使用了创新方法，可以看见并测量消费者皮肤上的 UV 防护层），拜尔斯道夫的研究人员调整了对消费者的指导方式，也改进了产品，帮助消费者获得最佳防晒效果。

当然，在消费者身上做实验之前，拜尔斯道夫会先对产品做实验。研究人员会检验每种原材料、每种材料的搭配，包括所有化妆品配方。实验会采取特殊的方法，保证不会损害肌肤健康，不会造成过敏。拜尔斯道夫的实验是在细胞培养皿里做的，不会用动物做实验（有些公司会用动物做实验）。拜尔斯道夫的实验程序每年能帮助公司开发 150~200 种新产品，申请 120~150 项新专利。

亚马逊的贝佐斯也会把自己对实验的爱好融入公司。贝佐斯说:"在一定时间内,做的实验越多越好。创新就是要勇闯死胡同。不闯死胡同,就无法创新。有时候,走到一条胡同的末端,眼前就会豁然开朗,出现了一片广阔的天地……为了这一瞬间,之前走的冤枉路都值得了。"亚马逊有一个做小实验的方法,就是让一半用户使用试验产品或服务,然后将他们的反应与另一半用户做比较。同样,谷歌会给产品标上"测试"的标签,提早将产品投放给公众试用,通过这种方式将实验制度化。这样谷歌就可以快速获得用户的直接反馈。谷歌还会让数百个小团队同时研发并测试新项目,以此追求创新。难怪谷歌能够推出如此多的创新产品和服务。

IDEO 创新程序:提问—观察—交际—联系—实验

我们可以将创新者基因里的技能作为独立程序使用,在团队或组织中激发新想法;也可以将它们联系起来,作为一个系统使用。创新设计公司 IDEO 的团队就是这样做的。凯利将 IDEO 在创新上的成功归功于公司的团队创新程序。他说:"我们是掌控设计程序的专家。我们并不在意你让我们设计的是牙刷、拖拉机、太空飞船还是椅子。我们只是想运用我们的程序,找出创新的方法。"[3] 那么 IDEO 有哪些创新程序呢? IDEO 的团队首先会启动提问程序;然后是观察程序和交际程序,用于就最初的问题搜集数据;最后是实验程序,此时创新的想法已成形,并通过快速的原型设计得以改进。1999 年,晚间新闻节目《夜线》重点报道了 IDEO 的员工是如何在五天内狂热地工作,使用这些程序彻底重新设计了一款购物推车的。今天,IDEO 将相同的模式运用到了更多创新产品和服务上，为各行各业的客户服务。例如，最近IDEO 为厨具公司塞利斯重新设计了一套厨房工具，包括奶酪刨丝器、比萨刀和切菜器。在这次合作中，这些程序就是创新工作的核心。

程序一：提问

IDEO 的项目执行团队在设计新型奶酪刨丝器（或比萨刀、切菜器）之前，首先问了一系列各种各样的问题，为的是更好地了解使用传统奶酪刨丝器所遇到的问题。传统奶酪刨丝器有什么问题？人们对现有的奶酪刨丝器有何不满？安全性对于使用者来说有多重要？人们还会用奶酪刨丝器刨什么东西呢？哪些人是奶酪刨丝器的"极端用户"（即非常擅长和非常不擅长使用奶酪刨丝器的用户）？他们的需求有何不同？对厨房器具而言，一部分"极端用户"是厨师和主厨（他们每天有好几个小时都在使用厨房器具），另一部分"极端用户"是第一次使用或很少使用厨房器具的人，例如大学生、儿童或老人。

IDEO 团队并没有照搬传统的问题风暴方法（见第三章），但团队最初使用的程序看起来和问题风暴相似，它是围绕提问展开的，其目的是寻找观察和交际活动的重心。最初的提问程序可以帮助团队更好地了解此环节中要留意些什么。团队成员提问题的时候，会把问题写在小便利贴上，这样他们就可以轻松地将问题按需要进行重新摆放，调换优先顺序。IDEO 的项目领导者马特·亚当斯告诉我们："提出正确的问题之后，我们就可以更清楚地了解应当如何解答这些问题了。"这样一来，在进入接下来的观察和交际程序之前，IDEO 团队已经能够很好地把握"问什么""怎么问"，问哪些人"了。

程序二：观察

在这个环节，IDEO 会将公司的设计团队成员派到客户身边，对客户体验做第一手的观察和记录。凯利说："我们的程序是深入进去，试着真正地了解设计服务的对象。我们会尝试并留意潜在的客户需求，也就是之前没有被发现，也没有被表达出来的需求。"因此，为塞利斯设计产品的团队花费了大量时间在德国、法国和美国观察各种产品用户，尤其是"极端用户"，尝试用直觉体验用户的想法和感受。如果观察到有价值的信息，团队成员就会用相机或摄影机记录下用户使用厨房器具的情况。

通过观察，团队发现了传统厨房用具的许多问题。例如，他们发现传统的奶酪刨丝器很容易堵塞，难以清洁，而且使用者在使用它时必须十分熟练，否则就会出现安全问题。他们注意到，高级厨师爱用的切菜器由于露出来的刀片过于锋利，很有可能导致严重的安全事故。他们找到了一些方法，使厨具的设计更为合理，使厨具更加好用、更好清洁，功能也更强大。例如，他们仔细观察了人们使用厨具时手和手臂的动作，并据此对厨具的把手形状或刀片部分与把手的角度做了调整，使产品的设计更为合理。

程序三：交际

在观察的同时，IDEO 的团队成员还会尽可能多地和产品用户交流，询问他们使用厨具的情况。他们尤其会在用户操作某一种厨具的时候拜访用户，因为这个时候用户最有可能就他们对产品的满意之处和不满之处表达想法或见解。团队成员尤其喜欢和

"专家"（如全职专业主厨，或是手艺好的家庭厨师）交谈，因为这些用户是最为挑剔、最难取悦的，并且往往会提出很好的产品改进建议。

通过这些即兴的对话，IDEO 的团队成员收获了许多关于设计新式厨具的重要见解。他们会尽量体察用户的感受，直到几乎成为某个用户（如某个主厨）的"粉丝"。他们会尝试了解用户的喜好、面临的挑战和真正重视的东西，这样一来，他们就可以将用户的故事和其他团队成员分享了。IDEO 的项目领导彼得·克里曼说，在观察和交际的环节，IDEO 团队"足迹遍布全球，回来时手握着创新的金钥匙"。[4] 这把钥匙就是观察和想法交流，它能够帮助他们打开通往创新性想法的大门。

程序四：发起头脑风暴，使用联系技巧——深潜到问题的核心

在这个环节，员工会将所有观察和采访得来的见解集合起来，然后再次进行头脑风暴会议，IDEO 称之为"深潜"。在深潜式头脑风暴会议上，每个人都要公开分享数据搜集阶段获得的所有知识（被称为"下载"）。大体上，这是个讲故事大会，涵盖了许多个人生活的细节，在这个过程中，团队成员会捕捉新的洞见，进行观察，记录精彩的发言和细节，并且与大家分享照片、视频和笔记。

团队领导者会辅助这一讨论过程，但 IDEO 的成员并没有实际的头衔或上下级之分。创造出最好的想法，就能获得与之相应的地位。每个人发言的机会都是平等的。分享完想法之后，团队成员就开始头脑风暴，搜索能够解决所发现问题的设计方案。为了在头脑风暴环节激活联系性思维，IDEO 在每个办公室都放了一个技术盒子（里面装满了各种奇怪的、彼此不相干的物件，有模型飞机，也有机灵鬼弹簧玩具）。他们会把这些物件放在团队成员面前，用于在开展头脑风暴、搜索创新产品设计时激发联系性思维。

程序五：制作原型（实验）

最后一个程序是"快速制作原型"。设计师会根据头脑风暴会议想出的关于最佳厨具的创意，制作一个可用的模型。凯利认为这一原型有以下价值："俗话说，'一张图片胜过千言万语'。如果说一张图片价值千言万语的话，那么一个原型就抵得上几百万句话了……制作原型是一种能够让你的设计获得他人的反馈，并据此不断更新的绝佳方式。如果你在制作原型的话，大家都能够帮到你。"[5]

IDEO 把厨具原型送给各种不同的产品用户使用，有主厨，也有大学生和孩子，希望获得反馈意见。例如，新的奶酪刨丝器滚动起来和奶酪的接触面更大，可以刮下更多的奶酪（或巧克力和坚果），而且也不用频繁地清理。新的奶酪刨丝器配备了防堵塞的齿面，使用起来事半功倍，适合老人和手小的用户使用。其把手可以折叠，而且与手指相对，便于收纳到抽屉里，且惯用左手或右手的用户都可以轻松地使用它。这些创新是通过一次次改进原型得来的。正如马特·亚当斯所说，IDEO "创建是为了思考，思考是为了创建"。要获得对新产品想法的有益反馈意见，将原型拿出去试用是最快捷的办法。

通过系统性地使用提问、观察、交际和实验的互动程序，IDEO 成功地形成了一个又一个新的创新型设计。IDEO 的创新程序鼓励、支持并期待每个团队成员都投入创新。因此，IDEO人力和组织主管约翰·福斯特认为："领导力来自集体。"对于创新型领导力来说更是如此。

  我们的研究表明，创新型组织的基因反映出的是创新型人才的基因。善于发明的人才会系统性地提问、观察、交际和实验，以激发新的想法。和这些人才一样，创新型组织也会系统性地开发一些程序，鼓励员工使用以上技能，并培养员工的上述技能。此外，IDEO的例子说明，这些组织会系统地将这些技能整合为一个完整的程序，用于形成新的方案，以解决问题。通过创造反映个人自身发现行为的组织性程序，创新型领导者可以将自己的个人创新基因植入其所在的组织。

第十章
宗旨：创新型企业的行为法则

> "创新深深地嵌在我们文化的每个角落，每个缝隙。"
>
> ——杰夫·贝佐斯

全球最具创新力的公司都奉行什么样的基本宗旨？为了回答这个问题，我们首先探索了这些公司创始人和高管团队的内心世界。我们问他们，是什么样的宗旨和信念让他们个人的创新源泉永不枯竭？我们听到最多的答案就是："我不知道。我就是这样的人。"他们理所当然地认为创新是自己的职责，舍我其谁。创新是他们人格的核心。他们花费大量的时间和精力搜寻新想法，追求创新成果——无论是渐进式的，还是破坏性的。在这个过程中，他们并不认为自己冒了极大的风险。

不出意料，这些创新者会付出同样巨大的努力，将这些被视作理所当然的宗旨嵌入企业文化的每个角落和每个缝隙（贝佐斯在亚马逊就是这样做的）。他们意识到，文化只有被广泛分享，深刻笃信，才能够发挥其最大的力量。那么，他们是怎么做的呢？他们知道自己要以身作则，树立创新的榜样，这是建立极具创新力的公司的第一步。他们还意识到，自己不可能亲自领导并参与每个团队的工作，尤其是随着公司发展壮大，他们和大多数员工的直接接触都很有限。因此，他们会努力将对创新的深切承诺贯注到整个公司。他们的公司不仅会注意挑选创新型人才，注意实施创新程序，还会秉持一系列关键的创新宗旨。

创新型企业家和主管向我们诉说了他们的创新宗旨。我们了解到创新是他们公司里所有人的职责，还了解到破坏性创新是他们公司创新组合的一部分。我们发现，这些公司都有许多组建得当的小型项目团队，这些团队是公司将创新性想法投放到市场上的主力军。最后，我们意识到，这些公司为了创新，确实会比其他公司冒更多风险，但他们会采取行动中和风险。全球最具创新力的公司都奉行以下四条宗旨，其公司成员不仅将这四条宗旨挂在嘴上，更用行动践行了宗旨。

宗旨一：创新是所有人的职责

创新明显是研发人员的职责。从来没有哪家公司会质疑这一点。但是，我们也看到，全球许多家公司都在进行一场重要的讨论，即创新是不是所有人的职责。在某家公司中，我们看到总裁和CEO在这个问题上互不相让地争论。总裁深信每个人都应当努力创新，CEO却持相反观点，他认为只需要让研发人员或营销人员花精力创新就可以了。就在高层争论白热化的时候，公司开展了一项新活动：让每个人在工作中花费一些时间用于发现新产品、新服务和新程序。毫不奇怪的一点是，没有哪个员工会在高级主管在"创新是不是每一个人的职责"这一问题上争论不休的时候进行创新。

乔布斯、贝佐斯、贝尼奥夫等极具创新力的公司领导者并不认为创新只是研发人员的职责。为了抵制这种狭隘的想法，他们努力将"创新是所有人的职责"作为公司的指导宗旨灌输给员工。时隔12年之后重返苹果公司时，乔布斯推出了"非同凡想"这段广告。这段广告用以下话语向各界创新者致敬："向狂人们致敬，以及格格不入的人、离经叛道的人、制造麻烦的人……那些有'非同凡想'的想法的人。他们不爱规则、不尊重现状……他们改变事物。他们是人类前进的推手。"

"非同凡想"这段广告荣获了艾美奖，被认为是有史以来最有创意的广告，这主要是因为它有鼓舞人心的力量。但大多数人都没有意识到，其实这段广告的受众不仅仅是顾客，更是苹果公司的员工。乔布斯说："我们之所以推出'非同凡想'这段广告，完全是因为人们已经忘记了苹果公司的立场，我们的员工也忘记了它。我们苦苦思索良久，不知道如何向别人讲述我们的立场和价值。后来我们想到，在不了解某人的情况下，可以问'你的偶像是谁'，了解其偶像之后，就可以加深对此人的了解。于是我们决定，'好的，我们要告诉世人苹果公司的偶像是谁'。"乔布斯想要重塑苹果公司勇于创新的形象，他认为应该向每个员工传递这样的信息："我们的偶像是创新者。我们的目的就是创新。如果你想来苹果公司工作，我们希望你是一个创新者、一个想要改变世界的人。"[1]

除了"非同凡想"这段广告，乔布斯还采取了其他很多方式，告诉苹果公司的员工创新是所有人的职责。为了督促Mac电脑研发团队努力创新，他说过这样一句话："让我们在宇宙中留下自己的痕迹吧。我们要设计出最好的 Mac 电脑，在宇宙中留下痕迹。"[2]他还鼓励迪士尼的员工"胸怀更大的理想"（乔布斯当时是沃特迪士尼公司最大的个人股东，迪士尼的创新关乎他的既得利益）。领导者的这些大胆言论为员工们传递了一个明晰的信号：我期待你们每个人都能够创新。

当然，要强调这样的信息，除了敢说，还要敢行动。宝洁的雷富礼推崇"一起创新"的宗旨，他说："五六年前，宝洁的大部分创新都依赖 8 000 名科学家和工程师。今天，我们想要发挥宝洁数十万员工的创新力量。"为了更好地兑现组织化创新的承诺，雷富礼积极地从全公司的员工那里收集想法，如果觉得某个想法有前景，就将这个想法付诸实践。例如，几位非裔美国员工向雷富礼指出现有的洗发产品效果不好："我们可以做得更好。"于是，雷富礼批准他们研发，并由此开发出一条十分成功的护发产品线。随后，宝洁制造出了更好的潘婷丝质顺滑洗发水，投入市场后一举成功。雷富礼的行动为"一起创新"的宗旨奠定了基调，确立了根基。然而，只有主要领导者的个人行动是不够的。我们发现，和一般的公司比起来，极具创新力的公司会给人们更多的创新时间和资源，以此巩固其创新宗旨。

为他人营造安全的创新空间

要树立"创新是所有人的职责"这条宗旨，就必须为他人创造一个挑战现状的安全空间。研究人员称之为"心理安全"，意思是团队成员愿意发表看法，甘冒风险，开展实验，犯错也不会受到惩罚。阿苏尔航空和捷蓝航空的创始人大卫·尼尔曼说:"如果你能够营造一个环境,让人们的意见为人所倾听,新事物就会自然而然地产生。"

许多领导者自认为自己在鼓励他人培养并使用发现技能,但实际上,在员工眼中往往并非如此。平均而言,我们研究的团队领导者都认为自己比手下的经理、同辈或直接下属更擅长鼓励他人开展发现活动。这个结果有点儿类似于"乐观偏见"(better-than-average)现象,即超过70%的人认为自己的领导能力优于常人,仅有2%的人认为自己的领导能力弱于常人。很明显,这个数据说明人们自我认识的能力有待改进(见图10–1)。

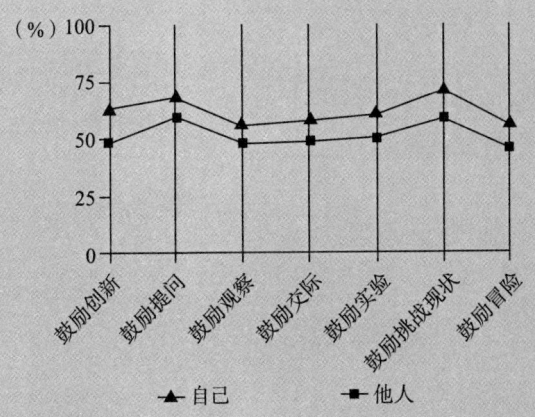

图 10–1 引领创新:对自己和对他人的感觉

领导者是如何为他人营造安全的创新空间的?最重要的第一步是创造一个鼓励提问的安全空间。在西南航空,凯莱赫会请自己的直接下属和其他人向自己提出一些有挑战性的问题,由此创造了一个安全的提问环境。他说:"我会看着,听着。我想让他们问我一些我难以回答的问题。"另一个创新型领导者会鼓励每个员工每天问"为什么",老员工也不例外,因为他认为"老员工已经转入执行模式,不再提问题。这样他们就不再动脑了"。

还有一个鼓励他人创新的方法,就是在他人使用发现技能的时候为他人加油鼓劲。有一位高管自己很擅长形成新想法,但她的团队成员却做不到这一点,她为此感到极为失望。做了360度创新者基因测试之后,她找到了问题的症结所在。数据显示,她没有营造一个安全的创新环境。和其他参加测试的人比起来,她总是低估团队成员的能力(根据她的评分,她的直接下属的发现技能得分为35%。但根据其直接下属的互评和其他公司同辈的评分,她的直接下属得分为65%)。

为什么会这样?我们为其组织了一次团队建设活动,发现了两个原因。第一,与他人的想法比起来,这位高管更喜欢自己的想法,她经常会贬低他人创新性想法的价值。第二,虽然她常常谈论创造力的重要性,但她在日常行动中却会表扬并奖励执行技能。这种对成功执行的重视,加上对他人新想法的忽视,导致一些团队成员一到她身边就会改变行为模式。他们在别的地方很有创新精神,但只要她在场,就会关闭创新的开关。

这位领导者面临的挑战并不罕见。丹·艾瑞里(Dan Ariely)在《怪诞行为学2:非理性的积极力量》中的研究说明了一个简单的认知偏见,这个偏见导致每个人在任何时候都会做出类似这位高管的行为:那些"不是在此地诞生"的想法总是会受到怀疑,因为人们倾向于低估或忽略由不了解或不信任的来源提供的

> 证据；如果这个想法和现有的信念或大家青睐的想法相违背，则更是如此。这个偏见对于领导者的领导力来说是一种挑战，而创新型领导者会通过兑现倾听他人和支持他人的承诺，化解这一挑战。这些行动合起来，可以帮助大家建立起一个被大家分享和秉持的信念，即"创新是所有人的职责"。

给他人创新的时间

第一章中提到，我们的最具创新力的公司榜单上的创始人CEO花在发现行为上的时间要比一般公司的CEO多出50%。创新型CEO知道创新不会从天而降，而是需要大量时间酝酿。因此，他们做了一件其他公司没有做的事情：为创新行为预留更多的人力和资金预算。例如，为了巩固"创新是所有人的职责"这一宗旨，谷歌制定了一条20%规则（相当于一周中的一天），鼓励工程师花20%的时间为自己钟爱的项目工作。布林、佩奇和施密特自己也会努力遵循这条20%规则。管理层并没有要求员工如何使用时间，但要求新项目必须能够做到获得批准，且员工必须汇报工作时间的支配情况。此外，由于需要汇报和记录项目，谷歌形成了一个公司内部的想法分享论坛，通过该论坛，员工可以接受来自全公司的建议和审核，这也就形成了协作。谷歌的其他员工知道他人的想法后，也许会投入其20%的时间中的一部分用于帮助他人酝酿这个想法。许多极为成功的项目都源自20%项目，如免费邮件网络服务Gmail、Google News（谷歌新闻）、AdSense（通过发布与语境相关的广告获得广告收入）和Orkut（巴西流行的社交网络）。近年来，谷歌推出的新闻产品中约有一半源自20%项目。这条20%规则向员工表明：管理层相信每个人都有创新能力，每个人都应当努力创新。

和谷歌一样，3M 公司也有一条众所周知的 15% 规则。宝洁公司的一些员工则表示，公司鼓励他们将 75% 的时间用于"成事"（如执行任务），将 25% 的时间用于"谋事"（如发现更好的新方式以执行任务）。其他如苹果和亚马逊这类的公司没有明确要求员工分配时间，但是会定期要求员工做实验，并为创新项目工作。Atlassian Labs（澳大利亚一家创新型公司，生产软件开发和协作工具）采取的方式也借鉴了谷歌的 20% 规则。公司规定每年有一天是"联邦快递日"，所有的软件开发员都要花 24 小时全天不休地想出新的产品想法。开发员通过努力工作，形成了一个可行的"联邦快递送货订单"，上面详细地列出了一个新想法的细节，其他人可以一目了然，然后进行审查。24 小时之后，公司会开展一个"联邦送货日"活动，所有的开发员要快速地构建新想法的原型，然后将新的软件想法展示给全公司的人。这种一年一度的创新活动是极为成功的，开发员可以从中感受到更多工作的乐趣，也收获了许多，最终还能够形成新的可选产品，供产品经理填补空白。

要想知道你的公司在践行创新宗旨时做得如何，不妨做一做我们使用过的测试。这个测试可以看出一个组织是否成功地将创新宗旨融入其文化中。测试的方法是亲自考察，随机抽取 100 名员工（要包括公司所有职能部门和工作地域的各级别员工），问他们以下问题：

    1. 你的组织期待你在工作中创新吗？
    2. 在评价你的业绩时，创新是不是一个明确的衡量标准？

在极具创新力的组织中，70%或70%以上的员工会响亮地回答"是"。在他们每天的工作当中，创新是不言自明的，更是理所当然的。

> ### 树立"创新是所有人的职责"的宗旨
>
> 我们调查了世界上最具创新力的公司，发现在以下情况下"创新是所有人的职责"这一宗旨会在组织中产生更大的动力，也更为明确。
>
> 1. 最高层领导者会积极地创新，并且每个员工都见证或听说过其创新的事迹。
> 2. 所有员工都会切实获得时间和资源，以形成创新的想法。
> 3. 在评价个人业绩的时候，创新是一个明确的、持续不变的衡量标准。
> 4. 公司会将至少25%的人力和资金资源用于维护平台性或突破（破坏）性创新项目。
> 5. 公司将"创新"、"创造力"和"好奇心"列为核心价值，且言出必行。

宗旨二：投资破坏性创新项目

除了鼓励所有员工花时间用于完成创新任务，极具创新力的公司还会将更大比例的人力和资金资源用于创新项目。和同等规模的同行业的公司相比，这些公司会投入更多的资金用于研发，并且规划更多的创新项目。这种实实在在的投资宣示了组织对创新的重视。

当然，大多数组织投入研发资源都是为了产出新产品或新服务。然而，我们认为，超过 90% 的创新项目都是"衍生品"，仅仅是基于公司（通常还有消费者）熟识的成熟技术，对已有的产品做出的渐进式改进（如新一代的产品或服务）。[3] 例如，和 PS2 比起来，索尼推出的新一代游戏主机 PS3 的图像更清晰，且有蓝光播放器和网络连接。但这只是一个衍生性创新项目。索尼为现有的产品增加了新的性能，目的是增强其吸引力。但索尼并没能创造出一个新的产品平台，因此也就无法吸引新用户，或者打开一个全新的市场。

反之，设计破坏性创新项目的公司会凭借破坏性的技术，提供独一无二的价值主张，从而打开一个全新的市场。通过吸纳不同于已有产品的全新部件，并将这些部件在新产品内用新的方式联系起来，可以使技术更具有破坏性。索尼的随身听就是一种破坏性产品，因为它通过提供一种便携性更强的音乐设备，打开了一个全新的市场。随身听拥有全新的微缩零件及整合这些零件的全新界面，奠定了创新的基础。苹果公司的 iPod 和 iTunes 迈出了类似的一步，取得了突破。这些产品的架构与此前市场上的随身听有很大的不同，它们将便携音乐设备推广到了更大的消费者群体中。超过 95% 的 iPod 购买者从来没有用过苹果电脑，超过 80% 的 iPod 购买者更是连便携式音乐设备都没有买过。苹果公司开拓的是一个全新的市场。iPhone 也是一个具有破坏性的产品。这不仅仅因为它使用的技术与众不同（其中固然也有传统技术），更是因为它的产品架构与众不同（只有一个按钮，加上触屏），同时还因为它推出了"App Store"（苹果应用程序商店），使 iPhone 的功能远远多于普通手机。亚马逊的 Kindle 电子阅读器和云计算服务也打开了全新的市场，同样属于破坏性创新。

最后，在衍生性创新项目和破坏性创新项目之间还有一类创新项目，被史蒂文·惠尔赖特和金·克拉克称为"平台性创新项目"（见图10-2）。请注意，惠尔赖特和克拉克用"突破性"项目来表述本书中提及的"破坏性"项目）。[4] 我们认为苹果公司的 Macbook Air 笔记本电脑是一种平台性创新项目，因为 Macbook Air 虽然与众不同，可以算是一种新产品，但没有像 iPod 一样打开新的市场。这是因为大多数 Macbook Air 的目标用户已经拥有小型手提电脑，或者苹果公司的其他产品了。此外，Macbook Air 的技术也不及 iPod 和 iTunes 这样具有突破性的创新因素。[当然，对于某种特定产品的技术革新程度（是否有新部件，部件之间是否有新联系）或其是否通过鲜明地提出与众不同的价值主张而打开了新市场，个人总是会有不同的意见。]

对我们而言，图10-2 的框架显示了创新型公司是如何有意识地将更大比例的人力和资源用于平台性和突破（破坏）性创新项目的。例如，谷歌运用 70%—20%—10% 规则分配工作时间，其中有 20% 的项目时间被用于技术工作。谷歌要求员工将 70% 的时间用于开拓和开发核心业务内的衍生性创新项目，即网页搜索和付费排名；将 20% 的时间用于"拓宽核心"项目，如 Gmail 或 Google Docs（谷歌文档）；将 10% 的时间用于开发"崭新的业务"，如 Nexus One 手机（谷歌的第一款设备）、新型协作工具 Wave、圣弗朗西斯科（无线网络通信技术品牌，由 Wi-Fi 联盟所持有）的免费 Wi-Fi 服务或 Goggle Editions（谷歌自有的电子书商店）。在

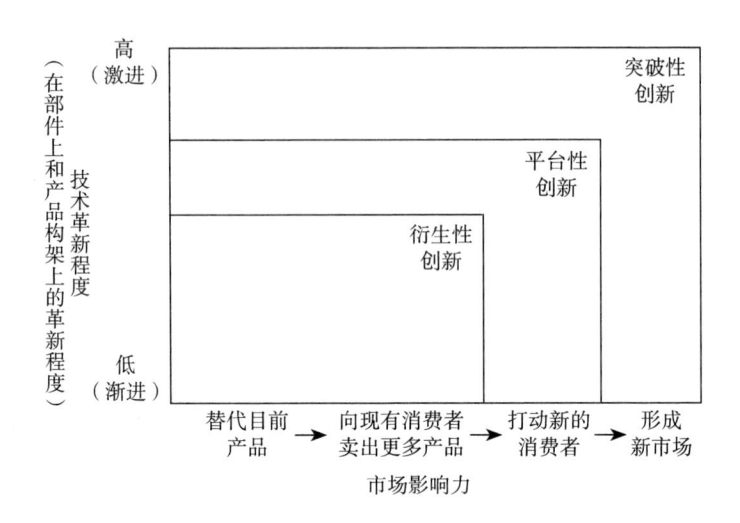

图 10-2　整合性项目规划：优先排列公司创新项目的框架

资料来源：Steven C. Wheelright and Kim B.Clark. "Creating Project Plans to Focus Product Devel-opment," *Harvard Business Review*, March–April 1992, 10–82.

我们看来，这一 70%—20%—10% 规则体现的项目优先顺序和惠尔赖特及克拉克提出的"衍生"、"平台"和"突破"三个创新项目不谋而合。谷歌的优先顺序表明，谷歌愿意为平台性和突破性创新项目投资。谷歌上市之初，佩奇在写给股东的信中写道："我们不会为了照顾短期收入压力，就避开有高风险、高回报的项目。比如，如果一个项目有 10% 的可能经长期运作赚到 10 亿美元，那么我们就会投资。如果你发现我们在看似极为冒险，甚至可以称得上'奇怪'的领域'下注'，请不要惊讶。"

同样，苹果公司和亚马逊也为平台性和突破性创新项目分配了大量资源（虽然这两家公司并没有制定任何专门的资源分配规则以供其员工遵循）。至少在我们看来，苹果公司是唯一一家为音乐业务、手机业务和数码相机业务（失败的苹果 QuickTime）分配实际资源的计算机制造商。这些业务当然不是直接的计算机衍生品。作为在线零售商，亚马逊为开发电子阅读器 Kindle 和最近的云计算服务投入了大量资源，其中，Kindle 开辟了一个全新的产品类型。这些产品都为亚马逊打开了全新的市场，但过程并不算顺利。贝佐斯解释道："我们投入的每项新业务最初都被视作分心之作，在外人看来是如此，有时候在内部员工看来也是如此。从前他们会问：'为什么你要做媒体产品之外的业务？为什么你要让第三方卖家加入销售业务？'现在我们提供新的网页基础建设服务，又有人在问：'为什么你要做这项新的网页开发服务？'"[5] 但是无论如何，贝佐斯和亚马逊仍然全力以赴地、一如既往地追求突破性的商业想法。

总之，创新型公司会投入更多的时间和资源用于开发平台性和突破性创新项目。要想知道一家公司是否秉承了不仅仅追求衍生性创新项目的创新宗旨，只需要问这样一些问题：你的创新项目中有百分之几是投入在平台性或突破性创新上的？如果这个比例很小，小于5%，那么该公司就不太可能具有创新意识，投资者自然也不会认为这是一家创新型公司。如果比例大于等于25%，那么就可以说这家公司的做法符合乔布斯"要有更远大的志向"的建议，它在积极地追求更具破坏性的创新。

宗旨三：组建小型项目团队

某种新产品或新服务的想法形成之后，就需要一个工具将其投入市场。在最有创意的公司中，这一工具就是小型项目团队（如突破性、平台性或衍生性团队）。精明的领导者知道，要使员工具有创新的权利，就应将员工组建成目标远大的小型工作单元，让每个人的成绩和团队的成绩都有目共睹。亚马逊有一条"两个比萨团队"宗旨，意思是团队要小到吃饭只需要两个比萨（即 6~10 人）。通过组建小型团队，亚马逊可以同时研发许多项目，这样各个团队就可以勇闯更多的"死胡同"，搜寻新产品或新服务。

同样地，谷歌工程师的工作团队一般也只有 3~6 人。总裁施密特这样解释谷歌的用意："我们努力缩小团队的规模。过大的团队生产力不高。"[6] 这样一来，谷歌内部就形成了赋权得当、灵活机动的组织局面，这些小团队会同时开展数百个项目，施密特称之为"百花齐放"。[7] 有了这么多小型项目来开发新产品，谷歌可以创造出如此之多的新产品就不足为奇了。

为这些项目团队配备正确的结构和正确的技能组合，也是十分重要的。许多组织创新项目（尤其是突破性创新项目）失败，是因为公司没能理解一条基本的组织原则：创新越激进，项目团队就越需要从组织现有的职能和结构中获得更多的自主权。具体来说，公司最不激进的项目就是"衍生性创新项目"，即只是对产品部件或特性做一些渐进式改进。例如，熟悉 PS3 部件和构架的索尼设计师和工程师可能会开发新一代的 PS3 游戏主机（我们姑且称之为 PS4）。他们极有可能对现有的部件进行修正或改进，例如，增强图像显示，增加储存量，提供更方便的在线游戏，等等。也许他们会加入一个新部件，使其能够像数字录像设备 DVR 或 TiVo 一样利用数码技术录制电视节目。对于这种衍生性创新项目，最好的团队就是一个职能团队，团队里有专攻不同类型部件的工程师，大家一起协作实现部件创新。此外，他们也可以使用轻量级团队，这种团队中最初的成员来自游戏主机团队，但是也会有少部分工程方向的成员来自索尼的其他职能部门。

但是，假设索尼任命 PS3 团队的工程师开发一个类似 iPad，同时其特性又远超 iPad 的设备（姑且称之为 sPad），这一新设备很有可能只会反映索尼游戏主机团队已有的知识和技术。如果将这一开发任务交给索尼的计算机程序团队或者电视团队，效果也将大同小异。要想获得更具颠覆性的产品，索尼最好是从以上团队中（也许还有其他的地方）抽调人手，组成一支重量级团队或一个自主的业务部门。重量级团队可以使成员超越职能组织的界限。重量级团队的成员会驻扎在这一团队中，由实力雄厚的经理领导。成员们可以为团队带来他们各自的专业技能，而他们的忠诚和创新思路却不再继续局限于各自职能团队的利益。这样一来，他们就组成了一支真正的团队（而不是一群萍水相逢的人），肩负着共同的责任——找出更好的方式，如新程序或者新知识，实现项目目标。

在某些情况下，创新项目和公司现有的产品差异过大，因此对创新项目必须使用完全不同的商业模型（如用不同的技术服务不同的客户）。这时可以建立一个完全自主的业务部门，好好把握这一突破性创新的机遇。例如，亚马逊决定开发并推出云计算服务业务时，由于这一新机遇要求的商业模型和亚马逊的在线折扣零售业务完全不同，所以亚马逊建立了一个自主的业务部门。

重点是什么？如果项目团队没有足够的工作自主权，那么将资源分配给许多平台性或突破性创新项目也不一定就能有所斩获。创新项目越激进，项目团队就越需要做到自主和成员多样化。记住，破坏性创新要求团队成员具有广泛而多样的知识，这样才能形成更为激进的想法。

宗旨四：巧妙冒险，追求创新

大多数公司都不会将平台性和突破性创新列为优先的战略任务，因为衍生性创新项目能够更有效地运用现有的力量。这些公司认为，衍生性创新项目更容易成功，且风险更小。为了抵制这种不良的资源分配趋势，极具创新力的公司会采取第四条创新宗旨："巧妙冒险，追求创新"，以有力地支持前三条创新宗旨。

只有通过冒险，才能实现突破性创新。发明宝丽来技术和相机的埃德温·兰德注意到，创造力的一个不可或缺的部分就是"不怕失败"。对创新者和创新型公司而言，犯错也无须感到羞耻。犯错只是商业经营的预期成本之一。贝佐斯说："如果你做的新鲜事情够多，就难免会犯错。如果不犯一些必要的错误，亚马逊的管理者就不能放手一搏，那么我们的股东就不可能获利。"

你的公司或项目团队能否巧妙冒险

要想评价你的组织冒险和从失败中学习的倾向，可以问自己以下问题。
- 你的组织会鼓励员工为了从失败中学习而冒险吗？
- 你的组织会奖励从失败中学习的员工吗？还是会习惯性地惩罚他们？

- 你能不能举出至少一个说明你的公司从失败中学习到了新东西，并最终成功创新的例子？
- 你的公司有没有注意使公司员工的发现商数高于平均水平，以规避破坏性创新的固有风险？
- 你公司的高级经理是否知道冒险和频繁失败是创新的必经之路？

IDEO的口号是"早失败早成功"。正是在这一口号的感召下，该公司成了世界领先的创新设计公司。这句口号在该公司内随处可见，以提醒员工如果他们没有失败，就不会有创新（见第八章和第九章的IDEO人才和程序部分）。维珍的布兰森也认为"失败的能力"是一个核心价值。他说："做生意不冒险是不可能的。一旦有了创业的想法……冒险和失败的可怕前景就会随之而来。"

当然，像IDEO和维珍这样的创新公司努力并不是为了失败。只是因为这些公司知道，如果公司尝试了很多新想法，其中难免有几个不会成功。这就是挑战极限的本质。但这些公司足够聪明，能够分辨出失败的好坏。谷歌认为"好的失败"有以下两个决定性的特点：（1）你知道失败的原因，由此为下个项目积累了相关知识；（2）"好的失败"发生得快，并且不是那么严重，不会损害公司品牌形象。谷歌的领导者们认为："我们要尝试许多事物，其中必然有些无法成功。这没关系。如果不成功，我们就继续尝试。"

苹果公司的宗旨也如出一辙。iMac电脑的主要设计师兼工业设计高级副总裁乔纳森·艾夫（Jonathan Ive）说过："我认为，苹果团队的标志之一就是这种期待犯错的意识。这是一种好奇心，

第十章　宗旨：创新型企业的行为法则

一种探索的意识。因为犯错之后我们能够发现新的事物,所以我们觉得犯错是一件激动人心的事情。"[8]创新型公司欢迎失败,将其视为一种学习工具,因此会鼓励员工尝试新鲜事物。创新型公司会将创造力研究者和作家肯·罗宾森爵士的创新宗旨视为公司口号:"如果没有做好失败的准备,就永远不会有原创的想法。"[9]

但需要强调的是,我们研究的创新型公司犯错的频率实际上比较低。为什么呢?因为他们会雇用和培养以发现为动力的人才,并且将支持人才提问、观察、交际、实验和联系的程序制度化,实现巧妙冒险(见第八章和第九章)。现在假设你的公司想要投资一项破坏性创新项目,而你可以将一支"创新者梦之队"集合起来开展该项目,这些人包括乔布斯、贝佐斯、贝尼奥夫、凯利、拉扎里迪斯、雷富礼和嘉迪希。你会为这一创新项目投资吗?我们猜你肯定会。因为有了这样一支队伍,追求破坏性创新的风险就显得不那么大了(和一般的以实现为动力的管理团队相比),因为这些人的发现技能很强,并且他们了解形成成功的破坏性创新必须做的事(和程序)。难怪有了他们,风险似乎就变小了。实际上,由于这些人和创新程序可以提高成功概率(降低采取灾难性步骤的概率),实际的风险也确实比较低。

在我们的研究中,和财务状况较差的创新者比起来,财务状况较好的创新者的发现商数更高(即发现技能更强)。我们在世界上最具创新力的公司中也看到了同样的情况。之所以创新会失败(从盈利情况来看),往往是因为公司没能持续地使用所有的发现技能。他们可能并没有问出所有正确的问题,没有进行所有必需的观察,没有和足够广泛的人交谈,或者没有开展正确的实验,以降低创新的固有风险。而对我们的"创新者梦之队"而言,情况刚好相反，因为他们凭经验就知道，充分使用创新者的基因其实是可以降低失败概率的。同样，如果能够确保你的组织密切关注正确的人才、程序和宗旨，就等于给组织上了一份保险，降低了创新的风险。

极具创新力的公司会秉承一系列的关键创新宗旨，将对创新的承诺深深地贯彻到整个公司。第一，这些公司认为创新是所有人的职责。第二，这些公司会确保破坏性创新是他们公司创新组合的一部分。第三，这些公司组建了许多小型项目团队，为团队配备了正确的人才、结构和资源，用于将创新性想法投入市场。第四，这些公司会有意识地为了创新而冒险。但他们会调动团队中正确的人才和程序，为团队提供正确的结构，从而给予团队适当的自主权，这样可以有效降低与创新有关的固有风险。第五，创新型企业会凭借这些宗旨创造一种企业文化，这种文化不仅能够激发新想法，还能将这些想法投入市场。这样一来，在这种企业文化下工作的人，就可以发自内心地对以下四个问题做出肯定的回答。

问题一：在你的公司里，创新是所有人的职责吗？（宗旨一）

问题二：破坏性创新项目支出在你公司的创新预算中吗？（宗旨二）

问题三：在将创新性想法投入市场时，小型项目团队是否扮演了主要角色？（宗旨三）

问题四：你的公司会为了创新而巧妙冒险吗？（宗旨四）

结　论
有非同凡人之所为

> 如果你对某件事十分上心，那就切实为它做点什么。
>
> ——理查德·布兰森
> 维珍公司创始人

在我们针对全球最具创新力的人才和公司所做的为期 8 年的研究项目接近尾声之际，我们得出了一个结论：如果个人、团队和组织想要有"非同凡想"的想法，就必须有非同凡人之所为。现在你快看完这本《创新者的基因》了，我们想知道你收获了什么。你是否认为，如果你有非同凡人之所为，你就会有"非同凡想"的想法；如果你的组织有非同凡人之所为，你的组织就会有"非同凡想"的想法。我们希望你是这样认为的。因为创新者的道路，无论是孑然一身还是结伴同行，都往往是一条"人迹罕至"的道路。然而，这条道路是值得一走的，因为这也许会"彻底改变"你的生活和许多其他人的生活。

本书中，我们强调要掌握破坏性创新的五项发现技能，并且要表现出创新的勇气。要做到这两点，就必须进行个人、职业和组织的练习（欲知如何掌握五项发现技能，乃至如何培养下一代的发现技能，见附录C）。经过不懈的练习，我们就可以掌握这些技能，掌握技能之后我们就会形成新的个人习惯，或者培养出组织的新力量。通过完成多重任务和培养五项发现技能，我们会变得不同寻常。我们有非同凡人之所为，有非同凡人之所想，如此一来，我们就会有一番切实的作为。

当然，要运用发现技能，有所作为，有多种多样的方法。如果一切都处于理想状态的话，你将会发现一个具有破坏性的重要想法，为许多人的生活带来有意义的改变。的确，贝佐斯、乔布斯、贝尼奥夫及其他创新型企业家对世界有深远影响。他们的组织雇用了数十万的人才，而他们的产品影响了，或者可以说是改善了数亿人的生活。难怪许多业务创新者除了革新自己所在的行业，还会希望更多地影响世界，将自己的精力和资源（包括创新技能）致力于解决世界上最严峻的挑战，如贫困、教育问题和疾病。

我们可以看看贝尼奥夫成立的 Salesforce。这家公司不仅颠覆了整个软件行业，而且致力于改善人们的生活。这是因为贝尼奥夫采用了"1%—1%—1%"的宗旨：将员工1%的时间、1%的产品和1%的资产，用于改善社区状况和推进慈善事业。如贝尼奥夫所言，他做的是"改变世界的生意"。他安排了数十万小时的员工工作时间和数百万美元，用于解决从卫生条件到流浪人士的各种问题。和贝尼奥夫一样，盖茨夫妇、理查德·布兰森等人也在以自己的方式为这些难题的解决贡献着力量。

我们还在特定的范围内，以相同的关注程度，采访过全世界的许多社会创新者。他们运用自己的创新者基因，创造了根本性的解决方案，解决了许多社会面临的最为艰巨的问题。例如，在德国做报社记者时，安德烈亚斯·海内克出资成立了一家营利性社会组织——"黑暗中对话"。当时，他的上级安排给他一名盲人同事，要求他教这个同事如何做一名记者。海内克完全不知道该如何完成这项任务，但也许是由于自己的听力也有缺陷，他很快就全身心地投入到这项任务中了。最后，海内克不仅帮助盲人同事成为一名记者，还在此过程中运用自己的创新技能成立了"黑暗中对话"。这一组织雇用盲人专家，让视力正常的人体验1~3小时的全黑世界（我们的测试显示，海内克的想法交际和提问技能格外突出）。海内克观察到，要想更好地了解和欣赏盲人，就必须亲身体验盲人的世界。

到现在为止，已经有30个国家超过600万的人体验过了"黑暗中对话"了。体验者学着像盲人一样穿过公园和街道，在全黑的环境里用餐。"黑暗中对话"还为许多公司和论坛举办了十分成功的发展领导力的活动，包括达沃斯世界经济论坛（我们也经常和海内克合作，开展"黑暗中的创新者基因"体验活动，营造独特而深入的学习环境，和许多公司一同开发创新技能，包括中东领先物流公司Aramex和全球领先的艺术品拍卖行佳士得）。"黑暗中对话"是现在全球最大的盲人雇主之一（目前雇用并培训了超过6 000名盲人）。而这一切都是因为海内克决定专注地提问、与人交流，以寻找盲人就业的新门路，并帮助盲人克服各行各业的障碍。

最终，大多数人都会通过许多小的（衍生性）创新而有所作为。具备影响力的想法也许是一个新的招聘标准，能够帮助公司招聘到更多的人才（如第九章提到的"谷歌编程挑战赛"）；也许是一个新的产品营销途径（如第九章提到宝洁邀请博主参观公司，并将消费者原创的内容用于广告）；也许是一个新的商业模式，如布莱克·麦克斯基创立的汤姆布鞋，每卖出一双鞋，就送出一双鞋（因为2006年布莱克在阿根廷旅行时看见许多孩子因为没有鞋穿而患上了脚部疾病）。

很明显，获得创造性发现的过程有时会很艰难，但收获远胜于艰辛。创造者的人生是充满惊喜的。独立或与人合作形成想法，最终创造新的产品、新的服务、新的程序，这一过程令人活力倍增。做一名创新者可以给自己的心理和情感带来极大的满足感。虽然创新成功能够获得丰厚的金钱回报，但这种创新带来的满足感靠赚钱是绝对无法产生的。马克·鲁伊斯与人合办了"微型企业"，并获得了"菲律宾2010年度企业家"的称号。他告诉我们，他也有相同的感觉："虽然我是个企业家，但我工作的动力其实并不是赚钱。我工作的真正动力来自强烈的使命感和决心。我只是发现了一些亟待用创新方案去解决的问题而已。"鲁伊斯不眠不休地工作，成立了一家又一家新的企业，来解决祖国菲律宾存在的问题。

鲁伊斯和我们写书时遇到的其他破坏型创新者一样，都会认真地对待以下问题："除了你，还有谁能做这件事？""此时不做，更待何时？"他们不会无动于衷，而是永远奔走不停，永远在提问、观察、交际和实验。他们的创新工作十分活跃，所以其他人可以真切地"看到"他们在运用发现技能。布兰森创业中心的CEO朱迪·桑德鲁克告诉我们，她总是问自己："现在我该如何做这件事？"她还孜孜不倦地鼓励南非的企业家们问同样的问题。经济学家法兰克·奈特（Frank Knight）对风险和不确定性的研究可谓是开创性的，他认为创新型企业家是在情况不确定时也会"倾向于行动"的人。我们也一次又一次地听到创新者这样说。维珍的布兰森的信条是"不管了，先做再说"，而Skype创始人詹斯特罗姆（Zennström）举了下面这个例子，用以说明行动力对创业成功的重要作用。

假设有这么一个电视真人秀：将一群人放到一个孤岛的中心，谁最快抵达岸边，谁就能赢得比赛。有些人会试着分析自己身处何方，该去向何处。他们中的一部分人会说："我们可以先爬到树上、岩石上或者山上，这样我们就可以看得更远，找到最佳前进方向。"他们会花时间计划和分析，寻找最优路径。但另外一些人只会环顾一下四周，凭借直觉，朝着一个方向开跑。

如果孤岛上有很多参赛者，那么我几乎可以断言，先爬树分析方位和方向的人肯定会输。为什么？因为那几个疯狂的人已经凭着直觉开跑了。他们更有可能更快到达岸边。关键在于：如果你有了一个不错的预感，知道大概的方向，就应该以最快的速度奔跑前进。

詹斯特罗姆给出的解决方法是：先行动，边做边想。这样一来，你就可以在行动中获得宝贵的反馈，而在路途中充分发挥创新技能之后，你能获得更好的反馈。行动一定要及时，否则就会悔之晚矣。机会稍纵即逝，要想从创新的商业想法中获得充分的价值，就必须抓住机会。难怪成功的创新者会赶在机会溜走之前快速行动，实施想法。

最后，创新是一种投资，是对自己的投资，也是对他人的投资。对高管或创业起步者而言，创新还是对公司的投资。易趣的惠特曼建议每个人，无论是高层的管理者还是基层的技术师："要想得到橡树，就要有勇气埋下橡树的种子。"创新就像埋下橡树的种子（想法），埋种子的时候往往忐忑不安，不知是否每颗种子都能发芽。如果最终没有种子发芽，就会一无所得。但是通过在创新团队和组织中推广和强化创新者的基因，你就能够找到方法，不仅能够更为成功地培育小树苗，还能够帮助橡树不断地茁壮成长。在创新之旅上，你可以用生命践行苹果公司"非同凡想"广告的结束语："真正改变世界的人，是那些疯狂到认为自己可以改变世界的人。"行动吧，现在！

附录 A
受访创新者样本

表 A-1 受访创新者样本

受访者姓名	公　司	公司创新的方面
内特·奥尔德	Klymit 公司	最先发明内充氩气的 Klymit Kinetic 背心和夹克的公司之一
马克·贝尼奥夫	Salesforce 公司	最先提供在线/定制 CRM/Salesforce 自动化软件的公司之一
杰夫·贝佐斯	亚马逊公司	最先在线售书的公司之一,拥有在线发货能力
麦克·柯林斯	BIG 集团	为产品发明者和创新型产品销售公司/销售渠道牵线搭桥
斯科特·库克	直觉公司	最先提供个人理财软件和个人报税软件的公司之一,产品包括 Quicken 和 Turbo Tax
加里·克罗克	Research Medical 公司	发明了用于在心脏搏动期间对心脏进行的手术的一次性医疗产品,避免过量流血,使医生做手术时的视线更为清晰

（续表）

受访者姓名	公 司	公司创新的方面
迈克尔·戴尔 凯文·罗林斯	戴尔计算机公司	发明了直接向用户销售个人计算机的模式，实现了个人计算机的大规模定制
欧瑞特·嘉迪希	贝恩公司	比尔·贝恩（Bill Bain）是贝恩公司的创始人，但是嘉迪希因提出大量客户服务方面的创新性想法而闻名
亚伦·嘉利提 乔·莫顿	赞果公司	最先生产销售以山竹为原料的果汁和其他营养品，并使用网络营销策略的公司之一
戴安·格琳	威睿公司	最先提供虚拟化软件技术的公司之一，使虚拟服务器和桌面可以在本地或远程操纵各种操作系统和应用程序
安德烈亚斯·海内克	黑暗中对话	成立社会型企业，雇用盲人专家将视力正常的人带入完全黑暗的世界，进行各种各样的培训和教育
珍妮弗·海曼 珍妮弗·弗莱斯	出租礼服公司	最先在网络上租赁设计师品牌礼服的公司之一
艾略特·雅各布森	Freeport 网站 Lumiport 祛痘仪	最先提供免费接入当地零售网络的互联网服务的公司之一；协助开发照射皮肤祛痘的 Lumiport 祛痘仪
乔希·詹姆斯 （Josh James） 约翰·佩斯塔纳 （John Pestana）	Omniture 公司	最先开发并使用网络分析软件的公司之一

(续表)

受访者姓名	公 司	公司创新的方面
杰夫·琼斯	提供网络资源服务的 Campus Pipeline 和 IT 工具 NxLight	最先为校园提供数字服务,使用户可以远程获得数据的公司之一
阿兰·乔治·雷富礼	宝洁前 CEO	雷富礼为宝洁提出了重大的组织程序改革,使公司专注于创新,提出的程序包括"联系与发展"(connect and develop),催生了许多新产品
迈克尔·拉扎里迪斯	RIM 公司	发明了无线通信设备黑莓手机,不断为黑莓手机配置新技术
克里斯汀·默多克	"牛粪钟"和贺卡	发明"牛粪钟",即将一块钟镶嵌到上过涂层的牛粪块里,并附上搞笑的赠言
大卫·尼尔曼	莫里斯航空公司 捷蓝航空公司 阿苏尔航空公司	为莫里斯航空公司率先推出电子票业务,为捷蓝航空公司率先推出机载有线电视,为巴西阿苏尔航空公司率先推出免费机场巴士服务
皮埃尔·奥米迪亚	易趣公司	成立在线拍卖网站,帮助个人进行拍卖
拉丹·塔塔	塔塔集团总裁	塔塔集团是拉丹的父亲成立的,但是拉丹提出了"塔塔纳努车"的项目,使塔塔集团推出了世界上最便宜的汽车
彼得·泰尔	贝宝	最先提供在线金融服务的公司之一。泰尔和马克斯·列夫琴联手开发了将现金与电子邮件结合的软件

（续表）

受访者姓名	公　司	公司创新的方面
科瑞·莱德	Media Mouth 公司	Media Mouth 公司正在开发一个互动式在线订阅的应用程序，内置媒体播放器，能够通过网络从本地或远程获取受版权保护的媒体文件，如 DVD 和 CD
尼克拉斯·詹斯特罗姆	Skype	运用"超级节点"技术通过网络提供电话服务，并且采用了独特的病毒式营销策略

注：我们的措辞是"最先推出某产品或提供某服务的公司之一"，因为我们并没有考证过该公司是不是第一家提供此种产品或服务的公司。然而，我们采访过的创新者都表示，他们的想法完全是原创的，并没有模仿其他公司的做法。

附录 B
创新者基因的研究方法

我们的研究由两个阶段组成：（1）将创新者与非创新者进行对比的推理研究；（2）大规模样本研究：将约 80 名创新型企业家和 400 名非创新主管进行对比研究（之后我们进一步拓宽了样本范围）。我们与约 30 名创新型企业家和相同数目的大型机构高管进行了探索式的采访（附录 A 是我们采访过的创新者子样本）。采访创新型企业家的目标是了解他们个人是在何时、如何想出造就创新型新业务的创新性想法的。我们在采访时问了如下问题：

1. 在你的商界生涯中，你所想出的最有价值的战略想法或新奇的商业想法是什么？请谈谈这一想法的细节。例如，这一想法的新奇之处在哪里？你是如何想出来的？

2. 在你看来，是否有某些特定的技能使你能够得出新奇的商业想法？这些技能对于你形成战略想法或新奇的商业想法有何影响？

为了获得旁观者的观点，只要有可能，我们就会问一下接受我们采访的高管，他们熟悉的创新型企业家是如何行事的。例如，我们在采访戴尔 CEO 凯文·罗林斯时，问了迈克尔·戴尔的情况；在采访易趣前 CEO 梅格·惠特曼时，问了易趣创始人皮埃尔·奥米迪亚、Skype 创始人尼克拉斯·詹斯特罗姆和贝宝创始人彼得·泰尔的情况。

通过这些采访，我们确定了四种行为模式——提问、观察、交际和实验。这几个模式在创新者身上尤为突出，并且似乎能够激发联系性思维。这四项行为技能和一项认知技能构成了本书中讨论的五项发现技能。

之后，我们设计了一系列调查问卷，以评价某人参与提问（6 项评述）、观察（4 项评述）、实验（5 项评述）和想法交际（4 项评述）的频繁程度和强烈程度。参与者可以选择从 1（十分反对）到 7（十分同意）评分。我们还进行了一项用于探索和确认的因素分析，以揭示评价这些行为的 19 项评述蕴含的结构化因素。

接下来，我们进行了负二项回归分析，以测试四项发现技能和开创创新型企业之间的关系。结果表明，观察、交际和实验与开创创新型企业紧密相关（在和其他三项技能之一相结合之后，提问技能显得尤为重要）。这四种行为模式彼此之间也紧密相关，相关度通常大于 0.50，这表示一个个体一旦做出这些行为中的一种，就更有可能有某种程度的其他行为。与另一种行为结合之后，这些行为的结果都会更加明显。最初研究的全部细节见：杰夫·H. 戴尔（Jeffrey H. Dyer）、赫尔·B. 葛瑞格森（Hal B. Gregersen）和克莱顿·克里斯坦森发表于《战略创业期刊》2008 年第二期 317~338 页的文章《创业行为、机会辨识和创新企业的起源》（*Entrepreneur Behaviors, Opportunity Recognition, and the Origins of Innovative Ventures*）。

附录 C
培养发现技能

多年前，企业家兼幽默大师阿诺德·格拉斯哥（Arnold Glasgow）说："有我，就有创新。"我们十分同意他的说法。附录 C 将着重提出一些个人如何提高发现技能的方法，这些技能包括联系、提问、观察、交际和实验。

培养自身的发现技能

为了培养你的发现技能，我们在第二章到第六章提供了一些可行的操作技巧。你可以采取以下五个步骤，找出最值得采纳的建议：（1）回顾重大事项，看看自己的时间花到哪里了；（2）系统评价自己的发现技能；（3）确定一个重要的、感兴趣的创新挑战；（4）不遗余力地训练自身的发现技能；（5）找一位导师支持自己持续不断地努力，以提高自己的水平。将这些步骤联系起来，可以帮助你和你的团队培养出相关的创新技能，在工作中和工作以外形成更大、更好的影响力。如果你想培养团队的发现技能，也可以采取这些步骤，但是，要将团队的发展作为努力的核心。

步骤一：了解并改进工作中的时间分配

想想你平时上班时是如何支配时间的。我们建议你将核心任务分成以下三大类：发现、执行和发展。发现着重于创新，包括积极运用五项发现技能寻找新产品、新服务、新程序以及新商业模型。执行即产出成果、分析、计划和实施策略。发展的中心是培养个人能力和他人能力（对经理而言，就是培养直接下属的能力）。这一任务包括选择合适的团队成员，并训练他们的创新技能。

现在，请你看看自己具有代表性的一周工作日程。你会花多少比例的时间用于发现、执行和发展呢？在回答这一问题时，你可以借助表C-1，并采用以下简单的程序：第一步，填入自己目前时间分配的大概情况（填入"今天"一栏）；第二步，根据团队的目标和公司的策略，考虑好自己应该如何分配时间，然后填入表格（"明天"一栏）；第三步，算一算"今天"和"明天"两栏中时间的差距。

表 C-1　跟踪记录你的时间分配

领导力任务	今 天	明 天	差 距
发　现			
执　行			
发　展			
总　计	100%	100%	

接下来仔细看看时间差距。是否相差甚远？孰高孰低？还是两边时间一致？如果没有时间差距，则说明你花在发现上的时间

和精力与你认为应该分配在发现上的时间和精力是一致的。然而，如果"今天"的时间少于"明天"的时间，则说明你需要花更多时间用于发现活动，以提高自己的能力，做一个以发现为动力的领导者。

与非创新型 CEO 和企业家相比，创新型 CEO 和创始人企业家每周花在发现活动上的时间比例一般大于 50%。因此，如果你没有花费至少 30% 的时间用于发现，那么你的创新力就还不够。要想创造性地解决问题，就得投入时间。所以请你多花些时间用于发现，以形成更强的创新影响力。

步骤二：评价自身的发现技能

在反省了自己的时间分配（"发现"对比"执行"）之后，下一步就是更为详尽细致地了解自身发现技能和执行技能的强项与弱项。你可以做一做第一章的简单自我测试，了解自己的技能表现，也可以访问 http://InnovatorsDNA.com，做一个更全面的在线自我测试，或者 360 度在线测试（此测试能够给你提供经理、同辈和直接下属对你的反馈），更好地了解自己的强项和弱项。[1] 这些测试可以有效地帮助你回答这一问题："我每天是倾向于发现还是执行？我最擅长哪项发现技能？我想要培养哪些发现技能？我最擅长哪项执行技能？我需要培养哪些执行技能？"

步骤三：确定一个迫切的创新挑战

在测试过自己的发现技能和执行技能的强项与弱项之后，下一步是找到一个当前特定的创新挑战或机遇，训练自己的发现技能。这个挑战可以是创造一种新产品或新服务，降低员工流失率，或想出新的程序，将你所在业务部门的成本降低 5%。心中明确了创新挑战之后，你就可以设计一个计划搜索有创造力的解决方案，以训练你的发现技能了。

步骤四：训练自身的发现技能

我们建议你首先钻研提问技能，因为提问往往是创新的开始，而且创新型团队的文化也都支持提问。针对你的创新挑战，写下至少 25 个问题，然后和团队一起进行一次问题风暴活动（或是采取第三章中列出的其他提问技巧）。如果你养成了提问的习惯，就能够创造一个安全的空间，促使其他团队成员也乐于提问。

在强化了提问能力之后，看看在自己的观察、交际和实验技能中哪项最强，然后在解决创新挑战的时候尝试训练这项技能（如果说你的这项技能已经足够强大，训练反而事倍功半，那就不要训练了。此时转而巩固较弱的那项发现技能也许更好）。你可以回顾本书中与这些技能相关的章节（第四章到第六章），找一些适用于你的提高技能的建议。在寻找应对挑战的解决方案时，尽可能让你的团队参与到技能强化之中（观察、交际或者实验）。最后，（独自一人或率领团队）多参加头脑风暴会议，训练联系技能（联系技能见第二章）。

步骤五：找一位导师

创新是培养习惯的过程。换言之，要创新，就要养成与五项发现技能相关的新习惯。我们的朋友史蒂芬·柯维（Stephen Covey）是《高效能人士的七个习惯》（*The 7 Habits of Highly Effective People*）的作者，他也许会认为《创新者的基因》就是一本《高效能人士创新的五大习惯》。如果你想通过尝试我们建议的新技巧培养出新的习惯，那么你要怎么做呢？我们有一个建议，就是请一个人当你的创造力导师，这个人要能够在你培养新的行为模式的时候给予你激励和指导。改变自己并非易事。请一个你尊敬的人帮助你做出改变，是很重要的一步（这样你可以将自己的成功率提高15%~20%）。这位导师可以是你的老板、同辈、教授、同学，甚至是和你共同生活的人（在家里尝试创造性地解决问题时，你可以和其他家庭成员一起训练发现技能）。但是，无论你选择谁做你的导师，都要保证此人是你信任的人，他/她能够给你诚实的反馈和建议。有了创造力导师，你培养自己的创造力技能时将更加得心应手。

掌握破坏型创新者的五项技能

要掌握任何一项技能，都需要反复练习这项技能的具体要领。例如，世界级的运动员、音乐家或经理会将这些技能融入他们"行当"的具体细节中，然后不遗余力地练习这些细节。对高尔夫选手而言，这意味着在草地上一遍又一遍地推杆，直到掌握了挥杆的小诀窍。开音乐会的钢琴家也会针对乐章的一小部分做这样的雕琢。练习几周、几个月乃至几年之后，最终他们不仅能够掌握一项技能，更能掌握一系列技能。

我们研究的破坏型创新者也是这样做的，分毫不差。他们有的是有意识这样做的，有的是无意识这样做的。无论与何人何物互动，他们都会不遗余力地训练这些技能。只要常常训练创新技能，这些技能就会变成你的新习惯，创新也就显得不那么神秘了。

但是，这需要时间和自制力。所以，你不妨先抱着实事求是的期望，积极地花一些时间提高自己的发现技能。最重要的是，请你记住，如果你努力提高自身的能力，就可以给团队和组织传递一个严肃的信息，即创新在你心中究竟是何等重要，对团队或组织的其他成员而言又会是何等重要。

培养下一代的发现技能

我们每个人最关键的创新行为也许就发生在我们自己家中、在左邻右舍之间，或者在本地学校的教室里。为什么？因为几乎所有我们采访过的破坏型创新者都提到，至少有一个成年人曾经留意到他们的创新技能，并帮助他们在成长过程中提高了这些技能。这也是为什么我们认为，全世界的成年人都应该尊重并培育孩子的发现技能。

史蒂夫·乔布斯就是一个例子。年幼的时候，父亲会让小乔布斯和他一起坐在工作长椅上，摆弄机械。之后，乔布斯的邻居拉里·郎教会了乔布斯（和其他感兴趣的邻居小孩）用希斯工具盒（Heathkits，买来后可以组装出半导体收音机之类的产品）做机械。回顾往事，乔布斯意识到，和邻居一起使用希斯工具盒，以及和父亲一起探索，都让他懂得了机械内部的机制。更重要的是，他懂得了"一切没有那么神秘"。由此，他对自己在机械和电子产品方面的能力"极为自信"。

幸运的孩子不止乔布斯一个，还有许多创新者在童年获得了成年人的帮助。杰夫·贝佐斯每年夏天都会到得克萨斯州的祖父的农场度假，祖父给了他很多帮助，使他提高了实验技能。理查德·布兰森的母亲也支持儿子发挥好奇心，延续探索新领域的家族传统。欧瑞特·嘉迪希的父母和老师不仅耐心地回答了她的问题，还很重视她的问题。简言之，破坏型创新者在孩提时代就已经展现出天生的创新者基因，并且获得了一个或多个成年人的帮助，从而得以将这些基因延续到了成年以后。你也可以在下一代创新者的人生中扮演同等重要的角色。

培养家人和邻居的发现技能

要想开始培养破坏型创新者的五项技能，除了家中和邻里之间，还有更好的地点吗？如果你愿意像企业家兼阿里阿德涅金融公司的创始人朱丽·梅耶所说的那样，"放电梯下楼"，接新一代的破坏型创新者上楼，那么我们可以给你提供一些实际的、有用的建议。

联系技能

1. 在坐车旅行的时候，你可以与孩子们玩这样一个游戏，"联系在哪里？"两个人各自随意想出一个词，然后说出这个词。第三个人必须找出这两个词之间的逻辑联系，同时要尽可能地表现创造力。例如，"酸菜"和"缝针"可以有这样的联系："我们在医院缝针和吃酸菜的时候，都会摆苦脸。"同样，美泰公司的桌上游戏 TriBond 也会给你三个词语线索，要求你找出它们之间的共通之处。（你也可以在 http://www.Tribond.com 上玩这个游戏，这个网站每天都会提供三个词语，供你找联系。）

2. 寻找培养联系性思维的图书。我们最喜欢的书之一是《这不是个盒子》(Not a Box)，书中的主角是一只兔子，它试图让读者相信，盒子并不是盒子。如果我们放飞想象力的话，盒子可以是任何事物（如赛车或太空飞船）。本书作者之一为自己3岁的孙子读了这本书，当天就发现孙子坐在了盒子里。孩子认为这不是个盒子，而是海盗船！如果你也喜欢和孩子们一起阅读创意书籍，可以读一读克拉格特·强森（Crockett Johnson）创作的《阿罗有支彩色笔》(Harold and the Purple Crayon)、彼得·雷诺兹（Peter Reynolds）创作的《味儿》(Ish)、苏珊·斯柴科（Susan Striker）和爱德华·金梅尔（Edward Kimmel）创作的《非填色涂鸦书》(The Anti-Coloring Book)。

提问技能

1.孩子放学后，大多数父母都会问："你今天过得怎么样？"或者"你今天学到什么有趣的东西了吗？"第二个问题比第一个问题要好（因为父母能够获得孩子更多的想法）。但你不妨常常问问孩子（或邻居的孩子）："你今天问了什么问题？""其他的孩子问了什么问题？""你今天有没有什么问题想问，却没有时间问？"问完以后，认认真真地听孩子的回答。他们的回答也许会让你大吃一惊。你也可以看看 MovieTeller 公司制作的短片《那是什么？》(What Is That?)，看看一对父子之间的问答对他们各自产生了什么影响。

2.在遇到需要解决的来自家庭、学校或社区的难题或挑战时，你可以试着借鉴我们的问题风暴方法，和孩子一起做问题风暴。孩子们也许没有耐心问50个问题，但是问10个问题还是可以的。例如，假设你的孩子不愿意做家务，或不愿意做作业，那么针对此"难题"问 10 个问题，就可以让孩子获得许多有趣的见解。例如，你可以问："为什么你对理科不感兴趣？""我可以做些什么来帮帮你？"你的孩子也许会问："为什么我一定要学理科？""理科为什么对我这么重要？"这一针对难题提问题的程序，往往会催生一些新的想法或见解，最终得出新奇的解决方案。

观察技能

1.带孩子看看自己的工作状态。和父母工作一天为他们所带来的感触，是你难以想象的。注意孩子在你的工作场所里留意的事物，不要打扰孩子，从孩子的角度出发，看看他们眼中这个新奇的成人工作环境是什么样的。洪博培（Jon Huntsman Jr.）11 岁的时候去了一次父亲的工作场所，就此改变了自己的人生轨迹。当时他的父亲是尼克松总统的特别顾问，在白宫工作。在白宫，洪博培碰到了基辛格，当时基辛格正准备秘密造访中国。小洪博培问基辛格要去哪儿，基辛格说："去中国。"此前，对洪博培来说，"中国"和"中国人"似乎是不存在于现实中的。但是听到有人真的要去中国，他顿时对中国产生了浓厚的兴趣。洪博培之后在学校学习了亚洲历史和亚洲语言。他花了 15 年学习普通话，会说一口流利的普通话，并当上了美国驻华大使。

2.常常去熟悉的地方或陌生的地方散散步。散步时带上孩子，看看他们眼中的世界。孩子看见了什么？听见了什么？尝到了什么？摸到了什么？闻到了什么？孩子也许会获得一些你从没留意的发现，让你大吃一惊。仔细观察孩子会因为什么事情吃惊，这件事情也许也会让你惊讶。在陌生的地方旅行或生活时，你也可以做同样的事情，尤其是在转变期（刚刚抵达或准备离开时）。这种时刻我们往往可以发现一些平时被我们忽视了的事物。你可以将这些所见所闻记录在一个笔记本上。凯莉·史密斯（Keri Smith）写的《如何探索世界》(*How to Be an Explorer of the World*) 就是一本很好的指导书，能够指导对探索感兴趣的成人和孩子更好地观察世界。

交际技能

1. 你可以偶尔就工作（或家庭）中的问题向孩子征求意见，以此和孩子一起培养交际技能。你要向孩子解释一下，集思广益是解决问题的最好方法。如果他们表现出对问题的兴趣，你甚至可以和他们一起去向不同背景的人征求意见。这样你就可以以身作则，教会孩子想法交际的重要性，并且示范交际的程序了。

2. 在遇到家庭、学校或社区的问题或挑战时，可以偶尔邀请三四个不同背景的人组成一个"攻关小组"，为如何最好地解决问题献计献策。在讨论的时候，可以请他们吃晚饭，或者备些饮料和零食。

3. 如果你家中有孩子，那么你就可以和他们一起与许多人交往，进行一些想法交际。例如，你可以请一个来自其他国家或民族的人，或者宗教信仰、年龄或职业与你不同的人来家中吃饭，和孩子一起看看其他人是如何生活的，以及他人是如何看待这个世界的。

实验技能

1. 在家中或邻里之间做实验，然后和孩子一起讨论，例如比尔·戴尔（社会学家、本书作者杰夫·戴尔的父亲）曾经在家中门厅正中央的地板上放了一件熨好的白T恤。两天过去了，孩子们都小心地绕着T恤走，但是没人将其捡起来。比尔·戴尔观察了这一切，然后和孩子们一起讨论为什么他们没有捡起T恤，并推而广之，讨论他们在家中的责任。此外，他还和邻居家交换过处于青春期的儿子。一周之后，这两家人聚在一起，讨论孩子和家人在这次经历中学到的东西。

2. 带孩子去旧货场或跳蚤市场，寻找一些可以拆解的物件。你也可以选一个可以拆解的物件给自己。把这些东西带回家，然后两人一起拆了这些东西，看看能够获得什么新见解，并了解这些物件是如何运作的。有一对父子一起拆了一个老旧的飞机引擎，儿子后来成了一名飞行员——这次经历造就了他的航空生涯。

3. 带孩子一起设计模型。选择一个你想要改进的模型（或者设计一个全新的模型），和孩子一起设计并组建一个初始模型。孩子们都热衷于创造新事物，尤其是用培乐多缤纷彩泥创造新事物，他们能够捏出的形状是你难以想象的。

4. 带孩子去国外旅游（自己家附近"陌生"的地方也可以）。向孩子说明，此次旅行的目的就是体验所有遇到的新事物。尝试新的食物、习俗、当地产品和服务。如果可能的话，在当地人家生活一段时间，体验当地人的生活。尽可能多地尝试新鲜的互动式体验。

行动号召

我们希望你做什么？教导出一个年轻的创新者！找到至少一个孩子（可以是你自己的孩子，也可以是邻居或亲戚的孩子），帮助这个孩子欣赏并强化自己的创新技能。每个孩子都应该遇到一个尊重其创新技能的成年人,都应该至少遇到一个愿意听自己诚恳提问的成年人。苏斯博士(Dr. Seuss)说过:"除非你能遇到一个和你一样深切地关心你的人,否则一切都不会有起色。真的不会。"如果我们不能携起手来一起培养下一代的破坏型创新者,那么还有谁会这样做呢?需要成年人帮助的孩子数不胜数,我们不能松懈。如果我们能够一起完成这项任务,那么许多孩子长大以后,都会有非同凡人之所想、非同凡人之所为,最终在这个充满复杂问题和挑战的世界中有所作为。我们的想法也许有些天真,但我们真的相信个人的力量,相信只要每个尊重孩子的创新技能的成年人一起努力,就能够培养出新一代的破坏型创新者。这就是我们的希望所在。

致 谢

大约 10 年前，"创新者的基因"这一研究项目开始成形，并且在全球数百乃至数千人的支持下不断发展。在此过程中，许多和我们共事过的人给了我们启发，让我们的思维能够走得更远，我们对此深表感谢。下面我们将逐一感谢他们，此外还有许多人也帮助推动了我们的项目向前发展，使我们的项目最终结出硕果。

毫无疑问，如果没有那么多破坏型创新者抽出宝贵的时间，向我们讲解他们认为哪些个人特质有助于创新，本书就不可能被出版出来了。我们采访了近 100 名这样的创新者，尤其要感谢以下几位：内特·奥尔德、马克·贝尼奥夫、杰·比恩（Jay Bean）[ah-ha.com 网站、甜橙苏打公司（OrangeSoda）]、杰夫·贝佐斯、麦克·柯林斯、斯科特·库克、加里·克罗克、迈克尔·戴尔、凯文·罗林斯、欧瑞特·嘉迪希、亚伦·嘉利提、乔·莫顿、戴安·格琳、安德烈亚斯·海内克、珍妮弗·海曼、珍妮弗·弗莱斯、艾略特·雅各布森、乔希·詹姆斯、约翰·佩斯塔纳、杰夫·琼斯、阿兰·乔治·雷富礼、迈克尔·拉扎里迪斯、克里斯汀·默多克、大卫·尼尔曼、皮埃尔·奥米迪亚、梅格·惠特曼、马克·鲁伊斯、拉丹·塔塔、彼得·泰尔、科瑞·莱德和尼克拉斯·詹斯特罗姆。

克莱顿·克里斯坦森的助理丽莎·斯通（Lisa Stone）努力地协调了项目的方方面面。最为重要的是，她十分出色地安排好了我们对知名创新者的采访。要将三个大洲上的四个日程繁忙的人安排到一起，有时确实会十分艰难。谢谢你，丽莎，感谢你创造了这样的奇迹。

我们还想特别感谢一下迈克尔·麦康奈尔（Michael McConnell）。他所在的单位是计算本书中公司创新溢价的HOLT。迈克尔的指导深思熟虑，分析细致入微，使我们得以排出世界上最具创新力的公司榜单。对于他和HOLT的专业和洞见，我们不胜感激。

在本书完稿之际，我们请了几位创新者和畅销书作者帮忙。他们花费了宝贵的时间，仔细地阅读了书稿，并及时给我们反馈。我们想感谢他们：马克·贝尼奥夫、阿兰·乔治·雷富礼、史蒂芬·柯维和斯科特·库克。

在哈佛商业评论出版社，有许多人一直在跟进我们的项目，使书稿日臻完善。梅琳达·梅里诺（Melinda Merino）是本书的编辑，她饶有兴致地听我们提出了选题，然后富有远见地决定出版本书。她为本书的结构和内容提出了很多有针对性的建议，一直坚定地支持并鼓励我们。我们为此深表感谢。她那令人振奋的言语和温暖人心的笑容传递出一股积极的力量，使我们的创新性想法源源不断地涌现，充实了本书的内容。本书最初源自我们在《哈佛商业评论》上发表的文章《创新者的基因》，而《哈佛商业评论》的莎拉·克利夫（Sarah Cliffe）当时给了我们一些十分宝贵的反馈和指导。布朗温·弗赖尔（Bronwyn Fryer）在《哈佛商业评论》工作时是我们的编辑，后来她成为自由职业编辑，和我们一起合作了本书。没有她的帮助，本书的内容不可能如此连贯通畅。她总是以惊人的高效和职业素养，不停地督促我们把每一章都写得更加有趣、更加吸引人、更加易懂。本书进入生产和营销阶段之后，还有许多人帮助我们保留了蕴含在想法之中的能量，使大家关注到主要的内容。尤其是简·韦林、寇特妮·卡仕曼、朱莉·德沃尔和艾利克斯·梅塞隆，他们充分运用了自己的职业技能，照顾到了书稿的方方面面。

除了哈佛商业评论出版社，还有两个组织及其员工给予了我们帮助，使本书得以出版。创新视野公司（Innosight）的斯科特·安东尼、马克·约翰逊和马特·艾林一直和我们一起不懈地工作，打磨我们的想法，以供全球的领导者借鉴。有了他们的努力，我们的想法得以脚踏实地，在实践中发挥最大用途。同样，在斯特恩公司（Stern+Associates），丹尼·斯特恩和他的团队也展现了出色的职业素质，帮助我们将想法推广给更多的读者。我们也希望这一做法能够使我们的想法获得更大的影响力。

杰夫·戴尔的致辞

10年前我们开始这一项目的时候，我完全没有想到自己踏上的是一次充满欢乐但也遍布挑战的旅途。关于"创新者的基因"的研究打开了我的视野，让我意识到，所有人都可以为建设更美好的世界贡献创意。我首先想感谢本书的合著者赫尔·葛瑞格森和克莱顿·克里斯坦森，他们的睿智和洞见教会了我许多，也让本书得以出版。其中，赫尔擅长提问和着眼大局，克莱顿则擅长阐发理论，并且懂得如何使用案例，让理论变得妙趣横生，易于操作。

此外，他们都是我的好朋友，两人都十分优秀。

本书的数据搜集工作十分繁重，因此我要感谢所有的研究助理。他们花费了大量的时间，支持书稿的写作。我尤其想要感谢纳桑·法尔、迈克尔·斯坦、玛丽莎·休姆斯、瑞恩·昆兰、杰夫·维隆、尼克·普林斯、布兰顿·奥斯曼、琼·列维斯、史蒂芬·琼斯、安德鲁·切克提斯和詹姆斯·科尔。此外，我还想感谢斯宾塞·库克，他为我们的网站开发了搜集个人测试数据的工具，要知道，如果没有数据，研究就无从谈起。我也要感谢格雷格·亚当斯，他为我们提供了专业的数据分析，帮助我们检验了《创业行为、机会辨识和创新企业的起源》（刊载于《战略创业期刊》）一文中的假设。我还想表扬并感谢我的几十位MBA学生。他们在杨百翰大学学习我开设的"创造性战略思维"课程，完成了包括采访创新型企业家在内的课程项目。他们的采访，以及他们提供的采访记录，对我们来说都很有价值，能帮助我们了解创新者发现商业新想法的程序。科瑞·莱德也是我的MBA学生之一，他帮助我阅读了这些采访记录，并提出了十分有益的建议，对我的帮助尤其大。妮娜·怀特海特和她的员工负责为我们三位作者对创新者的所有采访做记录，他们总是能够及时交稿。杨百翰大学所有支持我的人都十分敬业，我十分感谢他们，尤其是我的助理霍莉·詹金斯、史蒂芬妮·格雷汉和史蒂芬·鲍威尔。我还要衷心地感谢杨百翰大学马里奥特商学院的院长加瑞·科尼亚及其他几位院长，感谢他们在过去10年里为本项目提供资金支持。

我还要感谢我的父母比尔·戴尔和邦妮·戴尔。我的母亲从始至终一直给予我支持和爱。我的父亲是我生活各方面的优秀榜样。就本书而言，我要特别感谢他们教会我，提问是无伤大雅的。

最后，我要向我的妻子罗娜丽和我的孩子艾伦、马修和麦肯齐表示衷心的感谢。由于忙于项目，我没有以往那么多时间和精力陪伴他们，但他们仍一如既往地支持着我。我尤其要感谢罗娜丽，她总是无微不至地照顾着我们的孩子，照顾着我。能够得到她的关爱，我们无比幸运。谢谢你，罗娜丽，这本书终于出版了。

赫尔·葛瑞格森的致辞

我认为，创新者的基因对新想法的形成有极大影响。现在我们的项目已经完成，如果能够回顾一下他人的想法和行动是如何塑造我的创新之旅的，一定会获益匪浅。

首先，我想说说我的父母。我的父亲擅长做许多事情，除了会修理、保养所有的机器，他还会演奏竖笛、萨克斯和贝斯，甚至在睡梦中也会忍不住用脚打节拍。我的母亲同样擅长乐器，会演奏长笛和钢琴。更重要的是，母亲总是会认真倾听别人的意见。她总是眼观耳听，用心寻找别人潜在的需求，然后满足这些需求。谢谢你们，父亲和母亲，感谢你们一直不断地向世界提问（虽然你们俩的角度可能有所不同），并且教会了你们的孩子如何提问。

说完了家庭，再说说学校。J.邦纳·里奇是我的老师之一，他那强烈的好奇心可谓无人能出其右。读硕士的时候，我跟着他做了大量工作。他总是不断地挑战我既有的世界观，最终几乎重塑了我的世界观。简言之，早在我们写下《创新者的基因》之前，邦纳就亲身示范了什么是创新者的基因。他的问题直指人心，他常常能观察到不可思议的事物，并且极其擅长打比方。这一切都让我的观察技能提升到了与此前不同的高度。邦纳教授，感谢你对我的馈赠。

读完博士之后，我开始了持续 20 年的研究，试图弄懂伟大的世界级领导者是如何炼成的。这项研究当然不是我靠一己之力能够完成的。在研究过程中，许多学术界的同人和商界的主管都做了贡献，尤其是斯图尔特·布莱克、马克·门登霍尔、艾伦·莫里森和加瑞·奥都。作为同事（和朋友），他们总是直接刨根问底，就像世界上所有领导们所做的那样。作为同事和朋友，我要向他们每一位表示衷心的感谢。

在 20 世纪 90 年代和 21 世纪早期，我在杨百翰大学参与了一个可谓尽善尽美的工作坊，并发现了关于"创新者的基因"的一些早期的想法（尤其是提问和好奇心方面）。这些线索能够成形并成熟，是和我与全校同事的讨论分不开的，尤其是加瑞·科尼亚、马特·何兰德、科提斯·拉布朗、李·派瑞、杰瑞·桑德斯、迈克尔·汤普森、格雷格·斯图尔特、马克·维德默、戴夫·维顿和阿伦·维金斯，还有全体出色的研究助理，包括辛迪·巴鲁斯、克里斯·宾汉、布鲁斯·卡顿、杰拉德·克里斯滕森、本·福克、梅丽莎·休斯、坎贝尔、斯宾塞·哈里森、马克·汉博林、朱莉·海特、马西·赫勒曼、罗伯·简森、杰娜·鲍嘉、艾利克斯·罗姆尼、劳拉·斯坦沃斯和斯宾塞·维尔莱特。而在行政方面，霍莉·詹金斯总是能够出色地支持我们的工作，每当前路似乎很艰难的时候，她总是能够为我们带来一丝慰藉。

后来，我越过大西洋，来到伦敦商学院（London Business School）教书，之后又到欧洲工商管理学院（INSEAD）教书。这一经历使我在"创新者的基因"这一研究项目中的角色变得更加国际化。欧洲工商管理学院自称是"国际商学院"，这绝不是自我吹捧。这里的同事、行政人员和管理教育学员来自世界各地。每所分校（分别位于枫丹白露、新加坡和阿布扎比）都有无数专注于研究创新和创业的同人，其中包括菲尔·安德森、亨里克·布雷斯曼、史蒂夫·奇客、伊夫·多茨、苏米特拉·杜塔、查理·加鲁尼克、莫顿·韩森、马克·亨特、规辉、罗杰·雷曼、威尔·马杜克斯、史蒂夫·梅资亚斯、于根·米姆、迈克·皮驰、苏比·朗根、戈顿·瑞丁、卢瓦克·萨杜莱特、菲利普·桑托斯、曼米尔·萨沙、詹姆斯·特波尔、卢多·范·德·海登、汉斯·瓦尔和卢克·凡·沃森霍夫，和他们交谈可以获得许多新的见解。院长办公室的行政人员弗兰克·布朗、安尼尔·珈巴、迪帕克、简和彼得·泽姆斯基，以及组织人员保罗·伊文思、马丁·加尔基罗和赫米尼亚·伊巴拉也十分支持我们的"创新者的基因"研究项目。此外，我们还获得了几项欧洲工商管理学院的研究基金，这让我们得以将研究不断推进，从而进入重要的阶段。同时，欧洲工商管理学院国际领导力中心的老师也以他们一贯的职业素养，向我们提交了许多关于创新者基因的360度测试。此外，还有其他欧洲工商管理学院的员工支持我们的项目，其中个人助理乔思林·布尔、梅拉尼·卡门金德和萨米·曼诺在过去的几年中，给了我许多工作上（和生活上）的协助。最后，我还要感谢几千名欧洲工商管理学院管理教育专业的学员（包括主管、企业家和社会事业家），他们在过去的几年中，为"创新者的基因"项目贡献了许多关键性想法，并且提供了许多重要的研究数据。

　　许多商界、政界和社会事业领域的主管都十分慷慨地抽出时间，贡献力量，帮助我们改进有关创新的见解。礼来公司（Eli Lily）的史蒂芬·保尔一直都尽心尽力地与我合作，并且不断贡献智慧和见解，帮助我了解创新是什么，以及如何进行创新。他的想法和人生经历改变了我的想法，也改变了我的人生。学者、顾问兼主管指导肖·比赫勒也对我有同样的影响，他和我一起合作了许多专注于创新的项目。最近我们一起在管理学院开设了专注于提高提问技能的职业发展工作坊，同时正在和"为美国而教"组织（Teach for America）合作研究该组织教师的创新技能。其他我想感谢的人还包括电影制作者、摄影师和探险者戴维·布雷西尔斯，ADIA的拉里·卡赫，Aramex快递公司的法迪·甘杜尔，嘉士得国际的娜奥米·格拉汉姆、爱德华·多尔曼、史蒂文·墨菲、丽莎·金、卡伦·迪金和吉莉安·霍尔登，可口可乐公司的阿麦特·波兹尔和史蒂文·J.圣塔罗斯，"黑暗中对话"的安德烈亚斯·海内克、奥纳·科恩和米娜·维迪亚纳森，快乐菲人的马克·鲁伊斯，马里奥特的帕特·史多克，努·斯金（Nu Skin）的戴维·戴安斯和黛妮思·琼斯，RBL集团的戴维·尤里奇、韦恩·布罗克班克和诺姆·斯莫尔伍德。

现在，我想向本书两位优秀的合著者表达谢意。我要谢谢杰夫·戴尔和克莱顿·克里斯坦森对本书和我的生活所付出的心力。杰夫来到杨百翰大学时，带来了他父亲的"制度创造者"的心态。他不仅在战略组里勤勤恳恳地工作，支持同事的创造工作，还跨越了战略研究的领域，和我一起合作开设了"创造性战略思维"MBA实验班。我们希望能够将公司创新的战略角度与个人创新的精神层面相结合。这种结合创造了一种改变思维角度的课堂体验，并且在杰夫的管理之下得以延续。通过这一课程，我们还有一个意外的收获，那就是我们俩在创新性想法来源和创新性想法发展方面的合作越来越紧密。无论是在研究中还是在私底下，我们的合作都亲密无间。杰夫擅长提出明晰的想法，并且能够很好地管理项目，使项目一直在正轨上运行。在过去的10年中，我的家庭遇到了一些意料之外的困难，而他的这些才能在关键时刻体现出了价值。杰夫不仅保证了项目的顺利进行，更重要的是，在我遇到人生挑战和艰难险阻的时候，他给了我许多支持。我永远感激他，感谢他用职业素养帮助我、用真挚的友谊支持我。

大约是在10年前，我和克莱顿·克里斯坦森初次见面。到现在我还清楚地记得我们当时的对话，宛如昨日。我们深入地探讨了提问技能如何能够有力地改变我们的人生（无论是在工作上，还是在家庭生活中）。那次谈话充满了洞见，同时也显现了许多克莱顿之后在项目中提出的好的破坏性问题。然而，我们当时都不知道，克莱顿（和他的家人）在之后的岁月里会饱受严重的疾病困扰。他先是心脏病发，然后又得了癌症，之后又中风了。疾病一次次地损害克莱顿的健康，而每一次他都顽强地挺了过来，恢复了健康。目睹了这一切之后，我惊叹于他还能够继续工作，并且带着一如既往的热情和善意。每次我和他讨论关于《创新者的基因》的想法时，无论是已经康复还是在病中，他总是会为本书或某一章重新设定理论框架，并且几乎每次都会让理论更为完善。他对理论饱含热情，且有能力创建好的理论，这些都在"创新者的基因"研究项目里留下了不可磨灭的痕迹。难怪他能够提出破坏性创新理论。最重要的是，我要向他表达我的谢意。因为在我家经历困难的时候，虽然自己病魔缠身，但他仍然花精力向我表示支持，给我动力。

感谢了许多人之后，我要回过头来感谢我的家人。我的孙子孙女们，伊丽莎白、麦迪森、卡什、布鲁克林和斯黛拉总是会不断地告诉我他们天真的想法，让我注意到我在生活中甚少留意的细枝末节，让我一次又一次地收获惊喜。我的孩子坎希、马特（和艾米丽）、艾米莉（和韦斯）、莱恩、寇特妮、安铂、乔顿和布鲁克总是不断地行走于世界各地（亲身旅行或是思考世界），追寻那些能够令其有所作为的想法和行为。他们个人和各自的家庭在面对困难时的那份韧性也鼓舞了我，让我有充分的理由相信未来会更美好。大约在10年前，我的妻子安勇敢地和乳腺癌进行斗争。但不幸的是，两年之后，由于医生想当然的错误诊断，病魔又卷土重来，夺去了她的生命。她的死也许本不应该发生（这也给我留下了许多沉重的问题，也许今生都不会有答案）。在经历了这场悲剧之后，我的人生迎来了一个奇迹。苏西牵起了我的手，温暖着我的心，带着我踏上了一场我们都没有料到的环球旅行。我们结婚了，之后离开了美国，去接触我从没有想过的文化和人群。和苏西一起生活和旅行时，我们总是会即兴安排一些计划外的行程，然后发现奇迹，为之惊叹，并最终重建我们的心灵。在旅途中，苏西会用画笔描绘她观察到的世界，每次看到她涂涂画画，我总是会受到鼓舞。她对人生持超越直觉的态度，却又总是能够凭直觉找准方向。有时我的生活会乱成一团，她总是能够带给我一种安稳的感觉。在我们一起面对人生的喜乐忧愁时（包括苏西与乳腺癌的斗争），"永远相守"这四个字似乎有了更深层次的意义。能够和至交好友结婚，这是天赐的良缘，无可比拟。写作本书耗费了我大量的时间和精力，令我更加觉得这一切无比宝贵。谢谢你，苏西。感谢你和我风雨同路，感谢你为我的人生带来欢乐。没有你，我不会知道天空是如此蔚蓝。

克莱顿·克里斯坦森的致辞

杰夫·戴尔和赫尔·葛瑞格森已经感谢了许多人,我也向他们致以同样的谢意。此外,我还要感谢我的妻子克里斯汀。在我花费大量时间写作时,是她为我包揽了诸多事宜。

此外,我还要感谢数百名经理,其中有些是高管,大部分是中层管理者。他们虽然自己在创新时屡屡失败,却给我们上了如何成为创新者的重要一课。虽然他们塑造了我们的思维,可由于篇幅有限,本书不能将他们的名字一一列举出来,但我希望他们能够在字里行间读到自己的声音。只有不断地寻找理论无法解释的相类似的现象,才能形成伟大的理论。这也是为什么我十分感激他们,因为他们愿意为我们解释为什么事情有时并不遂人愿。

我也十分感激杰夫和赫尔让我加盟他们的团队。赫尔教会了我提出正确问题的价值。杰夫教会了我如何找到正确的答案。而我在团队中扮演的是三垒旁边教练的角色。我会在每一章中为杰夫和赫尔将球扔回本垒。我希望我们未来还能有机会共事。

注 释

引 言

1. IBM, "Capitalizing on Complexity: Insights from the Global Chief Executive Officer Study," May 18, 2010.

2. Jeffrey H. Dyer, Hal B. Gregersen, and Clayton Christensen, "Entrepreneur Behaviors, Opportunity Recognition, and the Origins of Innovative Ventures," *Strategic Entrepreneurship Journal* 2 (2008): 317-338.

3. Todd Kashdan, *Curious?: Discover the Missing Ingredient to a Fulfilling Life* (New York: Harper Collins, 2009).

第一章

1. M. T. Hansen, H. Ibarra, and U. Peyer, "The Best Performing CEOs in the World," *Harvard Business Review*, January-February 2010.

2. J. Young and W. Simon, *iCon: Steve Jobs, The Second Greatest Act in the History of Business* (Hoboken, NJ: John Wiley & Sons, 2005), 37.

3. 同上，第38页。

4. Ann Brashares, *Steve Jobs: Thinks Different* (New York: Twenty-first

Century Books, 2001).

5. 史蒂夫·乔布斯，斯坦福大学毕业典礼演讲，2005年。

6. Marvin Reznikoff, George Domino, Carolyn Bridges, and Merton Honeyman, "Creative Abilities in Identical and Fraternal Twins," *Behavior Genetics* 3, no. 4 (1973): 365-377. 举例来说，研究人员对测试对象进行了远程联想测试：给双胞胎提供3个单词，然后让他们找出与这3个单词相关联的第4个单词。另外，研究人员还进行了另类用途测试，让测试对象就某种常见物品——比如砖块——展开讨论，给出尽可能多的用途，然后记录所有这些用途，并就彼此间的差异性进行比较和分析。

7. 参见 K. McCartney and M. Harris, "Growing Up and Growing Apart: A Development Meta-Analysis of Twin Studies," *Psychological Bulletin* 107, no. 2 (1990): 226-237。

8. 就创造力而言，其他关于后天养成胜过天性本能的研究还包括：F. Barron, *Artists in the Making* (New York: Seminar Press, 1972); S. G. Vandenberg, ed., *Progress in Human Behavior Genetics* (Baltimore: Johns Hopkins Press, 1968); R. C. Nichols, "Twin Studies of Ability, Personality and Interest," *Homo* 29 (1978), 158-173; N. G. Waller, T. J. Bouchard, D. T. Lykken, A. Tellegen, and D. Blacker, "Creativity, Heritability, and Familiarity: Which Word Does Not Belong?" *Psychological Inquiry* 4 (1993): 235-237; N. G. Waller, T. J. Bouchard Jr., D. T. Lykken, A. Tellegen, and D. Blacker, "Why Creativity Does Not Run in Families: A Study of Twins Reared Apart," unpublished manuscript, 1992。关于该领域的研究总结，参见 R. K. Sawyer, *Explaining Creativity: The Science of Human Innovation*, 2nd ed. (New York: Oxford University Press, 2012)。

9. A. G. and Ram Charan, *The Game Changer* (New York: Crown

Business, 2008).

10. 事实上，"基因疗法"的目标就是将新基因植入人体细胞，用功能正常的基因取代有缺陷的基因。

11. L. W. Busenitz and J. B. Barney, "Differences between Entrepreneurs and Managers in Large Organizations: Biases and Heuristics in Strategic Decision-Making," *Journal of Business Venturing* 12 (1997): 9-30.

12. R. C. Anderson and D. M. Reeb, "Founding Family Ownership and Firm Performance: Evidence from the S&P 500," *The Journal of Finance* 58, no. 3 (June 2003): 1301-1327. 这项研究发现，由创始人兼任首席执行官的公司，其盈利能力（资产净收入）比一般公司高29%，而市值则高21%。这些结果的产生并非因为创始人领导的公司的规模小，因而更具发展潜力（该研究对公司规模和年限进行了控制）；也不是因为其所在行业更具吸引力（该研究也对行业进行了控制）。作者的结论是，"创始人给企业带去了独一无二的增值能力，进而促成其卓越的会计业绩和市值表现"（第1317页）。

第二章

1. 华特迪士尼公司，1965年年报。

2. 与模式识别相比，我们更喜欢"联系性思维"这个术语。这是因为，模式识别似乎表明存在一种可被创新型创业者识别的模式。依照创新者所给出的关于发现和识别创新型初创企业理念的描述，我们觉得，虽然他们把迥然不同的理念汇集了起来，但一般来说，他们未必就识别出了一种模式，甚或识别出了一种可行的商业机会。他们大多是通过试错和改进策略来确定事物之间的合适性的。

3. 尽管弗朗西斯·约翰松在其畅销书《美第奇效应》（*The Medici Effect*）

中创造了"美第奇效应"一词,但我们还是更倾向于使用一个受时间和空间限制较少的术语。因此,在提及过去、现在和未来的空间时,我们使用的是"创新效应";在这些空间内,不同的思想发生碰撞,形成强大的聚合力量,进而产生大量实质性的创新结果。从历史上看,是地理空间把那些拥有不同背景和不同知识的人会聚到一起的。今天,促进人与人之间交流的,可能是地理空间,也可能是虚拟的市场空间。

4. 简言之,"美第奇效应"并不仅仅局限于美第奇家族或文艺复兴时期的意大利佛罗伦萨。相反,"美第奇效应"是科学领域中共同经验的一个具体例子。在经常产生创新成果的交叉学科领域,自然也存在这种效应。

5. Mihaly Csikszentmihalyi, *Creativity* (New York: Harper Perennial 1996).

6. Leslie Berlin, "We'll Fill This Space, but First a Nap," *New York Times*, September 28, 2008.

7. 关于如何以一种更具创造性的方式将不同的理念关联起来,有两本非常棒的书可以推荐给你——迈克尔·米哈尔科所著的《米哈尔科创意思维9法则》(*Cracking Creativity*)和《米哈尔科商业创意全攻略》。

8. Bill Taylor, "Trading Places: A Smart Way to Change Your Mind," *Harvard Business Review* Blog, March 1, 2010.

第三章

1. Quinn Spitzer and Ron Evans, *Heads You Win: How the Best Companies Think* (New York: Simon and Schuster, 1997), 41.

2. Peter Drucker, *The Practice of Management* (New York: Wiley, 1954), 352-353.

3. Mihaly Csikszentmihalyi, *Creativity* (New York: Harper Perennial, 1996).

4. 兰德不仅是宝丽来相机的发明者，而且还持有另外532项科学和商业专利（其所持专利数量仅次于托马斯·爱迪生）。

5. Rekha Balu, "Strategic Innovation: Hindustan Lever Ltd.," *FAST Company*, May 31, 2001, http://www.fastcompany.com/magazine/47/hindustan.html.

6. Brooks Barnes, "Disney's Retail Plan Is a Theme Park in Its Stores," *New York Times*, October 13, 2009.

7. 自偶然发现了"问题风暴法"以来，我们了解到其他人也采用过类似的做法，比如Marilee Goldberg, *The Art of the Question* (New York: Wiley, 1997)。

第四章

1. 斯坦福大学教授鲍勃·萨顿 (Bob Sutton) 使用过这个词，但IDEO的汤姆·凯利表示，他也听说该词源于喜剧演员乔治·卡林（George Carlin）。

2. Tom Kelley, *The Art of Innovation* (New York: Doubleday, 2005), 16.

3. Howard Shultz and Dori Jones Yang, *Pour Your Heart Into It: How Starbucks Built a Company One Cup at a Time* (New York: Hyperion, 1997), 51-52.

4. Ethan Waters, "Cars, Minus the Fins," *Fortune*, July 9, 2007, B-1.

第五章

1. Ron Burt, "Structural Holes and Good Ideas," *American Journal of*

注　释

259

Sociology 110, no. 2 (September 2004): 349-399.

第六章

1. 史蒂夫·乔布斯，斯坦福大学毕业典礼演讲，2005 年 6 月 12 日。

2. M. Carpenter, G. Sanders, and H. Gregersen, "Bundling Human Capital: The Impact of International Assignment Experience on CEO Pay and Multinational Firm Performance," *Academy of Management Journal* 44, no. 3 (2001): 493-512.

3. Walter Isaacson, *Einstein* (New York: Simon and Schu-ster, 2007), 2.

第七章

1. 创新溢价的计算方法：

步骤 1：在评估公司现值时，HOLT 依据分析师就利润和营收所做的共识预测值，确定了每家公司现有业务在未来两年里产生的现金流。关于利润和营收的共识预测值，取的是分析师所做预测的中位数。这些分析师专注于特定上市公司的分析与研究，是由机构经纪人预测系统（Institutional Brokers Estimate System）仔细筛选出来的。如同在创新溢价中一样，历史时期的基准数据采用的是公司实际发布的盈利能力和再投资率，并以此作为现金流预测的起始点。

步骤 2：然后，HOLT 对超过 4.5 万家公司和 50 多万个数据点进行了分析，并据此开发出衰减算法，预测公司现有业务未来 38 年的自由现金流。"衰减"这一概念体现的是一种常识性观念：竞争在自由市场上持久存在（按照熊彼特的"创造性破坏"学说的方式），且技术变革和不断变化的市场动态会对过高回报的持续性产生不利影响（这与先前的研究一致，表明了企业盈利能力的"趋均数回归"效应）。

就某一特定公司而言,该衰减算法还基于如下几点:

(1)未来两年投资回报率水平的预测共识值。具有较高盈利能力和投资回报率的公司,其在未来的回报也会相对较高。然而,从大多数公司的历史经验来看,"趋均数回归"效应是存在的,这也就意味着高投资回报率将会逐渐降低,并趋于经济体中各公司投资回报率的平均水平。当前的利润水平越高,预期衰减速度就越快。(各公司通常会保持它们的排名次序。然而,表现最好的公司和表现最差的公司之间的差距会缩小。)

(2)历史投资回报率的波动性(以过去5年为期)。历史投资回报率的波动性越大,公司投资回报率趋于平均水平的速度就越快。具有持续而又稳定的投资回报率的公司,在未来也更有可能保持一贯的投资回报率。

(3)公司的再投资率。公司近期的增长速度越快,其再投入的现金数额就越大,而投资回报率也会以更快的速度趋于经济体内各公司的平均水平。对管理团队来说,维持高水平的财务业绩是非常难的;在保持高水平财务业绩的同时,确保公司业务的快速增长,更是难上加难。

步骤3:公司的总企业价值(股权市场价值加上总负债)和现有业务的价值之间的差额构成创新溢价,以所占总企业价值的百分比表示。

虽然HOLT的衰减算法是明确建立在特定公司的以往业绩与未来预测业绩之上的,但它似乎也反映了公司所处部门或行业的情况。在某种程度上,如果一个行业或部门的各公司在投资回报率水平、波动性、再投资率等方面有着相似特征,那么它们的衰减模式也会是相似的。另外,公司的衰减预期与该公司在行业内的地位之间也存在明显的相关性。大多数行业龙头企业都拥有更高和更稳定的投资回报率,因为它们已经度过了成长期且已经确立了行业领导地位,所以不再需要以高于行业平均水平的速度增长了。

要想入围最具创新力公司榜单,公司必须为我们提供其至少 10 年的财务数据。我们还会将"研发"列为筛选标准,在研发投资方面设立门槛。此外,为控制规模造成的差异性,我们只纳入市值超过 100 亿美元的公司。在极少数情况下,如果一家公司超过 80% 的营收来自某个高速增长的经济体(比如印度),我们会假定在该公司的创新溢价中,有一小部分来自国内市场增长(5% 的增长差别),而不是因为它推出了新产品、新服务或进入了新市场。我们会相应地略微下调该公司的创新溢价,但这只会改变一家公司的排名,并不会导致任何一家公司因此而上榜或落榜。表 7–1 中所列的创新溢价,反映的是 5 年期的创新溢价加权平均数,其权重如下:从现在往前推,最近 1 年占 30%,第 2 年至第 4 年每年各占 20%,第 5 年占 10%。

2. 我们的排行榜中并不包括像维珍(《商业周刊》创新榜单第 16 位)和塔塔(《商业周刊》创新榜单第 25 位)这样的私营公司,因为它们没有公开交易的股票和公开发布的财务业绩。

3. A. G. Lafley and R. Charan, *Game Changer* (New York: Random House, 2008), 21.

第八章

1. 引自 Carmine Gallo, *The Innovation Secrets of Steve Jobs* (New York: McGraw-Hill, 2011)。

第九章

1. Carmine Gallo, *The Innovation Secrets of Steve Jobs* (New York:

McGraw-Hill, 2011), 31.

2. Gallo, *The Innovation Secrets of Steve Jobs*, 96.

3. *Nightline*, "Deep Dive" video, February 9, 1999.

4. *Nightline*, "Deep Dive" video.

5. 戴维·凯利的采访，2006年8月21日。

第十章

1. Steven Levy, *The Perfect Thing: How the iPod Shuffles Commerce, Culture, and Coolness* (New York: Simon & Schuster, 2006), 118.

2. Jeffrey S. Young, *Steve Jobs: The Journey Is the Reward* (Glenview: IL: Scott Foresman and Company,1988), 176.

3. 把创新项目归类于"衍生性"、"平台性"或"突破性"，来自史蒂文·C. 惠尔莱特和金姆·B. 克拉克引入的整合性项目规划框架。参见 Steven C. Wheelwright and Kim B. Clark, "Using Aggregate Planning to Link Strategy, Innovation, and the Resource Allocation Process," HBS N9-301-431 (Boston: Harvard Business School Publishing, 2000)。

4. 整合性项目规划概念是由史蒂文·C. 惠尔莱特和金姆·B. 克拉克首次提出的：Steven C. Wheeluright Kim B. Clark, "Creating Project Plans to Focus Product Development," *Harvard Business Review*, March–April 1992, 10-82。

5. "The Institutional Yes. An interview with Jeff Bezos," *Harvard Business Review*, October 2007.

6. David Vise and Mark Malseed, *The Google Story* (New York: Delacorte Press, 2005), 256.

7. John Battelle, *The Search: How Google and Its Rivals Rewrote the Rules of Business and Transformed Our Culture* (New York: Penguin Group,

2005), 141.

8. Jonathan Ive, "Lessons On Designing Innovation," interview, Radical Craft Conference, Art Center College of Design, Pasadena, CA, March 25,2006.

9. Ken Robinson with Lou Aronica, *The Element* (New York: Penguin, 2009), 15.

附录 C

1. 这些在线评估还提供了一个带有定制评估报告功能的开发指南，帮助你了解你在发现技能和执行技能方面的优点，以及你个人在这些方面需要改进的地方。该开发指南还有助于你制订技能开发计划，以便充分发挥个人优点，并改进有可能妨碍职业发展的弱点。